H 行业战略·管理·运营书系

国家自然科学青年基金项目（51604216）资助
陕西省教育厅科学研究计划项目（13JZ029;14JK1445）资助
陕西省软科学项目（2015KRM011;2016KRM088）资助
陕西省社会科学基金项目（2015R043）资助

区域物流产业发展策略分析

■ 李琰 著

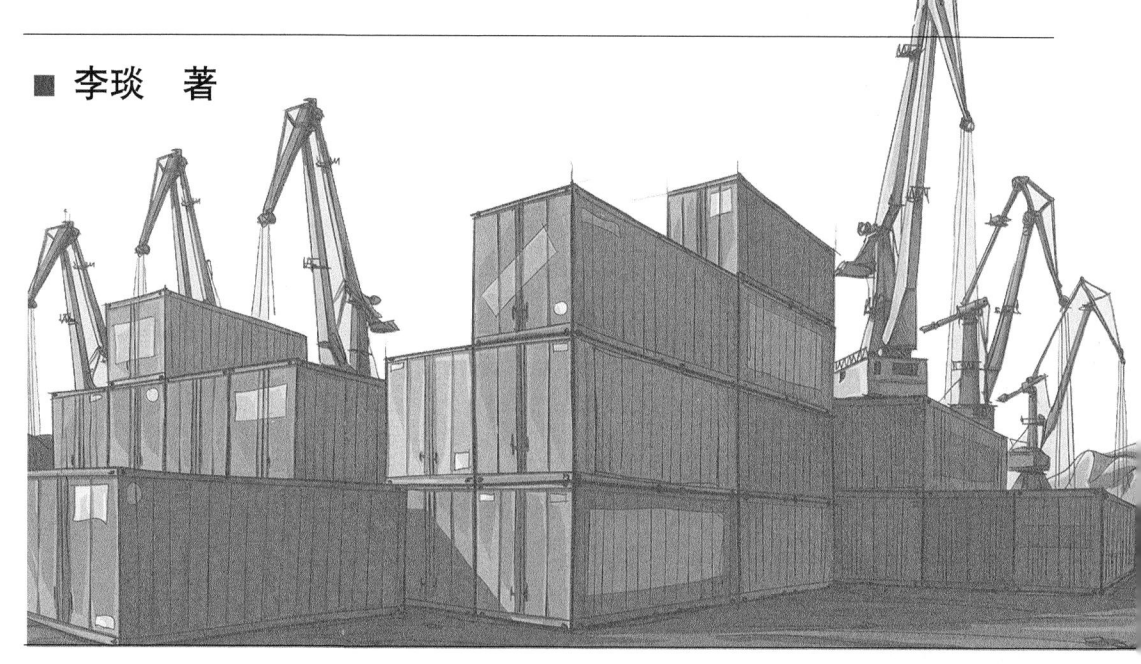

知识产权出版社
全国百佳图书出版单位

图书在版编目（CIP）数据

区域物流产业发展策略分析/李琰著．—北京：知识产权出版社，2017.9
ISBN 978-7-5130-5176-7

Ⅰ．①区… Ⅱ．①李… Ⅲ．①区域—物流企业—产业发展—研究—中国 Ⅳ．①F259.2

中国版本图书馆 CIP 数据核字（2017）第 237309 号

内容提要

本书试图借鉴区域创新学、物流及供应链产业理论和方法，依照"理论研究—现状分析—模型构建—体系设计—对策建议"的思路，通过理论梳理和陕西省物流经济发展情况的实证分析，探究物流产业发展的新趋势和新策略。首先，基于"关中—天水"经济区、"新丝绸之路"经济带，陕西的西安市、榆林市、商洛市等区域物流业的相关数据对陕西省物流产业发展的现状进行分析；其次，通过物流基础设施的建设与资金使用两方面对"新丝绸之路"经济带物流基础设施建设与经济效率模型进行分析；再次，着重讨论陕西省物流产业集聚性发展将如何影响与带动区域创新；随后，剖析了整个物流产业成长与发展的过程；最后，对沃尔玛、银桥乳业、戴尔公司的供应链物流管理体系，以及供应链突发事件进行分析，并提出相应的应急措施。

本书可作为高等学校物流管理与物流工程专业本科教学参考书，也可作为企业管理、区域经济、产业经济和其他相关专业研究生的参考用书，还可供物流专业人士研究、参考。

责任编辑：荆成恭　　　　　　　　　　责任校对：谷　洋
封面设计：刘　伟　　　　　　　　　　责任出版：孙婷婷

区域物流产业发展策略分析

李　琰　著

出版发行：知识产权出版社 有限责任公司	网　　址：http://www.ipph.cn
社　　址：北京市海淀区气象路 50 号院	邮　　编：100081
责编电话：010-82000860 转 8341	责编邮箱：jcggxj219@163.com
发行电话：010-82000860 转 8101/8102	发行传真：010-82000893/82005070/82000270
印　　刷：北京九州迅驰传媒文化有限公司	经　　销：各大网上书店、新华书店及相关专业书店
开　　本：720mm×1000mm　1/16	印　　张：18.75
版　　次：2017 年 9 月第 1 版	印　　次：2017 年 9 月第 1 次印刷
字　　数：300 千字	定　　价：79.00 元

ISBN 978-7-5130-5176-7

出版权专有　侵权必究
如有印装质量问题，本社负责调换。

前　言

在我国，物流产业已经成为第三产业中的重要支柱产业，但也存在许多问题，这些问题制约了我国产业结构调整和国民经济发展。物流产业的集聚性发展对区域创新的成长与发展是至关重要的。本书试图借鉴区域创新学及物流产业集聚性有关理论和方法，依照"理论研究—现状分析—模型构建—体系设计—对策建议"的思路，探究物流产业发展的策略。

本书以"理论研究—现状分析"为基础。首先，通过对国内外文献的回顾，梳理物流产业相关文献研究热点及相关理论和实证模型；其次，对物流产业发展现状和供应链发展现状进行分析。基于"关中—天水"经济区，"新丝绸之路"经济带，西安市、榆林市、商洛市物流业的发展现状，陕西省的物流业发展规模与速度，分析陕西省物流产业的总供给量，根据以上所得结果探索陕西省物流产业集聚水平的发展规律，同时对供应链管理体系现状进行分析。

本书以"现状分析—模型构建—体系分析"为研究过程。在借鉴国内外相关理论和文献的基础上，对物流及供应链产业发展现状进行分析，运用计量经济学方法，建立现代物流基础设施同经济发展之间的模型，运用系统动力学方法（SD）分析得出物流基础设施和经济之间的相互促进、相互制约的协同关系。建立"新丝绸之路"经济带物流基础设施模型，并进行仿真模拟，通过仿真趋势分析，提出促进"新丝绸之路"经济带物流基础设施效率的合理化建议。

本书进行了大量的实证分析。通过采用陕西省 2005—2014 年面板数据，代入构建的数学模型，对结果分析后，提出了对策建议。通过物流产业成长与生态位理论分析，剖析了整个物流产业成长与发展过程与自然生态系统的相关关系。从系统结构、信息流动和能量转移等方面将生态系统与物流产业系统进行类比，得出了物流产业成长的生态特性，包括生态因子、产业生态位、物流产业的生命周期及其特点和规律，结合生态理论对陕西省物流产业生态位进行测度，总结出陕西省物流产业各阶段成长的规

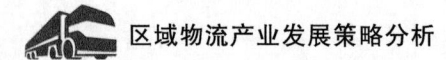

律，以期能够对陕西省物流产业健康快速发展做出积极贡献。

本书共分11章，第1章对选题背景和国内外研究现状进行综述，提出本书的研究出发点、主要内容和目标。第2章从物流产业理论进行分析，介绍了产业集聚、区域创新的内涵及相关理论。第3章通过对"关中—天水"经济区、"新丝绸之路"经济带、榆林市和商洛市物流业的发展，分析了区域物流产业的发展现状。第4章运用系统动力学模型，对"新丝绸之路"经济带进行分析，并对"新丝绸之路"经济带的各项数据进行系统仿真。第5章研究了陕西省物流产业集聚水平和区域创新能力。第6章运用DEA模型，对影响陕西省物流效率的因素进行分析，根据实证结果提出相应策略。第7章通过物流产业系统与生态系统组合类比，提出基于生态理论的陕西省物流产业生态位态势，从而实现陕西省物流产业成长生态化。第8章通过对现代物流业与西安区域经济协同发展模型进行分析，提出西安地区物流产业发展对策。第9章以沃尔玛供应商选择策略和企业的供应链为基础，对供应链管理体系进行分析。第10章通过对银桥乳业及戴尔公司供应链突发事件及风险进行分析，提出相应应急措施。第11章对全书所做的工作及研究结果进行总结，并提出今后研究的展望。

本书的出版得到了西安科技大学能源经济与管理研究中心基地项目的支持，并获得了国家自然科学青年基金项目（51604216）、陕西省教育厅科学研究计划项目（13JZ029；14JK1445）、陕西省软科学项目（2015KRM011；2016KRM088）、陕西省社会科学基金项目（2015R043）、西安科技大学（2013SY01，2014SX07，15JZ036，2015QDJ049，15BY46）等基金项目的资助与支持，谨在此向支持作者研究工作的所有单位表达诚挚的谢意；感谢西安科技大学安全管理研究所全体成员的帮助与支持；感谢参与本书撰写的本科生；感谢研究生赵梓焱、于瑾慧、杨森、李京蔓、冉小佳、乔立、崔天舒、刘洋、张燕、苏子馨、崔欣、陈潇沛的帮助和支持；感谢知识产权出版社的工作人员为本书出版付出的辛勤劳动。

由于作者理论修养和自身能力的局限性，本书必然存在种种的不足与缺陷，敬请各位读者不吝指正。在本书的写作过程中，曾参考和引用了国内外学者的相关的研究成果和文献，在此一并向他们表示诚挚的感谢！

作者

2017年5月

目 录

前言 ·· 1

第1章 绪论 ·· 1

  1.1 研究背景 ··· 1

  1.2 研究目的及意义 ··· 2

    1.2.1 研究目的 ··· 2

    1.2.2 研究意义 ··· 3

  1.3 国内外研究现状 ··· 4

    1.3.1 物流产业集聚性研究 ··································· 4

    1.3.2 物流产业成长研究 ····································· 6

    1.3.3 生态理论与物流产业成长的关系研究 ····················· 8

    1.3.4 物流绩效评价方法的研究 ······························· 9

    1.3.5 新型物流研究 ·· 11

    1.3.6 物流效率研究 ·· 16

    1.3.7 物流产业发展对策研究 ································ 17

  1.4 研究内容及方法 ·· 19

第2章 物流产业理论 ·· 22

  2.1 产业发展模式 ·· 22

    2.1.1 美国 ·· 22

    2.1.2 日本 ·· 22

    2.1.3 欧盟 ·· 23

  2.2 产业集聚 ·· 24

    2.2.1 产业集聚的内涵及特征 ································ 24

2.2.2 物流产业集聚的内涵及特征 ………………………………… 25
2.3 区域创新 …………………………………………………………… 27
　　2.3.1 区域创新的内涵 ……………………………………………… 27
　　2.3.2 区域创新的特征 ……………………………………………… 27
2.4 物流产业集聚与区域创新的互动分析 …………………………… 28
　　2.4.1 物流产业集聚是区域创新的基础 …………………………… 28
　　2.4.2 区域创新是物流产业集聚的动力 …………………………… 29
　　2.4.3 区域增长极理论 ……………………………………………… 30
2.5 物流相关学说 ……………………………………………………… 31
　　2.5.1 黑暗大陆学说 ………………………………………………… 31
　　2.5.2 第三利润源泉学说 …………………………………………… 32
　　2.5.3 物流冰山学说 ………………………………………………… 32
2.6 生态理论 …………………………………………………………… 33
　　2.6.1 生态位理论 …………………………………………………… 33
　　2.6.2 生态因子理论 ………………………………………………… 33
　　2.6.3 共生理论 ……………………………………………………… 33
　　2.6.4 协同进化理论 ………………………………………………… 34
2.7 物流网络系统 ……………………………………………………… 34
　　2.7.1 物流网络系统的定义 ………………………………………… 34
　　2.7.2 物流网络系统的特征 ………………………………………… 35
2.8 新型物流 …………………………………………………………… 36
　　2.8.1 物流业概述 …………………………………………………… 36
　　2.8.2 绿色物流 ……………………………………………………… 37
　　2.8.3 智能物流 ……………………………………………………… 39
2.9 供应链相关理论 …………………………………………………… 40
　　2.9.1 供应商理论 …………………………………………………… 40
　　2.9.2 供应链理论 …………………………………………………… 48

第3章 区域物流产业发展的现状分析 ·········· 54
3.1 "新丝绸之路"经济带 ·········· 54
3.1.1 基本情况 ·········· 54
3.1.2 发展情况 ·········· 55
3.1.3 制约因素分析 ·········· 56
3.1.4 基础设施货运量与货物周转量 ·········· 59
3.2 "关中—天水"经济区 ·········· 60
3.2.1 "关中—天水"经济区发展现状 ·········· 60
3.2.2 "关中—天水"经济区发展现代物流业的优势 ·········· 63
3.2.3 "关中—天水"物流业发展存在的问题 ·········· 64
3.3 陕西省 ·········· 67
3.3.1 陕西省物流产业成长分析 ·········· 67
3.3.2 陕西省物流产业的发展现状 ·········· 71
3.3.3 陕北地区煤炭供应链发展分析 ·········· 75
3.3.4 西安市 ·········· 80
3.3.5 榆林市 ·········· 88
3.3.6 商洛市 ·········· 99

第4章 "新丝绸之路"经济带物流基础设施的效率分析 ·········· 118
4.1 系统动力学方法模型概述 ·········· 118
4.1.1 系统动力学 ·········· 118
4.1.2 SD模型变量 ·········· 118
4.1.3 系统动力学处理问题的过程 ·········· 119
4.2 "新丝绸之路"经济带系统动力分析 ·········· 120
4.2.1 系统分析 ·········· 120
4.2.2 因果反馈图 ·········· 122
4.2.3 系统流程图 ·········· 124
4.2.4 模型变量及方程 ·········· 124

4.3 模型拟合与结果分析 ……………………………………… 126
 4.3.1 参数值确定 …………………………………… 126
 4.3.2 模型拟合检验 ………………………………… 128
4.4 系统仿真及结果 ………………………………………… 129
 4.4.1 模型运行趋势分析 …………………………… 129
 4.4.2 模型仿真 ……………………………………… 131
4.5 结果分析 ………………………………………………… 135
4.6 政策建议 ………………………………………………… 136

第5章 陕西省物流产业集聚对区域创新的影响分析 ………… 138
5.1 陕西省区域创新能力分析 ……………………………… 138
 5.1.1 陕西省区域创新系统建设现状 ……………… 138
 5.1.2 影响陕西区域创新能力的因素分析 ………… 140
 5.1.3 "一带一路"对陕西区域创新发展的新要求 … 141
5.2 研究假设与概念模型 …………………………………… 141
 5.2.1 研究假设 ……………………………………… 141
 5.2.2 实证研究方法 ………………………………… 143
5.3 实证分析与讨论 ………………………………………… 148
 5.3.1 上游创新效应的估计 ………………………… 148
 5.3.2 下游创新效应的估计 ………………………… 149
 5.3.3 稳健性检验 …………………………………… 150
 5.3.4 模型估计结果的分析 ………………………… 153
 5.3.5 对策建议 ……………………………………… 155

第6章 陕西省物流效率及其影响因素的分析 ………………… 157
6.1 物流效率的影响因素分析及评价指标的选取 ………… 157
6.2 基于DEA模型的陕西省物流效率评价 ……………… 159
6.3 陕西省物流效率评价指标体系的建立 ………………… 162
 6.3.1 数据收集与整理 ……………………………… 162
 6.3.2 实证结果及分析 ……………………………… 163

  6.4 对策建议 ·· 167

第 7 章 陕西省物流产业成长分析 ·· 169
  7.1 物流产业系统与生态系统组成类比 ··· 169
    7.1.1 组成类比 ··· 169
    7.1.2 能量循环类比 ·· 170
  7.2 物流产业成长特性及规律 ·· 171
    7.2.1 物流生态因子 ·· 171
    7.2.2 物流产业生态位 ··· 172
    7.2.3 从生态学角度探寻物流产业成长规律 ··················· 173
  7.3 基于生态理论的陕西省物流产业生态位态势分析 ····················· 174
  7.4 实现陕西省物流产业成长生态化 ·· 182

第 8 章 西安市现代物流服务业发展对策分析 ······································ 184
  8.1 现代物流服务业与西安区域经济协同发展模型分析 ················· 184
    8.1.1 系统动力学方法 ··· 184
    8.1.2 模型构建 ·· 185
    8.1.3 系统流程 ·· 186
    8.1.4 模型方程 ·· 186
    8.1.5 参数值确定 ··· 188
    8.1.6 仿真 ·· 191
    8.1.7 有效性检验 ··· 192
  8.2 结果讨论 ·· 194
  8.3 西安地区物流产业发展对策 ·· 197

第 9 章 供应链管理体系分析 ·· 201
  9.1 沃尔玛（Wal-Mart）供应商选择策略 ···································· 201
    9.1.1 沃尔玛企业概况及现状分析 ······························· 201
    9.1.2 Wal-Mart 供应商选择指标 ································· 202
    9.1.3 Wal-Mart SWOT 分析 ······································· 203
    9.1.4 Wal-Mart 供应商选择问题分析 ·························· 205

            9.1.5 Wal-Mart 供应商选择对策 ………………………………… 207
            9.1.6 建立供应商选择激励机制 ……………………………… 213
    9.2 供应链分析 ……………………………………………………… 215
            9.2.1 煤炭企业供应链分析 …………………………………… 215
            9.2.2 基于大物流战略的煤炭企业供应链组织体系研究 …… 222
            9.2.3 绿色供应链分析 ………………………………………… 232

第 10 章 供应链突发事件及风险应对分析 ……………………………… 249
    10.1 银桥乳业供应链突发事件管理分析 ……………………………… 249
            10.1.1 突发事件的含义 ………………………………………… 249
            10.1.2 突发事件构成及特征 …………………………………… 250
            10.1.3 突发事件的类型 ………………………………………… 251
            10.1.4 银桥乳业现状概述 ……………………………………… 251
            10.1.5 企业现有供应链结构概述 ……………………………… 252
            10.1.6 银桥乳业的 SWOT 分析 ………………………………… 254
            10.1.7 应对供应链突发事件的风险 …………………………… 259
            10.1.8 构建应对突发事件的供应链策略体系 ………………… 260
            10.1.9 供应链的应急管理策略 ………………………………… 263
    10.2 戴尔公司供应链风险应对分析 …………………………………… 264
            10.2.1 戴尔公司简介 …………………………………………… 264
            10.2.2 戴尔公司供应链管理现状 ……………………………… 264
            10.2.3 戴尔公司供应链的特点 ………………………………… 266
            10.2.4 戴尔公司供应链存在的风险 …………………………… 267
            10.2.5 戴尔公司供应链中断风险的应急对策分析 …………… 269

第 11 章 结论与展望 ……………………………………………………… 276
    11.1 主要结论 ………………………………………………………… 276
    11.2 展望 ……………………………………………………………… 278

参考文献 ……………………………………………………………………… 279

第1章 绪论

1.1 研究背景

在经济全球化的大背景下，国际竞争日益激烈。在我国，物流产业已经成为第三产业中的重要支柱产业，其成长与发展的程度与我国产业结构的调整、国民经济的发展息息相关且密不可分。如何有效地配置和利用物流资源，有效地降低制造成本和运输成本，已经成为现代企业所要着重关注的问题。随着淘宝、京东、1号店等大型电子商务平台的涌现，网上购物已经成为人们日常生活中一种主流的购物模式。2016年天猫双11全球狂欢节一天的交易额达到了1207亿元，共产生6.57亿物流订单，这不仅反映了我国惊人的网上购买力，也体现了我国物流产业发展之迅猛、前景之广阔。但相比发达国家的物流产业，我国的物流产业相对萌芽较晚，发展不够成熟，存在许多问题，制约了我国产业结构调整和国民经济发展。特别是最近几年，随着国际金融大环境的恶化，正处于经济转型期的国家经济下行压力日益加大。因此，当务之急是调整产业结构、稳中求快、加速经济转型、争取先机。

作为一个新兴的复合型产业，物流活动贯穿于经济发展的全过程，在制造业、餐饮业等各行各业的发展中无不需要物流产业的支持。当前我国物流业在部分区域内已呈现出集聚性，并且发展成为现代社会生产和消费的重要纽带，今后也必将是各地区一个新的经济增长点，其发展程度也将成为影响一个国家综合国力的重要因素。在物流产业集聚化发展背景下，创新的区域特性十分显著。在影响区域创新的诸多因素中，物流产业的集聚性发展对一个地区创新力产生的影响较大，在一定程度上对区域创新的成长与发展起着至关重要的作用。

陕西省地处西北内陆腹地，是中国西部地区重要的经济大省，连接了东西部两大经济区域,是东部向西部进行生产转移的第一起点。2015年3月国家发布《推动共建丝绸之路经济带和21世纪海上丝绸之路的愿景与行动》指导书,将"一带一路"倡议带入实质性发展阶段。2016年国家赋予陕西省建设内陆改革开放新高地、先行先试的使命,并将诸多规划上升到国家战略层面,对区域内物流产业的发展也提出了新要求。根据我国物流业发展规划,预计至2025年,我国将着重建设大区域物流体系,西安作为陕西省的省会已被纳入国家物流一级节点城市,陕西省作为我国西部相对发达的省份,基础设施完善,电商物流带动物流产业飞速发展。2015年西安物流业实现物流产业增加值594亿元,对全市经济贡献度达9.5%。在国家政策扶持下,陕西省依托不断提高的区域创新水平取得了一定的经济成果。因此,以世界眼光建设陕西,力争健全以航空、铁路、信息"三网"和海港、空港"两港"为核心的骨干物流体系,建设一批国家级、省级物流园区,发展航空物流、保税物流和大宗商品物流对带动区域创新发展尤为重要。

尽管"一带一路"倡议的前景值得期待,但在物流网络与交通通道的规划与建设方面仍然要面对网络布局理论、基础设施项目融资模式以及外部经济性内部化策略不适应"一带一路"相关国家和地区差异化环境等科学问题。陕西省如何更好更快发展物流产业、强化物流产业创新主体地位、构建"一带一路"国际交通商贸中心,如何加速推进物流发展中的创新链与产业链双向互动,以促使物流产业提质增效,充分释放创新要素活力,从而推动区域整体发展。所有这些问题虽然重要,但还没有很好地解决。本书将围绕以上描述的问题展开系统的研究。

1.2 研究目的及意义

1.2.1 研究目的

本书研究的目的有两个方面:第一,理论研究。梳理当前研究成果,结合产业集聚理论、生态理论、第三方物流理论等分析"新丝绸之路"经济带物流基础设施建设与经济效率模型;陕西省物流产业集聚性发展对区域创新的影响因素;物流产业成长与生态位理论。第二,现实指导。通过"新丝绸之路"经济带物流基础设施建设与经济效率分析、陕西物流产业集聚水平和区域创新能力分析、陕西省物流产业成长分析、西安市现代物流服务业发展对策分析、陕西省供应链管理体系分析、陕西省供应链突发事件管理分析、验证理论在实践中的具体应用，并根据分析结果探讨提升陕西省区域物流产业发展应采取的方式和手段，强调陕西省应结合自身实际发展方向和需求，推进区域内物流产业集聚，完善知识溢出的途径，强化创新影响效应。

1.2.2 研究意义

本书在"一带一路"的倡议下，分析陕西省物流产业集聚对区域经济的影响，不仅有助于奠定物流产业集聚创新效应的理论基础，还为陕西省物流产业园区构建，区域创新能力的发展提供一定的参考和启示，具有重要的理论意义和现实意义。

(1) 理论意义

通过梳理当前研究成果，分析了产业集聚理论、生态理论、第三方物流理论等，为提高各行业生产效率，促进整个区域内的创新发展提供依据。本书有利于揭示物流产业集聚对物流业内部生产效率提高的影响机制，并将讨论的重点由物流业外围知识溢出逐步引向物流业内部知识溢出，结合"一带一路"倡议要求，将物流产业集聚理论与区域创新理论的思想进行有效整合，为物流产业集聚与区域创新的研究提供一个理论分析框架。研究成果将拓展物流产业集聚领域研究范畴，有助于提升陕西省物流产业生产效率。在参考国内外已有相关研究成果的基础上，依据陕西省具体情况具体分析区域物流产业集聚对创新能力的影响。综合运用实证研究、数据统计分析等方法，对样本数据进行分析，检验了理论模型。因此，本书的研究，有利于提供系统研究"一带一路"倡议下区域物流产业集聚的方法和思路。

(2) 实际意义

在国家"一带一路"倡议和向西开放的背景下，陕西省成为连接陆海、快速融入全球竞争合作的重要窗口。怎样通过创新驱动促进地区整体发展，提高物流行业整体服务能力，提升陕西省物流业的附加值，促进整个地区行业转型升级，成为该行业需要解决的关键问题。本书的研究成果会使社会对物流产业集聚进行更多的关注，并通过规范的研究方法，把物

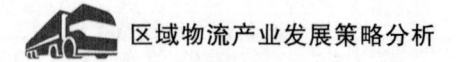

流产业集聚外部性及其作用机制刻画地更加清晰明朗,为丰富物流集聚创新效应理论提供了一个实证范例,同时提出相关的对策建议。

1.3 国内外研究现状

1.3.1 物流产业集聚性研究

(1) 国外研究现状

目前,国外较有代表性的观点是英国的 Trends Business Research Ltd. and PAWA Consulting Ltd.(2002),以英国中东部的部分地区为例,针对该地区物流业集聚的现状和发展情况进行探究,并得出物流产业在英国中东部的集聚分布情况[1];Doug Leduc(2004)从供应链管理的角度出发,认为物流产业集聚是指包括物流产业所需的基础设施、物流的功能或环节横向的产业集聚,还包括供应链上纵向的产业集聚[2];Olli Pekkarinen(2005)对俄罗斯西伯利亚区域内的物流产业集聚程度及影响进行了实证研究[3]。

国外的相关研究人员起先倾向于从创新的组成方面来解释区域创新。英国的库克(1996)提出"区域创新主要是由在地理上相互分工又相互关联的企业、研究院所和高等教育机构等组成的区域性组织系统,这种系统支持并产生创新"[4];来自挪威的学者 Wiig(1995)研究发现企业群、教育培养院校、产品研发事业部、政府支持部门和金融部门是区域创新系统中的重要组成部分,在区域创新系统中其起着至关重要的作用[5]。

"一带一路""新丝绸之路"经济带的研究领域:当前很多国外学者阐述了"一带一路"的内涵和基本框架。比尔·波特(2013)认为丝绸之路对人类文明和社会发展产生了重要的影响和意义[6]。尤里·塔夫罗夫斯基(2015)指出"丝绸之路是一条无与伦比的洲际贸易通道"[7];针对"新丝绸之路"经济带发展的定位、策略与路径,Abudureyimu A(2014)认为丝绸之路经济带的焦点在于生态安全、经济增长、教育、能源开发、金融合作、新技术和旅游发展[8];Xincai G(2014)认为西北五省应该加大交通基础设施投资力度,加快绿色物流发展,强化物流资源的合作和再分配,以促进丝绸之路经济带的发展[9]。

(2) 国内研究现状

由于我国物流产业集聚性的研究起步较晚,因此国内的学者更多的是在借鉴理论研究成果的基础上对物流产业集聚进行实证性研究，主要偏向对物流业集聚的影响因素以及物流产业集聚与地区经济发展的相互关系进行研究。近年来，国内对物流产业集聚的研究也取得了阶段性成果，其中有实质性成效的研究成果如下：唐丽敏等（2014）运用区位熵、空间基尼系数等方法对辽宁省物流产业集聚水平进行了测算，并运用面板数据模型对辽宁省的物流产业集聚的影响因子进行了对比分析，最后对今后的发展提出了相应的政策建议和解决方法[10]；张春琴（2012）借助 Cobb—Douglas 生产函数和 Solow—Swan 增长模型为理论模型，从多个角度剖析了物流产业集聚的经济学原理，并对物流产业集群的发展提出了切实可行的改进提议[11]；谢守红、蔡海亚（2015）用区位熵和空间自相关方法阐述了我国物流产业集聚的演变特征，并用主成分回归分析研究物流产业集聚的影响因素[12]；王婷婷、李凯（2015）运用区位熵法计算了我国物流集聚度，并采用灰色关联分析法进行了实证研究，发现物流产业集聚对地区经济发展有着显著的正向促进作用[13]。

在区域创新研究方面，多数国内学者的探究集中于知识创造、知识获取、企业创新、创新环境和创新绩效等方面。赵大丽等（2011）讨论了知识转移方式对区域中创新能力的影响[14]；王锐淇等（2010）发现并分析了区域间互动对区域创新能力产生的重要影响[15]；党文娟等（2008）讨论了环境的创造对区域创新能力的影响[16]；侯润秀、官建成等（2006）利用我国 1998—2003 年各省、市、自治区的面板数据，通过计量分析研究了 FDI 对区域创新能力的影响[17]。

在"一带一路""新丝绸之路"经济带研究方面：有关"一带一路"的研究近年来倍受国内学者的青睐。贾秀东（2015）分析认为，"新丝绸之路"最终会形成东至中国、西至西欧的架构，并辐射中东和北非的广阔区域[18]；针对"新丝绸之路"经济带发展的定位、策略与路径，马莉莉等（2014）认为丝绸之路经济带面对外围陷阱、大国威胁等问题，应建构共生协同转型机制、创新合作模式[19]。王保忠（2015）指出，"一带一路"倡议实施的起始阶段应着重展开交通、能源、产业、区域一体化发展，之后应重点推动贸易与金融一体化[20]。

相比国外研究领域，对"一带一路"经济发展中物流产业集聚与区域内部创新的关系研究是目前国内研究的一个新方向。"一带一路"的建设是一项长期、复杂的系统工程,而物流产业作为实现"一带一路"倡议的前提和基础,重点是进行交通物流基础设施的规划与建设。刘育红、王新安(2012)则对"一带一路"的基础设施和全要素生产率增长之间的联系进行了探究[21];李忠民、刘育红、张强(2011)根据"新丝绸之路"的交通经济带经济,提出了涵盖 R&D 投入在内的面板数据模型[22];李全喜、金凤花和孙磐石(2010)利用实证分析法进一步研究了多维要素对区域经济及创新发展产生的影响,讨论了促进"新丝绸之路"经济带经济持续快速发展的解决方法[23]。

基于以上材料,本书发现对于物流产业集聚和区域创新的相互关系研究,在"一带一路"倡议提出后,国内的研究仍处于初步研究阶段,针对产业集聚或者区域创新单独的研究比较多,而将二者结合起来讨论的针对某一省际区域内的研究文章较少,缺少全面系统的分析和指导性建议。另外,实证的研究方法大都根据国外文献提供的已有研究方法进行测量,缺少针对省际区域内物流产业集聚和区域创新的研究。

1.3.2 物流产业成长研究

目前,针对物流产业成长的研究文献较多,国内外学者主要从物流产业的发展这个切入点展开研究分析。在研究物流产业成长方面,美国著名管理学权威彼得·德鲁克(PeterF. Drucker)早在 1962 年提出了"黑暗大陆"[24]理论。其后在 1970 年日本早稻田大学教授、权威的物流成本研究学者西泽修先生提出了"第三利润源"[25]学说。"黑暗大陆"理论和"第三利润源"理论提出后,国外的物流管理逐步走向现代化阶段[26]。

到 20 世纪末期,在经济全球化越来越深化、科技水平持续提升、专业化分工进一步细分的大背景下,以美国、德国、日本为主的发达国家发起了一场深刻的物流变革[27]。首先是企业整合自身内部的物流资源,使物流管理成为企业的一个独立部门和职能领域。此后物流资源的整合和一体化进程跳出了企业本身,转移到了彼此联系、分工合作的总体的产业链条上,进而演变为以"供应链管理"为中心的社会化的物流系统[28]。物流活动逐步从生产、交易和消费过程中分化出来,成为一种专业化的、由独立的经济组织承担的新型经济活动[29]。第三方物流企业的大批量涌现并集聚,促进了第三方物流产业的形成[30],而第三方物流产业的进一步发展使得市场上出现了能够提供全球物流服务的大型第三方物流企业[31]。各种专业化物流企业的大量涌现及表现出来的快速发展趋势表明，专业化物流服务作为一个新的专业化分工领域，已经发展成为一个新兴产业部门和国民经济的一个重要组成部分[32]。现在国内研究普遍认为，中国早期对"物流"的认知源于日本[33]。日本早稻田大学教授、权威物流成本研究学者西泽修先生提出的"第三利润源"学说对中国企业在物流管理的认知上产生了深远且不可磨灭的影响，使中国企业认识到了自身的不足，从而加强对企业自身物流活动的管理。

研究认为，我国的物流成长与发展历经了以下几个过程：①中华人民共和国成立至改革开放初期的计划经济时期的物流阶段；②改革开放初期至90年代中期的商品经济时代的物流阶段[34]；③社会主义市场经济体制建立中的物流阶段[35]。

国内学者对于"我国是否形成物流产业"曾经有过深层次的探讨[36]。万云虹等（2005）从物流服务网络这一特性对物流业进行定义，认为我国在2005年之前尚未形成物流产业[37]；王佐（2003）、徐瑞娥（2009）、刘岩（2014）在物流产业及物流企业的相关定义界定的基础上认为我国物流产业已经是一个客观存在[38]，是一种经济形态、一个大产业[39]，其成长空间巨大[40]。经过一段时间的讨论，学术界对于"物流属于产业"这一认知逐渐达成共识[41]。

我国的物流产业发展度过了漫长的起步期[42]，正处于高速发展的阶段，并形成了特有的中国物流产业特色[43]。与国外的物流产业发展相比较，我国的物流产业发展程度较低，怎样帮助企业强化自身物流活动管理仍是需要首先解决的问题。

21世纪以来，中国经济总量增长迅速，企业物流活动成为全社会物流活动的核心。专业化物流的服务需求大大增加，催生出一大批专业化的物流企业和多样化的物流服务[44]。大量国外发达物流企业如UPS、TNT等的进驻，形成了多格局的物流产业局面[45]，丰富了国内物流企业的竞争格局[46]。同时也促使国内本土物流企业优胜劣汰，迅速成长。通过长久的努力与发展，我国在交通运输、仓储设施、信息通讯、货物包装与搬运等有关物流基础设施建设方面取得了显著的进步和长足的发展，为物流产业的高速健康发展提供了土壤与发展环境。

1.3.3 生态理论与物流产业成长的关系研究

在以往的学术研究中我们常常能发现一门学科的理论可以应用至另一门学科中的研究方法，彼此渗透，简称为学科交叉研究。运用生态学理论相关知识能够从一个崭新的角度研究我国物流产业诞生、成长、发展的特点和规律，为研究我国物流产业提供新的思路。

目前生态位理论在物流产业领域的应用主要体现在企业竞争方面。企业间的竞争可以看作生态竞争，两者的原理是共通的。当企业间拥有相似的资源需求时，两者之间则存在竞争关系。这种竞争关系不仅表现在企业与企业之间，也表现在企业内部。自然生态环境系统中物种与物种之间，物种内部也存在着竞争。所以当企业与企业拥有相同的生态位，即相同的资源需求时，这种资源需求范围相交的越大，则企业的竞争越激烈。当企业与企业之间所需求的资源不同时，它们之间就不存在竞争。

共生理论作为生态理论的一部分同样可应用于物流产业领域。经过长期的学术研究辩论，越来越多的学者达成了一个共识——共生是进行创新的重要源泉。生物体之间存在着高度相关的共生关联，我们视之为共生关系。从物种生存的角度来说，各生物物种之间，彼此协作，共同生存，从其他物种中获取便利，使自身能够得到更好的繁衍。同理，企业与企业之间也存在高度相关的共生关系。与此同时，"共赢"思想的普及，促使相当多的企业领悟到了合作的重要性。企业与企业之间彼此协作，共同生存，互惠互利，从而创造出共同的利益。物流系统和各子系统之间也存在着共生关系，Timothy（2004）认为如仓储、运输等一系列子系统构成了整个庞大的物流系统，子系统之间互相分工、互相合作才能确保整个物流系统的高效运行。Mark[47]等（2014）认为在市场的作用下，物流系统中的各个企业之间形成彼此合作的关系以提高满足客户需求的能力，他将这种不同物流功能的联合称之为共生物流关系。在对物流企业与其他企业间的共生关系研究中，国内学者聂娜等（2007）认为物流企业与制造企业共生关系的发展过程由各个稳定的共生均衡点构成。田刚等（2013）认为物流产业与制造产业的共生关系演化过程实则是各个产业组织化程度的提高、共生能量的均衡对称，从而演变为互利互惠彼此协作的共生关系。从物流产业集群共生方面研究，康卫宁等（2000）研究分析了作用于物流产业集群发展的各个因素,其中包括了物流企业之间的资源分享、分工协作,以及资源集聚能力等。

生态学中的进化理论部分与产业的成长历程高度相似。国内外学者运用生态学中的相关进化理论来反映物流产业的发展历程。国外学者 Karl(2009)认为在物流领域中,客户的需求变化越快,物流就显得越为重要。从物流进化的角度可以发现服务相应物流需求的作用越来越大。Ronald(2002)从过去、现在、未来三个角度对物流产业进化进行描述,从而呈现出物流产业的进化过程。

1.3.4 物流绩效评价方法的研究

(1) 国外研究现状

Gregory N. Stock 等(2000)指出只有一个企业进行物流整合不能确保组织绩效的提高,因此在各企业联合组织的内部以及各组织之间开展有序高效的物流活动是十分有必要的[48]。

Gunasekaran A 等(2001)提出:物流绩效评价体系应该将绩效评价指标划分为联合战略、战术及运作这三个方面[49]。

Toni(2001)研究了115家意大利企业。他发现绝大多数企业的传统的成本类绩效评价指标明显不同于新型的非成本类指标。并且强调一个完善的企业绩效评价体系应该由财务会计体系、计划战略体系、计划制造体系及其控制体系等各部分组合而成[50]。

佛莱哲利(2003)建立了一套较为完善的物流业绩衡量体系和物流评分体系,并为确定物流业绩衡量指标提供了相应的方法。他指出建立的物流业绩衡量体系应基于财务、生产效率、服务质量、运营周期这四个指标和客户反应、存货管理、产品供应、产品运输和分销、仓储或分销中心这五个运作步骤[51]。

鲍尔索克斯(2004)提出:衡量物流企业绩效一般要从内、外部两方面来进行。内部绩效通常从运营成本、客户服务、生产效率、质量、资产总量这五个方面来衡量。外部绩效则是通过客户感觉和最佳实施准则这两个方面来进行衡量[52]。

(2) 国内研究现状

《物流术语》中指出:物流网络是一个集合,包括物流过程中相关的

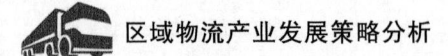

组织与设施。[53]

王子龙（2004）认为：建立和改善区域物流网络系统能减少交易过程中产生的成本，加快形成地区经济和规模经济，并针对江苏省的物流网络中几个关键结点的物流能力，建立一个关于其物流能力的评价指标体系，从而对其进行分析[54]。

赵文竹（2005）和赵媛、于鹏等（2007）分析了我国目前的煤炭输送布局，说明了煤炭输送的方向以及运输方式的选择等问题，并对保证煤炭供需平衡和改善煤炭输送线路提出相关意见[55,56]。郑勇（2005）、荣朝和（2007）等认为铁路作为过去煤炭运输的主要方式，尽管在很长一段时期内都不会有太大改变，但也会不断有新的挑战出现。所以铁路部门应当采取相关举措来加快煤炭的铁路运输物流体系的形成[57,58]。

武云亮、黄少鹏（2008）分析我国目前的煤炭物流网络运行状况，并针对优化煤炭物流网络体系给出相关建议[59]。赵国智、王喜富、张仲义（2008）则对煤炭物流网络的复杂性进行了研究，并对基于网络复杂性的煤炭物流网络进行优化[60]。

物流企业绩效评价应该使用适合的体系框架，物流企业的绩效水平不能通过指标的简单组合来反映。当前我国在物流企业绩效评价领域的相关研究还不多。张铎[61]等（2000）从系统角度出发比较完整地对物流进行相关评价，建立了较为综合的指标评价体系。而孙宏岭[62]等（2001）则从物流活动方面出发，分析了物流绩效，分析内容包括物流客户服务、货物输送、存货以及成本控制等。

综上所述，国内外学者针对物流运输网络特别是煤炭物流运输网络的绩效评价的研究还比较少，但是可以参考他们对于这些问题的研究思路和采用的方法。可以看出，国内外现有的研究成果，主要是从"物流网络管理""运输网络""煤炭物流运输网络系统"这些角度展开对"煤炭物流网络"的研究。而对"绩效评价"的研究重点则主要在企业管理、金融财务、工程项目等方面，对于物流网络的绩效评价的研究尤为欠缺。因此，虽然国内外对于物流问题和绩效评价问题的研究均取得了一定的成果，积累了相当丰富的经验。然而，就现有成果而言，国内外很少有对于煤炭物流运输网络绩效评价的相关研究。

1.3.5 新型物流研究

（1）绿色物流

李诚丁（2009）[63]指出：我国物流业的起步较晚，发展迅猛。但目前来说，有关部门和企业并没有完全认识物流业发展与环境保护协调发展的重要性，对绿色物流的认识还非常有限，在绿色物流的服务水平和研究方面还处于起步阶段，与国际上拥有先进技术的国家在绿色物流的观念上、政策上以及技术上均存在较大的差距。榆林市榆阳区的物流行业也有同样的问题，主要表现在：人们对绿色理念的认识不够；榆阳区政府重视程度也不够，存在片面追求局部经济效益和短期经济效益、忽视物流活动对环境保护的影响情况；绿色物流的体制政策不健全，缺少政府各部门之间的协调；物流的基础设施落后，物流运行效率不高，层次结构不合理；物流的技术水平比较低，信息化程度不高，没有统一的标准；物流高层次的专业人才严重匮乏，从业人员素质大多数比较低。

保罗·R. 墨菲（2003）[64]指出：美国经济高度发达，物流业务数量巨大且频繁，决定了美国社会对绿色物流的关注度高。首先，美国学术界一般认为物流结构的不合理会对环境造成严重影响，反过来，环境问题又会对供应链上的物流决策有重要的影响。因此，环境保护与物流管理关系十分密切。其次，美国政府通过出台政策对美国的物流行业进行引导。美国在其《国家运输科技发展战略》中，规定的总目标是："建立安全、高效、充足和可靠的运输系统，其范围是国际性的，形式是综合性的，特点是智能性，性质是环境友善的。"在美国公司之间，通过整合供应链，达到系统内部协调和统一，从而提高供应链管理的环境效益和经济效益。此外，美国的立法机关也很早就开始关注环境保护问题，通过制订法规、宣传环保以及研制绿色新材料等途径，促进包装废弃物的回收和再生资源的利用。

欧盟从20世纪80年代就开始探索综合物流供应链管理。在商品流通过程中，整合不同企业的物流资源，建立长期合作伙伴关系，改变过去分散的物流管理方式，合作达到更高的物流运行效率，减少对周围环境的影响。另外，为了提高国际之间物流的效率，欧盟大力促进物流体系的标准化、共享化和通用化，以节约资源。此外，欧盟国家也倡导绿色包装，甚

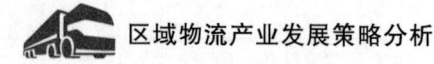

至有些国家对过度包装进行了限制。

日本于20世纪60年代从美国引入了物流的概念，后大力推行本国的物流现代化建设，使其迅速发展并形成了自己的特色。首先，日本全面完善物流基础设施建设，使物流产业发展有了坚实的依托和优越的发展条件；其次，政府部门加大了监管和控制的力度。除了在那些传统的防止交通事故、降噪等方面的标准外，还特别出台了一些实施绿色物流的具体的参考目标值；再次，政府积极构建对环境负荷小的绿色物流体系，并且制定政策控制物流过程对环境的污染；最后，还建立了符合国际通行标准的可持续发展的新型物流体系[65]。

（2）智能物流

智能物流系统（Intelligent Logistics System，ILS）可以认为是在智能交通系统（Intelligent Transportation System，ITS）和相关信息技术的基础上，电子商务化（Electronic Commerce，EC）运作的现代物流服务体系。

张铎（2002）[66]结合我国物流管理现状，指出我国物流企业迎接电子商务的第一步工作就是加强信息化基础设施建设工作，并提出了适合我国国情的电子商务环境下的物流解决方案——基于Internet的综合物流代理，并提出实现网络化物流的关键是实体化的物流网络和电子化的物流网络。

王凌峰（2011）[67]提出智能物流供应链标志着信息化在整合中国网络和中国管控流程中进入到一个新的阶段，即进入到一个动态的、实时进行选择和控制的管理水平新阶段。

柳青、董宝田（2006）[68]提出智能物流系统的优化，以减少物流环节，节约物流成本，物流系统的优化与发展，相继地带动电子商务的优化与发展。

姚尧（2013）[69]提出建立电子商务平台独有的供应链管理体系，这一体系可以基于整个"生态系统"的供应链管理体系，整合商流、物流、信息流，实现大物流的发展战略。

王磊（2010）[70]指出了加大基础设施的投入、培养农村经营合作组织、提高物流技术、加强信息网络与人才培养等是加快农村物流体系建设的有效途径。

全国政协委员、中国物流学会副会长王之泰（2002）指出：应把物流规划放在物流体系建设的优先位置。他认为必须有一个更高层次的、全面的、综合的物流规划，才能使我国的现代物流发展走上有序的轨道[71]。

陶经辉（2006）指出：区域中心城市物流配送体系的建设是中心城市现代物流系统建设的重要内容，但我国中心城市末端物流配送能力不足的矛盾非常突出，已经严重制约了整个现代物流系统的高效运转和电子商务的发展。因此，构建中心城市高效率的物流配送体系是十分必要的[72]。

刘文俊（2010）指出：发展西部少数民族地区农村物流体系，需要借力于国家政策，争取基础投入，引进先进的管理模式，培养物流人才，提高现有从业人员的理论水平，整合物流金融，为地区物流提供保证，利用供销社系统重构、完善物流体系建设[73]。

牛慧恩、陈璟（2000）指出：物流中心的建设必须考虑区位和其用地规模，同时也指出了政府在物流建设中的重要作用[74]。

物流战略方面的转变，将从以前的资产密集型战略（如大量的仓库及高的存量水平）向信息密集型战略转变。由于信息的交换特别是EDI的应用，达成了公司和公司之间、计算机到计算机之间的数据传输，使企业能够与所有的合作伙伴，不仅是顾客，还包括供应商、运输方、公共仓库等进行信息传递，EDI技术应用的迅速发展不仅使企业本身节省了大量物流费用，增强了竞争能力，还在物流领域推动了供应链及其管理的理论与实践的发展。物流国际化使企业的物流成本大大提高，据统计国内产品销售的物流费用大约占总成本的5%，而国际性产品的物流费用则占总成本的20%左右。服务的多样性及对服务水平的高要求，也对物流管理提出了更高的要求，因此，在物流理论和决策方法的研究方面，如物流总成本的分析、供应链管理及一体化、物流服务水平的含义及评估方法、人工智能及专家系统在物流决策中的应用等都取得了较多的成果。在"美国运输部1997—2000财务年度战略规划"中，美国克林顿政府的运输部长R. E. Slater提出，美国应该建立一个国际性的以多式联运为主要形式，以智能为特征并将环境保护包含在内的运输系统，该系统将会是世界上最安全、最易得、最经济和最有效的系统。同时指出，数据和信息的收集与传播、知识的创新和共享对国际运输业的发展是至关重要的。该报告对促进美国运输和物流的发展起到了重要的指导作用。

发达国家的物流业发展已进入较为成熟的阶段，其发展主要在于物流内涵的拓展、过程的延伸、覆盖面的扩大以及物流管理的日益专业化、信

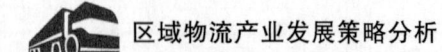

息化和标准化。最近几年，西方国家有关物流研究的理念，已经由系统的观念发展到全球化观念、物流一体化观念、以消费者满意为第一观念、无库存观念、物流信息化观念、绿色物流观念等。在实践上，也出现了供应链管理、精益生产方式、"零缺陷"服务、物流配送方式、JIT供应方式、第三方物流方式以及电子商务技术的广泛应用。其发展趋势呈现为信息化、自动化、网络化、智能化、柔性化等。

中国物流与采购联合会副会长兼秘书长崔忠付（2009）在《中国物流行业发展所面临的任务》中提出了物流产业进入国家十大产业振兴规划的原因，以及物流行业发展所面临的八大任务。崔忠付认为，物流产业能够成为我国第十大振兴产业是"恰逢其时，情理之中，理所当然"。中国物流业的发展面临着重大的机遇，也面临着各种挑战。他表示，我国物流行业的发展需要不断推进物流服务的社会化和专业化，加强物流基础设施的建设与衔接，做强做大物流企业，推动重点领域物流发展，加快轨道物流和保税物流的发展，提高物流信息化水平，完善物流标准化体系，建立和完善物流发展的政策体系。

物流经济正成为全球经济发展的重要热点和新的经济增长点，物流革命将是21世纪全球流通领域变革的基本内容。物流将成为我国新世纪产业整合的切入点，发展现代物流业将是我国经济结构全面调整的支撑条件。中国物流与采购联合会常务副会长丁俊发（2002）提出：中国物流业发展的重点主要有以下六个方面：物流市场的建设与培育；以城市为中心发展辐射型物流系统；物流标准化体系建设的强化；通过多种渠道加快物流人才的培养；物流的信息化与物流装备的现代化的大力推进；从降低库存、加快流动资金周转入手推进政府、企业采购制度变革。

生产企业应在物流大发展中更好地把握机遇并提升竞争力，要做到以下几点：第一，企业实施现代物流应当进行观念更新和策略转变；第二，建立有效的供应物流系统；第三，对生产系统进行物流合理化的改造；第四，从服务和扩展市场的角度，完善和增强销售物流系统。

2010年以来，我国物流业发展速度加快，发展质量不断提高，既得益于政策环境的改善，也体现了物流业相关各个行业的努力，整体上分析，我国物流业呈现以下特点：①中央政府高度重视物流业的发展。②地方政府积极推进物流业的发展。③行业发展中高度重视物流业的发展。诸多城市制定了物流业发展规划，用以指导城市物流基础设施的空间布局。这些规划从整合城市存量和增量资源的角度出发，对既有落后的物流设施进行撤并和置换，对新布局的物流设施进行集中建设，有利于集中使用土地资源。

2014年10月，国务院发布的《物流业发展中长期规划（2014—2020年)》中指出，支持建设与制造业企业紧密配套、有效衔接的仓储配送设施和物流信息平台，鼓励各类产业聚集区域和功能区配套建设公共外仓，引进第三方物流企业；鼓励传统运输、仓储企业向供应链上下游延伸服务，建设第三方供应链管理平台，为制造业企业提供供应链计划、采购物流、入厂物流、交付物流、回收物流、供应链金融以及信息追溯等集成服务。

2015年8月13日，国家发改委发布《关于加快实施现代物流重大工程的通知》（以下简称《通知》），《通知》指出到2020年，全社会物流总费用与国内生产总值的比率在2015年16.6%的基础上再下降1个百分点，物流业对国民经济的保障和支撑作用将进一步增强，我国物流服务企业未来仍有较大发展空间。2015年，中国与"一带一路"相关国家双边贸易总额达9955亿美元，占全国贸易总额的25.1%；中国企业对相关国家直接投资148.2亿美元，相关国家对华投资84.6亿美元，同比分别增长18.2%和23.8%。2015年我国与中亚地区国家及蒙古进出口贸易总额分别为2128.77亿美元、350.50亿美元，其中进口总额分别为1039.16亿美元、249.24亿美元、出口总额1089.61亿美元、101.26亿美元。进口货物中，蒙古出口贸易中占比较高的矿砂及能源主要流向中国，乌兹别克斯坦、土库曼斯坦的能源产品、塔吉克斯坦的矿砂也主要流向中国，吉尔吉斯斯坦的铜及铜制品对中国市场依赖性仍然较强。

在"2016中国货运与物流行业趋势论坛"上，中国物流学会会长何黎明指出，在后电商时代，电商仓储、城乡配送、大件物流、智慧化物流等都将成为物流发展的重点。行业专家表示，互联网时代，物流体系最重要的是对网络进行运筹优化，提升体验，降低成本，未来物流最理想的状态是找到一个"平衡点"，使仓储布局与运力实现效益最大化，提升用户体验的同时降低企业的物流成本。

根据我国物流业发展速度，物流现代化将成为流通产业第二次变革的

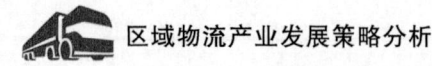

主要内容：重构生产流通体系，优化流通结构；改造传统物流企业，构建现代物流基础；适应电子商务发展，促进物流业信息网络建设；强调系统功能，整体推进现代物流产业发展。

1.3.6 物流效率研究

（1）国内研究现状

在物流效率的研究当中，一些专家将 DEA 方法和 AHP 方法结合起来进行研究。杨帆（2011）利用数据包络分析（DEA），构建评价中国现代物流业增长有效性的静态模型和动态模型，并结合中国现代化物流业的投入产出数据分析和比较各个地区物流业增长的静态和动态有效性[75]。

在研究"新丝绸之路"经济带经济发展与基础设施方面，众多学者从不同维度对此进行了分析。王争鸣（2014）对"丝绸之路"经济带铁路通道进行深入研究[76]。张海涛，陆铭俊（2107）基于高铁和高速公路对"新丝绸之路"经济带交通基础设施与城市化进行了研究[77]。刘育红（2012）则对"新丝绸之路"交通基础设施和全要素生产率增长之间的关系进行了研究[78]。孙烨，吴昊洋（2017）对"新丝绸之路"经济带的基础设施资金需求与投融资经济决策进行了研究[79]。邹元婷（2016）对区域物流能力与区域经济发展的相关问题进行了分析[80]。于庆岩（2014）指出：物流网络里程对经济带的经济发展趋势并没有显著空间溢出效应，货运周转量就经济带的经济增长而言具有积极的外部性，而物流业产值对经济带的经济增长有负的外部性[81]。

在如何构建协调的一体化物流体系方面，关高峰、董千里（2013）对物流发展水平视角下区域物流网络构建进行了研究，并对湖北省16个地区2012年截面数据做出了实证对比分析[82]。曹云等（2014）通过大数据物流业务管理的分布式搜索技术的性能分析，结合分布式网络的协作型服务效用，探究物流企业的业务链如何适应"新丝绸之路"经济带的需要，以实现客户服务资源的快速、准确定位[83]。张广和（2014）认为经济带的发展目标是建成自由贸易区，实现交通、通信、能源、城市、产业、金融和贸易的一体化[84]。郝渊晓（2014）基于构建丝绸之路区域物流协调机制的基本原则，提出了要构建区域物流基础设施平台和区域物流公共信息平台这两个协调机制载体[85]。

（2）国外研究现状

当下针对物流业效率的国外研究课题较多，国外学者主要从物流效率评价方法、指标、效率影响因素等方面进行了探究。

物流业效率有多种评价方法，比如指标体系法是指先选定评估项目，再选择一系列指标构成指标体系，通过专家打分从而得到各项分析数据，经过公式计算得出相应结果，以此反映物流效率。Amer Hamdan（2008）在非限制模型的基础上，加之专家意见等有限条件，将其修改为限制性DEA模型，把DEA方法与评估第三方物流运作效率相结合，修改后的DEA模型可以用来进行仓库相对效率值的计算，从而提高效率[86]。Reza Farzipoor Saen（2009）将DEA运用于第三方逆向物流优化模型，分析得到第三方物流供应商的最优方案[87]。Banker R D等（1984）与其他学者运用DAE方法对企业的技术和规模的无效性进行深入探讨研究[88]。

系统动力学在物流活动中有着重要的应用。系统动力学在20世纪60年代初建立，创始人Forrester认为公司的生产、科研、销售、库存的波动间存在内在关系，即牛鞭效应[89]。供应链的高效取决于物流与信息流的协调，系统动力学中物质流、信息流的概念非常有利于描述供应链问题，因此在物流供应链动态模拟分析与诊断协调、优化与决策研究中是一种非常有效的方法。

20世纪70年代末，系统动力学被引入我国，其中杨通谊先生、王其藩教授、许庆瑞教授和陶在朴、胡玉奎等专家学者是先驱和倡导者。系统动力学在引入我国30多年的时间里，取得了飞跃式发展。全国SD（系统动力学）工作者和研究人员在区域和城市规划、企业研究、产业研究、科技管理、生态环保、海洋经济和国家发展等领域中取得重大成绩，有多项研究成果获得国家级和部委级奖项。但目前，系统动力学用于物流，尤其是地区物流产业的研究还较少。

1.3.7　物流产业发展对策研究

有关物流服务业的发展对策，国外研究动态如下：

波弗尔（2009）提出在现代化背景下，以往落后僵化的管理思想已完全不能适应现代物流的发展要求。因此现代物流管理要加快管理观念的转变，淘汰不适应物流发展的组织方式[95]。

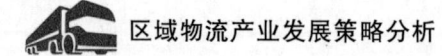

Toni（2001）根据区域物流，结合社会效益、物流企业、经济发展三方面提出了建设物流服务统一体系的益处。其宗旨是通过建立物流服务统一体系达到以下三点目标：一是增加物流企业收益；二是节约了社会资源，促进社会的持续发展性；三是降低物流成本，促进经济效益的发展[50]。

Daugherty 等（1995）指出建立一体化物流体系对于提高客户满意度和物流时效性都有很大的帮助。经过一体化物流服务体系，商品在运输过程中所需的天数更短，对于某些时令产品的运输也具备了基本条件[96]。

从以上国外研究成果我们可以看出，国外学者注重于对区域物流及物流服务一体化的研究，通过理论分析与实证研究相结合，得出建立区域物流及物流服务一体化的优越性在于降低物流成本，节约社会资源，促进经济的发展，实现物流企业、社会、经济的三方共赢。

国内研究动态如下：

陈文玲（2002）建议物流服务业应该成为我国的重要产业，在其发展的过程中，应将加强立法与规划作为基础，重视 TPL 的发展等[90]；国务院发展研究中心赴欧考察团在对欧洲物流产业发展进行考察后认为，物流服务业的发展需要政府的积极参与和必要的政策支持，应包括营造良好的制度环境、打破垄断与创造充分竞争的市场环境、加强物流基础设施的投入、推进物流产业标准化、加快物流产业现代化进程、制定政策以引导和鼓励物流产业发展等[91-92]；贾晓航（2004）等提出了建立政府部门间协调机制、加快培育第三方物流市场、确定新世纪物流技术战略、以技术创新推动物流产业的发展、抓好物流标准化体系建设、重视物流人才的培养和教育等六个方面打造中国现代物流产业的建议[93]。王之泰（2014）最早定义了共同配送，即由一个具备实力的第三方物流企业来为客户提供统一的物流运输服务[94]。

国内外研究内容丰富，既有理论的深入探讨，也有实践经验的深刻总结，国内研究多是以国外的成果为基础，在整体上对国内现代物流服务业进行研究探讨，很多是描述性、定性的研究，相对来说研究不够深入。国内研究最多的是有关经济发达地区现代物流服务业的发展对策方面，当然这也是由于经济发展环境所致，发达地区工业化程度高，物流服务业的发展更加成熟。总体上来看针对西安市现代物流服务业的研究成果比较少，利用系统动力学建立西安物流模型的研究更是寥寥无几。鉴于此，本书在过去研究的基础上，通过使用系统动力学方法，对西安市的物流系统进行建模与仿真，最后根据结果给出启示性对策，希望由此可以寻求一些新的突破，为西安市现代物流服务业发展提供具有一定价值的参考建议。

1.4　研究内容及方法

本书通过理论梳理和实证模型，采用陕西省物流经济发展的相关数据，探究物流产业发展的策略。

具体研究内容包括以下三个部分：

（1）区域物流产业理论研究

本书首先通过对国内外文献回顾，厘清物流产业相关文献研究热点。为了更好地说明区域物流产业理论研究发展现状，对物流产业成长过程进行回顾，并且对物流绩效评价方法、新型物流研究、物流效率研究等相关文献进行了综述。其次总结了物流产业的理论，集中在产业发展模式、产业集聚、区域创新、物流产业集聚与区域创新的互动分析、物流相关学说、生态理论、物流网络系统、新型物流、供应链相关理论等，为本书奠定理论基础。

（2）物流产业

首先，基于"关中—天水"经济区、"新丝绸之路"经济带、榆林市榆阳区，商洛市物流业的发展现状，对"新丝绸之路"经济带物流基础设施建设与经济效率模型进行分析；其次，建立现代物流基础设施同经济发展之间的模型，运用系统动力学方法（SD）分析得出物流基础设施和经济之间的相互促进、相互制约的协同关系；再次，结合物流产业集聚和区域创新理论，采用陕西省2005—2014年面板数据，提出研究假设，并进行假设验证；最后，结合生态理论对陕西省物流产业生态位进行测度，总结陕西省物流产业成长现阶段的状态及问题，针对陕西省物流产业生态化所要面临的各种障碍，结合实际，对陕西省物流产业生态化提出理论与实践路径，以期能够对陕西省物流产业健康快速发展做出积极贡献。

（3）供应链

本书对供应链管理体系进行了分析，首先以沃尔玛供应商选择策略、

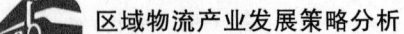

银桥乳业及戴尔公司供应链突发事件为案例,对其供应链突发事件的特征进行分析;其次详细介绍了供应链结构和特点,并对供应链存在的风险进行分析;最后提出供应链突发事件的应急措施。

本书试图借鉴区域创新学、物流及供应链产业理论和方法,依照"理论研究—现状分析—模型构建—体系设计—对策建议"的思路,通过理论梳理和实证分析,采用陕西省物流经济发展的相关数据,探究物流产业发展的策略。具体来说包括以下四个方面的内容。

①理论模型建构法。本书借用数据库以及丰富的网络资源,对物流产业、供应链等相关概念进行界定,厘清概念的内在关联,对陕西省物流产业的影响因素及陕西省供应链体系进行分析,并构建了系统动力学模型、DEA模型、模糊层次结构模型等相关模型,结合陕西省具体的实践,借助相关模型与计量工具客观展现"一带一路"背景下两者关系。

②数据统计分析方法。通过查阅"关中—天水"经济区、"新丝绸之路"经济带、西安市、榆林市、商洛市等地区物流行业的有关数据,对当前现状进行分析,并测算陕西省当前物流产业的集聚水平和规模,对其进行统计描述和分析。

③定性分析与定量分析相结合。本书选取《陕西省统计年鉴》《中国科技统计年鉴》《中国物流年鉴》中的相关数据,采用定性的方法分析了陕西省物流产业集聚的现实问题以及区域创新能力的影响因素,同时运用计量经济学方法,通过模型构建与计量,选取陕西省相关数据进行回归分析,得到各因素对区域创新的影响程度高低;本书利用2006—2013年数据对现代物流业与经济增长两者间所存在的内部作用机理进行分析,得出想要有效地促进经济的增长必须继续加大物流基础设施建设资金投入的结论,同时运用系统动力学,利用模型对未来数据进行仿真,构建出"新丝绸之路"经济带到2020年的经济增长变化;本书运用数据包络分析法,对收集到的陕西省2008—2015年物流指标数据进行处理,得出陕西省2008—2010年的物流效率达到了最优年份,通过DEAP2.1软件构建模型,对比分析了DEA效率无效的年份,提出了相关措施。

④实证检验方法。本书选取相关数据,运用计量经济学方法,建立模型并进行对数变换,选择Eviews 6.0软件进行计量模型回归,分析陕西省物流产业集聚与区域创新的影响,根据得出的散点图发现陕西省物流产业

集聚水平与区域创新呈线性相关，对理论假设进行检验及概念模型修订。为更好地考察陕西省物流产业集聚对区域创新能力的带动效应，本书使用区位熵对陕西省物流业集聚现状进行分析，通过构建计量模型，采用多元回归分析方法，对物流产业集聚与区域内的创新溢出关系进行实证分析，并采用稳健性分析方法，对物流业集聚外部性加以验证，为陕西省区域创新能力的提升提供策略及建议。

第 2 章 物流产业理论

2.1 产业发展模式

2.1.1 美国

美国是世界上发展物流业比较早的国家之一，同样也是物流业发展最成熟的国家，有超过 1000 家做物流服务行业的公司，2000 年美国物流产业产值达到 9000 亿美元，占美国 GDP 的 10% 以上，美国物流模式强调"整体化的物流管理系统"，它是一种以整体利益为重，冲破按部门分管的体制，从整体进行统一规划管理的方式。美国物流系统体系的各组成部分均居世界领先地位，其中最为突出的就是配送中心、速递以及第三方物流等。2015 年，美国使用第三方物流的比例约为 58%，并且需求也在不断地增加。其第三方物流业收入均以年收入的 15%~20% 的比例增加，到 2015 年，已经由 1994 年的 150 亿美元增长到 32530 亿美元。此外，美国的第三方物流不仅仅是承担仓储等类似的单项业务，它还负责配货、送货、库存管理、收货验货以及调货分装等综合性客户物流业务。

2.1.2 日本

在日本物流产业的发展过程中，日本政府起到了较强的导向作用，它主要通过一些政策来加强对物流产业的引导。第一是规划优先。日本政府考虑到它本身的实际情况，国土面积太小，国内的一些资源和市场也很有限，还有商品进出口量大等因素，按照流通据点集中化的战略，在一些大中城市的郊区以及港口还有主要公路枢纽等区域建设物流园地，而且倡导发展城市最佳配送系统，围绕某个中心将城市的一些无规则发生的各种货运需求（如方向、数量、时间等）加以汇总，从而实现混载配送，提高配送效率。第二是日本政府加大物流基础设施建设的资金投入和建设。如日本的和平岛货物中心是日本最大的物流配送中心，它建设总投资达 572 亿日元，其中中央财政出资 70%，东京地方财政出资 20%，企业投资 10%。日本已建成平均占地 74 公顷的物流园区 20 多个。第三是日本政府出台了相关政策鼓励现代物流产业发展。在缓解城市道路阻塞、发展货物联运、改善道路设施、完善城市内河运输条件等的同时，日本政府还出台了很多可行的鼓励政策，如放松政府管制、在政府部门建立协调促进机构、提供政府援助等。所以日本物流业在短期内发展得这么迅速离不开日本政府对物流的引导和有效的政策。

2.1.3 欧盟

欧洲各国的物流管理体制基本采取政府监督控制、企业自主经营的市场运作模式，政府在促进物流业发展过程中所起的作用主要体现在以下七个方面（以德国为例）。

①加强立法规划。1993 年，德国通过了《联邦铁路线路改扩建法》，规定了由国家投资联邦铁路的新线建设和改扩建费用。1980 年，制定了在全国建设 40 个物流中心的规划，布局建设公路、铁路和港口等基础设施，协调各种运输方式，形成综合立体交通网络，在交通枢纽处由政府主导投资建设物流园区。同时，制定并实施了"远距离运输以铁路和水路为主，中间的衔接与集散以公路为主"的国家物流战略和相应的政策法规，还提出了一系列物流业发展的具体实施细则，对物流业全程监控、协调和管理，以求规划落到实处。

②加大基础投入。德国加强公路、铁路、港口的物流基础设施建设，积极推进物流基础设施网络化，一些重要的物流园区周边铁路和公路干线由国家投资，实施免费通行政策。

③大力培育市场。德国实行"政府搭台，企业唱戏"，开辟各种途径，采取多种措施，规划建设物流园区、货运中心、配载中心，鼓励引导社会化、专业化的物流企业发展，使其成为社会物流资源的整合者、运作者和高质量服务的提供者。

④推广先进技术。德国对物流理论和技术的研究应用十分重视，政府

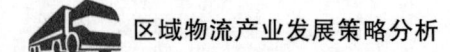

对科研机构给予资助，推动科研机构与企业合作，促进科研成果转化应用，保持全球竞争优势。为适应物流全球化的发展趋势，德国政府针对基础设施及装备制定基础性和通用性标准，针对安全和环境制定强制性标准，引导行业协会对各种物流作业和服务制定相关行业标准，制定物流用语标准、物流从业人员资格标准等，保证物流活动的顺利进行。

⑤重视人才培养。德国积极走产、学、研一体化的路子，充分发挥研究咨询机构在理论研究及应用技术研究方面的优势，使其与物流企业紧密结合，培养企业所需人才。在高校开设物流专业，同时还积极引导企业内部自我培训，注重全社会教育推广，如通过组织物流企业面向公众的开放日活动、鼓励建立普及物流知识的网站等多种措施和方法，培育物流业急需的各种人才。

⑥推动环境保护工作。由于物流产业对环境的影响比较大，所以德国的物流企业对环境保护和节能非常重视。再加上政府对环保问题、能源问题有严格规定，因此物流企业对这方面的要求都非常严格。比如它们的办公用品很多都是再生资源加工的。又如，政府规划在2020年以前把二氧化碳的排放量再降低40%，要求物流企业对大货车的二氧化碳排放量进行严格控制。同时德国政府正在逐步减少大货车数量，提高铁路和水路的货运能力，以减少对环境的污染。

⑦德国物流协会作为全德最大的物流专业协会，也积极协助政府进行物流规划、政策制定和协调管理。

2.2 产业集聚

产业集聚的思想从经济学诞生时便开始萌芽，产业集聚作为一种产业组织形式，逐步发展形成了产业集聚理论。物流产业集聚作为经济活动中常见的形式，受到了学者们的重视。

2.2.1 产业集聚的内涵及特征

国外学者对于产业集聚核心的研究，各有侧重。当前对于产业集聚解释大概分为以下两种：第一种认为外部经济效应推动产业集聚。这种看法的代表人物主要是马歇尔、胡佛。马歇尔认为产业集聚主要是由外部经济和规模经济的作用所致，提出了外部经济、规模经济和产业集聚之间息息相关的观点。第二种认为内部企业间的同心协力、共同合作是产业集聚成长的动力。根据迈克尔·波特的理论，产业集聚所处区域的环境状态使各个行为参与者之间既竞争又合作。因此，产业集聚是以彼此相关联的各类公司为主要参与者，连同其他相关配套企业及中介机构在区域内聚集形成的集聚体，该集聚体涵盖了从产品生产到消费这一过程所能涉及的经济体包括供应链上的企业、政府、大学、各类中介机构等。

所以不论产业集聚体的产生动力是什么，从多位学者的研究结果可以得出产业集聚体定义的共同处，就是产业集聚体具备由空间性、地域性构成的外部经济效应，与此同时集聚体内部的企业具备关联性，包括上下游的生产企业和价值链中的中介组织、服务组织。上述研究还表明：产业集聚具有地理上的接近性、产业选择优势性、高度的专业化程度、社会网络特性四个方面的特征。

2.2.2 物流产业集聚的内涵及特征

物流产业的发展涉及多个方面。运输、仓储、装卸、配送等服务的发展都属于物流产业的环节，之所以对各环节的协调控制需要很强的专业性，是因为每个环节间差异较大。借助物流产业集聚效应将大部分的物流企业以及供应链中的中介机构和服务机构集聚起来，企业会根据其不同的分工，负责相应的节点，通过上下游的互相配合促进生产资源的节约和运营效率的提高，创立一个资源共享与协同创新的综合运行机制。

迄今为止，物流产业集聚尚未形成统一的定义。随着研究的深入，迈克尔·波特（2002）进一步扩展了产业集群的定义范围，首次将以物流为代表的服务行业带入了产业集群的研究范畴。他认为产业集群是指在一个区域中的某个领域内，将对集群的发展具有影响意义的供应链企业以及与之相关的中介机构和服务机构聚集起来的发展模式。物流产业集聚是一种特有的经济形态[97]。国内学者对物流产业集聚的模式进行了研究，沈润（2011）认为物流产业属于服务行业，它的发展也必须依靠其他产业的发展，因为它的存在是为其他产业提供运输配送服务，是为满足其生产销售环节中的物资流通需求，这一特性决定了物流产业的发展路径[98]；赵江利（2012）根据调查发现因为物流行业与其他产业之间的紧密联系，随着工

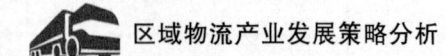

业园区的发展，物流产业集聚体也开始初具规模，由此可以看出物流产业集聚体的发展往往是紧接于工业园区的发展[99]。

结合各学者观点，本书认为物流产业集聚是指在某一区域内集聚了产业链中各节点的相关企业，是一种集成化的物流网。包括仓储、运输、加工、配送、包装、运输、物流信息等相关的物流企业与交通设施有关的企业及单位、相关科研组织以及管理部门，经过企业间的竞争与合作，形成了物流产业集聚体以满足生产企业供应链中上游供应商与下游客户之间的物质资料流通需求。物流产业属于服务行业，其发展必须依托集聚区周围其他的产业的发展，物流产业集聚更侧重创新物流信息技术，节省物流开支，提升物流服务标准。本书在产业集群的一般特征的基础上，认为物流产业集聚还具有以下三个特点。

①产业依靠性。由于制造业和消费业催生了物流服务的形成，物流产业的集聚与其区域内的生产制造和消费息息相关。伴随城市开发的持续推进和物流集聚区的出现，城市已逐渐成为区域经济发展的焦点和枢纽。所以物流产业集聚必须依托于其所在区域，依靠其他产业的发展而不断发展，应与相关市场需求的空间布局相适应，发挥服务区域的作用。

②区位选择性。选取适合物流产业聚集的空间地理位置，对于物流产业集聚的产生与成长来说具有不可或缺的作用。这是因为以区域优势为依托的物流行业，物流时效提升与物流成本降低是企业追求的发展目标之一。物流中的仓储、中转等服务，需要具备丰富土地资源的同时还应具有多种基础交通设施（包括公路、铁路、机场、港口等），优选坐落于具备两种或更多运输方式的交通干线和城市枢纽地带。在区位优势选择时土地价格以及人力成本、信息化建设投资等也是需要考虑的因素。

③集聚网络竞合性。在物流产业集群网络内为了保证供应链上各环节企业间的紧密联系和合作，要积极与外部各企业、机构进行合作，整合社会资源提供更具开放性的网络。具体表现为：物流企业通过专业化分工和区域内合作实现技术创新，提高物流服务标准与工作效率，避免独立经营下的重复性投资。同时基于价值链的上下游物流企业之间形成了集聚氛围，加剧了企业间的竞争，实现了在物流基础设施和相关物流资源共享基础上的专业化再分工。企业间"一流三网"（订单信息流、全球供应链资源网络、全球用户资源网络、计算机信息网络）的融合有利于增强各物流

环节间的持续性，保证信息传播的通畅性，促进物流集聚区企业间的知识外溢，最终提高整个地区物流的服务创新水平。

2.3 区域创新

2.3.1 区域创新的内涵

通过持续不断的摸索与探究，人们渐渐发现创新是一个具有多主体互动的实践过程，而不是简单地认为是一种创新实验。创新会受到文化、社会、经济、生活环境等多种因素的影响，并且是一个具有反复性的过程。创新方式的多元化，比如技术创新及销售模式、供应模式等商业模式创新。除此之外，价值的二次创造以及在生产数量上的快速增长也不失为一种创新模式。

由于不同地区之间的差异，造成区域政策向不同方向倾斜，生态环境和自然资源的差异更好地反映了其差异性，还包括文化习俗、产业集聚等，因此在一定程度上区域的差异会催生出不同的创新政策。同时，创新还受地区的财税政策、市场秩序、人力资源、法律和法规以及其他外部因素的限制。区域创新的定义有广义和狭义之分，广义的区域创新是指在一定区域内所展开的文化、社会和经济发展创新之和，然而狭义的区域创新仅仅是区域内的一个创新过程，即企业主体的新资源再整合的过程。

总而言之，本书认为区域创新是在一个知识聚集的区域内，由参与技术创新和扩散的企业、大学和研究机构、中介服务组织和政府组成，不断独创、贮备、运用和转让知识和技艺及新产品。

2.3.2 区域创新的特征

区域创新体系的特征有以下三个方面。

①区域创新是一种由多种要素构成的、各方参与者相互作用而成的系统，区域创新在功能和结构上可划分为按照各主体所衍生成长出来的子系统。

②创新具有一定区域性，每个区域的生产和资源的模式是不一样的，为了在明确分工的全球化经济中获取一定的市场份额，需要企业发挥自身

竞争优势以提升其竞争力，充分发挥区域技术、产业、资源优势，创造和保持该地区的基本特征。

③区域创新发展的关键在于确保实现技术的发展、传播与运用。区域创新体系作为国家创新体系的子系统，是一个开放的创新网络，注重培育新技术、实现新技术的普及，从而形成在社会组织创新中具有重要地位的组织。

与整体创新体系相比，区域创新体系有其自身独特的优势，如各主体在制度安排上能够有效节省时间、实现生产专业化、产品更具创新性且包含更多创新要素等。在区域创新体系中，持续的改进和完善可以推动国家创新体系的发展。除此之外，市场经济的有效运作可以推动区域创新系统的成长，并且与市场经济相关的各种要素将直接影响创新活动的发展。从国家的实际情况来看，区域创新需要在国家的总体规划和发展战略的指导下开展各项经济建设。在"一带一路"区域创新体系建设的背景下也不例外，首先要提高区域创新能力，然后结合自己的竞争优势为推动创新强国目标的实现而奋斗。

2.4 物流产业集聚与区域创新的互动分析

目前国内对于物流产业集聚与区域创新关系间相关影响的探索并不深入，多数只从侧面提及。蔡白金（2006）运用区域创新系统的方法探究物流产业集聚体与技术创新的关系，从理论上分析产业集群与区域技术创新之间的关系，在此基础上探究了物流产业集聚与技术创新之间的相互作用，两者具有协同效应，物流产业集聚的提升对技术创新活动有着积极的正面影响。

2.4.1 物流产业集聚是区域创新的基础

物流产业集聚为人才、部门或企业间区域性的知识交流转移和学习提供了基本条件。区域内技能型、研究型、企业家等创新人才通过在固定区域内相互沟通合作进行互动，容易促进想法、观念和思维方式的互补。对一定组织或企业来讲，物流产业集聚促进相关企业加强交流，营造了诚信交往的发展环境，降低企业在物流信息和数据收集上的成本，提高机构之间的合作，形成互帮互助、互通有无的物流产业集聚机制来消除企业发展物流的门槛和阻碍，实现区域内创新要素的迅速转移。

物流产业集聚体是一种为社会的信息生产、传输、处理和流通提供便利的网络系统。在这个系统中，社会网络和创新氛围能够促进隐性知识的传输和编码。物流产业集聚的形成过程中，降低成本的方式由之前的依托物质资源、地理条件、运输成本等因素逐渐转向依靠信息与知识的交流。产业集聚的创新活动不仅体现在企业与产业层面，也体现在地理空间层面，企业的地理集中促使创造性观点和技术在个体之间的正式和非正式交流。知识溢出效应实际上体现了知识社会化过程带来的规模效应，集聚体中的企业可以获得产品信息、市场信息、技术信息等许多有价值的信息资源，对于企业安排自己的生产行为和发展方向都会产生重要的影响。对区域而言，地方性的制度与创新优势是不可模仿的，在生产性资源流动更为便捷和低成本的条件下，知识便成为决定区域竞争优势的关键。区域创新发展必须依靠企业掌握比其他地区竞争者更快获得知识的能力、知识溢出与创新的能力，这些能力是区域长久保持竞争优势的根本。

2.4.2 区域创新是物流产业集聚的动力

随着交通条件的改善与市场要素流通的全球化，物流企业的空间集聚越来越考虑外部性效应，尤其是对物流产业的知识溢出以及区域创新推动力的高度重视。

①物流产业集聚知识溢出的收益递增效应。知识溢出在区域经济中的作用不仅体现了知识本身的重要作用，更体现了人力资本在经济增长中的意义。知识的增长对于企业来讲是收益递增的。由知识的非竞争性和局部排他性导致的知识、经验、技术和创新等资本形成的显著外部效应并不是知识溢出。长期来看激烈竞争会促使知识生产者加快自身产品与技术的更新，同时受到物流产业集聚体内外部知识溢出影响增加自身的知识存量。对知识的追逐会促使相关企业形成产业上的集聚，物流企业进入集聚体需要考虑其自身边际收益与边际成本。因为在物流产业集聚体内，一方面，各个物流企业通过自身的优势开发独创的新技术、新知识可能会外溢出去，成为整个集聚区的公共知识；而另一方面，企业只有在物流产业集聚区域，才可能从其他厂商身上获得这样的溢出效应，一旦离开集聚区，这

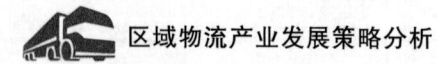

种公共知识的获得机会会迅速减少。

②知识溢出效应在物流产业集聚中的空间限制效应。伴随互联网的迅猛发展，空间距离对知识传播的影响逐渐减弱。然而，空间距离对知识溢出的作用仍然是不可小觑的。研究表明知识的传播受到空间的限制，物流产业集聚的优势是可以在有限的空间内更快地传播知识。企业和个人为了更好地学习和获取新知识，就会向技术密集、知识密集的地方集中，这样的产业集聚会形成良好的信息网络，包括先进、及时、准确的信息源头，也包括便捷、通畅、安全的信息渠道。创新过程是一个高风险、不确定的活动，需要借助人与人之间的互动进行信息的交流，以此降低不确定性。创新必须依赖基础知识的研究，尤其是技术创新。为获得这些资源，许多物流企业选择靠近大学和科研机构。许多未完全成熟的技术和知识不能编码化，许多管理经验和思维方式也不能显性化，这都需要面对面的交流，在实践中学或者运用中学才能实现。企业要在区域内积累大量的创新知识，为其创新活动打基础。由此在追逐创新的过程中，物流企业为获得创新所需的环境、设备、知识将不断在空间上聚集起来，这无疑会加速物流产业的集聚。

综上所述，物流产业集聚为区域创新创造条件，区域创新是物流产业集聚的根本动力，二者的作用是相互增强、内生互动的。一方面，无论出于何种原因，物流产业集聚必然会导致创新能力在集聚区域的逐渐增强；另一方面，原本孤立的物流企业自身存在较明显的技术、工艺以及经营思维创新时，将吸收更多的其他物流企业进入该地区，并在该地区逐渐形成物流业集聚体，促进地区物流业集聚发展。因此，物流产业集聚对区域创新具有积极作用，区域创新能力将随着物流产业集聚的发展而逐步提升。区域创新与其区域内物流产业集聚相互影响，且二者之间的相互作用不是静态的而是动态累积循环的。

2.4.3 区域增长极理论

区域增长极理论是在法国经济学家弗朗索瓦提出的增长极理论的基础上发展起来的。该理论认为一个地区的经济增长首先会出现在具有创新能力的行业，而不是同时出现在一个地区的所有部门。并且这些创新行业会聚集形成一个集合体。地区的经济增长率先出现在这些由创新企业所形成的增长极上,然后通过各种渠道向外扩散,促进地区经济的发展,推动主导产业和创新产业及其关联产业在地理空间上向该地区集聚,使这个地区成为该区域的经济中心。

创新企业形成的增长极可以通过支配效应、乘数效应、极化与扩散效应对区域经济活动产生组织作用。

首先,增长极的发展对周围地区的经济发展产生示范、组织和带动作用,从而加强与周围地区的经济联系。同时,在这个过程中,受循环积累因果带动机制的影响,增长极对周围地区经济发展的作用会不断地强化和加大,影响范围和程度也会随之增大。

其次,由创新企业形成的增长极所产生的推动性产业吸引和拉动周围地区的经济要素和经济活动不断趋向该增长极,从而加快该增长极自身的成长速度。同时,创新企业形成的增长极也向周围地区输出要素和经济活动,从而刺激和推动周围地区的经济发展。

最后,创新企业形成的增长极具有技术与经济两方面的先进性,能够通过与周围地区的经济要素流动关系和商品供求关系对周围地区的经济活动产生支配作用。

从创新企业形成的增长极在上述三个方面的作用,我们可以发现,一方面,增长极的形成,必然改变区域的原始空间平衡状态,使区域空间出现不平衡;另一方面,区域中的各种产业将以创新企业形成的增长极为核心建立区域产业结构。不难看出,增长极的形成、发展、衰落和消失,都将引起区域的产业结构和空间结构发生相应的变化,从而对区域经济增长产生重大影响[100]。

2.5 物流相关学说

自20世纪初物流这个概念被越来越多的人熟知以来,人们对它的研究从未停止过。随着物流概念的普及,越来越多的研究学者提出了各种物流理论。本小节归纳整理了几个重要的物流理论进行说明。

2.5.1 黑暗大陆学说

美国著名管理学权威彼得·德鲁克(Peter F. Drucker)早在1962年提

出了"黑暗大陆"理论。他在历史悠久的著名杂志《财富》中撰文明确提出：流通是经济领域的"黑暗大陆"。他将物流比作"一块未开垦的处女地"，指出应重视物流流通循环过程中的物流管理。由于流通领域中物流活动的模糊性特别突出，是流通领域中人们认识不清的领域，所以"黑大陆"学说主要针对物流而言。"黑暗大陆"学说的提出，体现出早期人们对物流理论学说认知的缺乏，同时也让人们认识到了企业日常物流活动的重要性。

2.5.2 第三利润源泉学说

1970 年日本早稻田大学教授、物流成本权威研究学者西泽修先生提出了"第三利润源"说。第三利润源即物流领域，随着市场竞争日益激烈，企业能够占有的市场份额是极其有限的，当其达到一个阈值导致企业不能再实现利润增长的时候，怎么去探寻一个新的利润增长点，成为一个企业自我调整的关键。相关研究发现假如能寻求到降低企业经营成本中占有极高比例的物流费用的方法，就能间接提高企业在生产活动中产生的利润额。此时可以把物流管理看作为企业日常生产活动中的第三利润源泉。将这种理论简化解释为，在制造成本降低空间极其有限的情况下，寻求降低物流成本方法成为企业的日常生产活动的"第三利润源"。他主张提供与运用良好的物流服务与物流管理方法，以求提高市场经济系统和整个国民经济的运转效率，减少社会整体的运转资本，以此方法增加国民经济总效益。至此，发达国家企业逐渐重视和深化企业自身物流活动管理，减少企业物流成本，挖掘开发企业潜在盈利能力，对企业自身发展产生了长远有利的影响。

2.5.3 物流冰山学说

物流冰山学说是西泽修在"第三利润源泉"学说之后提出的另一个具有深远影响的物流相关学说。他将物流费用比作是浮在水面上的一片冰山。露出水面的部分只是企业对外支出的一小部分物流费用，真正庞大的物流费用通常是在企业内部发生的，混在各种成本之间的物流相关费用即水下的看不见的冰山。该学说的提出使人们认识到了管理物流费用的重要性。

2.6 生态理论

2.6.1 生态位理论

1917年Grinnell从生物在三维空间分布特征的研究角度切入，将生态位定义为一种生物在它所在环境中所处的地位。Elton则从生物在群落中的地位和生态关系的研究角度切入，进一步将生态位的概念定义为"生物在其所处环境中的相对位置及其与食物和天敌的关系"。1957年，Hutchinson提出了一个崭新的生态位模式即生态位的N维超体积模式[101]。从空间、资源利用等多角度切入进行研究考量，将生态位概念简单化、数学化。Pinaka认为生物单位适应性的总和就是个体生物单位的生态位。Colinvaux认为生态位是物种为了实现攫取生存资源、争夺生存机会和提高自身竞争能力等一系列自然需要所自我进化达到的一种特殊的能力，并以此提出物种生态位的概念。改革开放初期我国学者王刚结合国外研究给生态位一个广义的定义：一个种的生态位是表征环境属性特征的向量集到表征种的属性特征的数集上的映射关系[102]。

生态位这个概念产生以来，随着国内外学者对生态位理论长时间的深入研究，总结出了基于生态位理论的不同系统状态的测度方法。

2.6.2 生态因子理论

环境因子是生物体周边所存在的环境要素。生态因子是在环境因子中能对生物的孕育繁育产生直接或间接作用的因子。生态因子的种类丰富多样，且没有唯一固定的分类方法。一般我们将生态因子主要分为生物因子和非生物因子。非生物因子主要包括温度、阳光、水、土壤、空气等。生物因子主要分为同种生物或异种生物。生物因子包括了生物种和种之间的彼此影响、彼此作用。生态因子直接或间接影响生物因子。各生态因子之间互相协作、互相作用、互相影响，联合对生物体产生影响。

2.6.3 共生理论

共生是自然生态系统中普遍存在的一种生物现象。生物体之间存在着

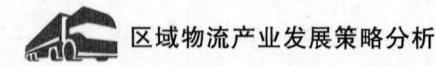

高度相关的联系，我们将它视为一种共生关系。从三维空间分布的角度来说，各生物种群共同生存在一定的区域范围内。从物种生存的角度来说，各生物物种之间，彼此协作、共同生存，从其他物种中获取利益，使物种能够得到更好的繁衍。生物之间的共生性保证了自然生态系统中生物物种的多样性，提高了自然生态系统中物种的进化繁衍能力。共生单元、共生环境、共生模式是共生关系的基本三要素，它们之间互相合作、互相影响，缺一不可。

2.6.4 协同进化理论

类似于生物之间的共生关系，协同进化的现象在自然生态环境中也广泛存在。Ehrlich 和 Raven 从植物与植食昆虫两者之间得到启发，提出了生态物种间协同进化的概念。Jazen 完善了这一概念并将之进行定义：即某一生物种群的物种特征受另一种群的物种特征影响而产生进化，反之，相对应的另一种群的物种特征也会受到前者生物种群的物种特征影响发生进化。协同进化是两种不同生物种群的长期互相选择、互相影响、互相作用、互相协调、互相进化的现象和过程。在自然生态环境中，共生环境下的生态物种间彼此竞争生存，又彼此协调、彼此进化，长久以来形成了两者之间的生存平衡和持续进化。协同进化说明了不同生态物种间互相影响、互相作用、互相协调进化的过程，是物种间的互相适应的过程，也是物种共存的结果。

2.7 物流网络系统

2.7.1 物流网络系统的定义

有关学者对物流网络系统做过如下定义[103]：从运作形态的角度来说，物流网络系统包括物流基础设施网络、物流组织网络和物流信息网络；从服务功能的角度来说，包括传输网络、存储网络、分销网络等服务业务；从物流网络服务运作的角度来说，包括企业外部物流网络、内部物流网络以及内外部综合物流网络。其结构如图2-1所示。

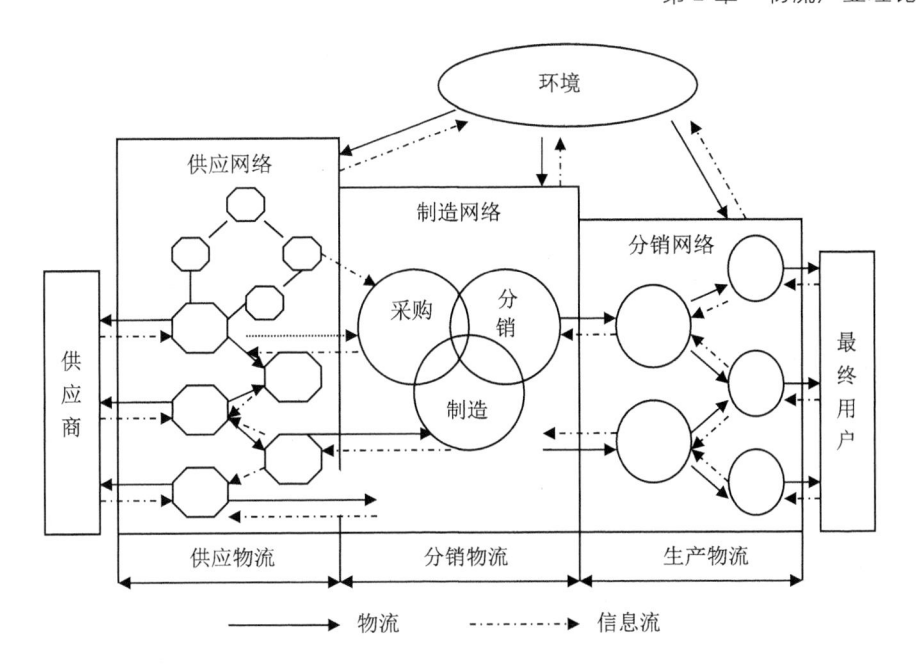

图 2－1　物流网络系统结构图

物流网络系统，是由互相作用、互相联系的各级物流节点、关联通道和与之相关的经济环境构成的系统。物流节点也就是各级物流中心，它是一种物流基础设施，包括交通运输基础设施、商品储存地（工厂、仓库、流通中心、商店以及顾客等）和信息收集处理点等。物流网络的关联通道是指由交通和运输通道连接形成的运输设施，表示物资在不同结点间的流通途径。"环境"则是指物流企业、物流市场、物流咨询机构和地方政府。在物流网络系统中，物流的全部活动是在其相关的运输线路和节点之间进行的。物流网络系统水平的高低、功能的强弱取决于网络中相关线路与节点这两个基本因素及它们的配置是否合理。

2.7.2　物流网络系统的特征

（1）物流网络系统的综合性和整体性

物流网络系统的综合性主要体现在系统主要因素的多样性、功能主要因素的多样性以及输入/输出关系的多样性。物流网络系统的要素不仅涉及城市、物流基础设施等空间物质实体，还涉及企业等经济实体；不仅是多系统多要素的综合,还是空间联系、时间联系的综合,能量、信息和物质等要素的综合。而物流网络系统的整体性则主要表现为整体与部分、部分与部分、系统与环境联系的统一性。

(2) 网络系统结构的层次性

系统具有层次结构。随着层次结构复杂化,系统的复杂程度也随之增加。物流网络系统层次包括目标层、功能层、运作层和基础层,不同层次的物流网络系统的内涵不同,见表2-1。

表2-1 物流网络系统层次

层次	主要内容
目标层	追求系统最优,实现企业和社会效益的双赢
功能层	运输、装卸、包装、储存、加工
运作层	物流业、制造业、工商业、信息技术服务业
基础层	物流基础设施、信息网络、管理服务和政策环境等平台

(3) 网络系统发展的开放性

物流网络系统是一个由各要素有效联合在一起的经济实体,在各个要素之间、要素与系统之间以及系统与环境之间客观存在着资源、能量以及信息的流动,这些流动能够表明物流网络系统的固有特性为开放性。物流网络系统建立的基础网络环境应该是开放的,使得每个节点之间可以实现快速的信息交换以及业务的同步处理。

2.8 新型物流

2.8.1 物流业概述

(1) 现代物流概念

物流活动自古有之,而真正的物流概念直到现代社会才出现。从阿奇·萧最早提出的"Physical Distribution"到通用公司首次导入"Logistics",尽管物流概念的内涵和外延在不断地发展,但不同的行业和部门对其理解和定义不尽相同。因此,到目前为止尚没有真正统一的物流定义。根据物流活动的本质以及我国物流整体发展现状,本书采用国标《物流术语》（GB/T18354—2001）中的物流定义：物流是物品从供应地向接收地的实体流动过程。根据实际需要，将运输、储存、装卸、搬运、包装、流通加工、配送、信息处理等基本功能实现有机结合。

（2）第三方物流理论（TPL）

"TPL"（Third-party logistics，简称3PL或TPL）一词于20世纪80年代中后期开始盛行，当时考虑的主要方向是对物流环节的要素功能外包。最早提出"TPL"的是美国物流管理委员会在1988年一项顾客服务调查，首次提到"第三方服务提供者"。目前，国际上关于TPL的理解尚不统一。我国《物流术语》对TPL所下的定义是"由供方与需方以外的物流企业提供物流服务的业务模式"。Maltz、Lieb、Randall等都认为，企业通过物流外包能够降低成本、提高客户的服务水平[104-105]；Boyson（1999）等在对27个产业使用TPL情况所做的调查研究发现，物流委托可帮助企业快速降低成本，提高竞争力、提高效益、提高服务水平。

（3）物流产业理论

按照《国民经济行业分类》（GB/T4754—2002）的定义：一个行业（或产业）是指从事相同性质的经济活动的所有单位的集合；产业是一些具有某些相同特征的经济活动的集合系统。魏修建（2014）认为：物流是一个产业的概念，是与物质资料运动相关行业（企业）的集合，或这些行业（企业）所组成的一个系统。物质产品的流动是物流存在的基本条件，物流效率的提高和物流费用的降低则是其必要条件，而它们的前提条件都是物流功能的衔接和协调等。物流产业的基本职能是为社会提供专业化、社会化的物流服务，它具有复合产业的特征和生产性劳动的性质。

2.8.2 绿色物流

（1）绿色物流的内涵

绿色物流，实际上就是与其他绿色运动一样，是国家在物流行业发展方向上推动的一种特定形象的代名词。我国2001年出版的《物流术语》中对绿色物流的定义是：在物流过程中抑制物流对环境造成危害的同时，实现物流对环境的净化，使物流资源得到充分的利用。另外，在英文中，绿色物流被译成环境友好型物流。

首先，我们应该明白绿色物流所需要达成的目标就是实现物流的可持

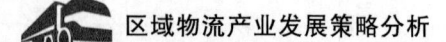

续发展。要实现这个目标,我国必须坚持经济、社会和环境效益的统一的物流发展方针。现在,很多企业在实际经营活动中为了实现企业利润的最大化、满足客户需求和扩大市场占有率,采取一切可使用的手段,甚至不惜以牺牲环境为代价。而我们宣传的绿色物流概念是在追求经济效益的同时实现各环节的资源节约和对环境的保护。

其次,我们还应该明确实现绿色物流的主体不仅仅是我们社会上以物流为主营业务的各级物流企业,还应该包括产品的生产者和销售者,同时还少不了政府的监管作用。因为一个产品在供应链上的运输、包装、仓储等环节都需要物流作业,因此,产品制造商有义务也有必要提供绿色的产品,并且与一条供应链上的其他企业共同开展绿色活动,这不仅有利于企业节约资源、保护环境,还有利于企业保持持续的竞争优势。另外,为了保证整条物流体系的绿色性,政府的法规约束和政策支持也至关重要。

再者,从具体的物流环节来看,一般认为绿色物流是在物流作业环节和物流管理的各个过程中体现的流程绿色化。要从实现环境保护和节约资源的目标出发,改进我们现在的物流体系。

最后,任何新概念的提出背后一定有着坚实的理论基础作为支撑。绿色物流也不例外,其背后的理论基础是可持续发展理论。物流运作过程中不可避免地要消耗资源、污染环境,因此要实现物流绿色化就必须坚持可持续发展战略,采取各种措施控制和减少其可能造成的不必要消耗和污染。物流是一个庞大的系统,系统中存在频繁的物资流动和能量流动,这就建立了其与生态系统的联系,因此生态经济学也应该包含在生态物流理论内。除了上述理论外,还有生态伦理学,这门理论提出不能一味地追求眼前的经济利益而过度消耗地球资源,影响到子孙后代的生产,我们要用绿色物流改变现有物流中的环境问题。

绿色物流概念可以用图2-2加以描述。

(2) 绿色物流的特征

绿色物流除具有一般物流所具有的所有特征外,还有以下三个方面的特征。

①跨学科性。绿色物流所涉及的学科门类众多,包括管理学、生态学、环境学以及经济学等。物流本身就是基于经济学与管理学的交叉学科,且由于其发展会对环境产生多方面的影响,它又与生态学和环境学有

密切的联系。所以要解决绿色物流的问题必须多学科交叉同时进行。

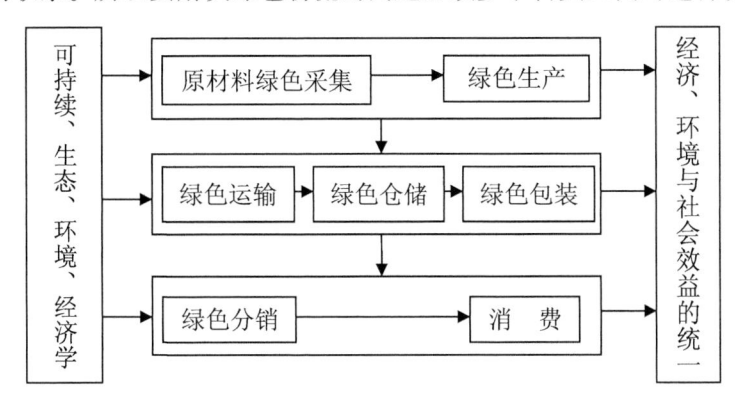

图 2-2 绿色物流概念模型

②系统性。物流本身就是一个综合性的大系统，实现绿色物流就是要将这个系统向绿色化转变。绿色物流系统在注重生态环境保护和资源节约的同时，还需要注重经济与生态的协调发展以及企业经济效益、消费者效益、社会效益以及生态环境效益四个目标的统一。其中，生态环境效益是四者中最为重要的因素，是前三者得以持续发展的保障和关键。

③多层次性。绿色物流所涉及的具体环节分为决策层、管理层和作业层三个层次。其中，决策层主要是指政府以及物流的监管部门，通过政策、法规传播绿色理念，同时有效地监控各个企业对绿色物流的实施情况；管理层主要是指各物流企业管理的高层，其任务则是与供应链各个环节上的不同类型企业合作，共同建立企业间的绿色物流体系；作业层主要是指在工作中进行实际操作的一线人员，他们从事着具体的业务活动，并在这些活动中实现物流作业环节的绿色化[106]。

2.8.3 智能物流

智能物流是利用当前先进的信息化处理技术，使物流系统成为能够智能化解决物流问题的新型物流，能够对物流活动中各要素进行智能优化组合，实现物流过程高效、快捷，降低物流总成本，为客户提供全面、高质量的物流服务，实现物流各环节价值增长，更好地配合其他产业经济发展。

智能物流发展的主要特点是：智能化、一体化、层次化、柔性化、社会化。具体来讲，表现为物流流程的智能化信息处理，物流问题的智能决策；物流活动中运输、仓储、配送等环节的一体化及智能系统的层次化；以顾客为中心、根据消费者需求变化来灵活调节物流活动的柔性化；以区域合作、跨行业合作实现资源最优配置的社会化。

2.9 供应链相关理论

2.9.1 供应商理论

2.9.1.1 供应商概述

供应商（Supplier），根据《供应商公平交易管理办法》规定：供应商是直接向零售商提供商品、服务的企业及个人，主要为零售商提供生存和发展所需的产品及服务。这些供应商可以是产品、服务的生产者，也可以是提供产品、服务的代理方或贸易方。他们可以是农民、制造商、批发商、代理商。根据供应商提供的产品在供应链中的增值作用以及供应商竞争力的大小将供应商分为四类，如图2-3所示。

增值作用	有影响力的供应商	战略性供应商
	普通供应商	竞争性供应商
	低	高

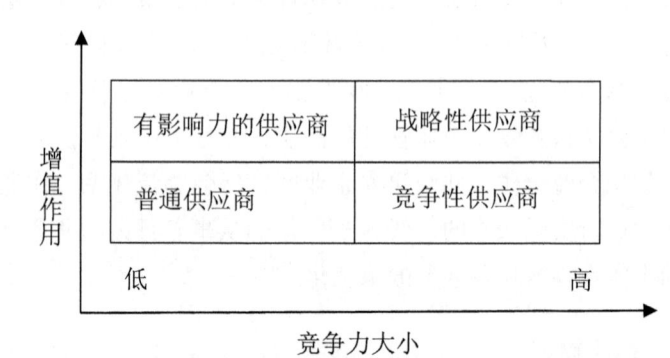

竞争力大小

图2-3 供应商的分类模型

不同供应商具有不同的特点，对其进行归纳总结后，一般分为以下四种。

①有影响力的供应商。这类供应商在行业中处于垄断地位，或位于关键的地理位置，具有不可替代的作用，并且具有较高的进入门槛。这类供应商一般为产品建立了质量和技术标准，虽具有很大的增值作用但不具备

竞争优势。与这类供应商建立合作关系，重点是降低成本或保证产品的可靠性。

②竞争性供应商。这类供应商提供的产品和服务的增值作用和竞争力都比较小，企业采购过程中这类供应商的产品占比通常较低。但这类供应商由于具有一定的地位，很难被代替。采购这些产品需要大量的人力和时间，因而企业应该注意与这类供应商的交易成本。

③普通供应商。这类供应商通常数量较多，所提供的产品质量较高，具有一定的竞争力，但增值作用较弱。企业在选择时应该根据市场需求有针对性地选择最有效的产品。

④战略性供应商。这类供应商提供的产品和服务增值作用较高，同时具有较强的竞争力，企业可以根据客户需求进行选择，从而满足不同客户群体的个性化需求。这类供应商数量相对较少，适合建立长期的合作关系。

企业在选择供应商时，应该根据不同需求，有针对性地选择不同类型的供应商。对于一般需求，企业可根据具体情况选择普通供应商，对于长期需求，企业应该选择战略性供应商，并与之维持长期合作关系，降低其转换成本。

2.9.1.2　供应商选择原则

合适的供应商对企业发展来说具有举足轻重的作用。为了能够全面、客观、真实地反映供应商的概况，选出适合企业发展的供应商，企业在选择供应商时应该遵循以下五条原则。

①科学性原则。供应商选择指标应能够如实反映供应商情况，在对零售企业经营特点进行科学分析的基础上客观、公正地评价供应商的综合实力。

②全面性原则。供应商选择指标应全面衡量供应商的综合实力。

③实效性原则。评价指标体系应该将以最小的投资创造最大的产出作为目标，指标尽量简单化，突出重点、易于操作、切实可行。

④定性与定量原则。在选择供应商时应该综合考虑相关定性和定量指标，实现两者的有效结合，对于定量指标应根据实际情况对其赋值并进行相关计算，通过计算结果增强指标的说服力。

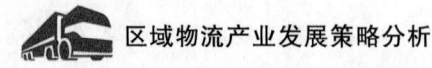

⑤灵活可操作性原则。指标应具有灵活性，使企业能根据实际情况灵活运用。

2.9.1.3 供应商选择影响因素

企业要想取得成功，应该加强与供应商的交流与合作，实现协同发展。选择供应商时，企业应该综合考虑以下五个方面的因素。

①价格因素。价格因素是指供应商以何种价格将产品提供给企业，是企业选择供应商的首要考虑因素。

②质量因素。质量因素是指供应商提供给企业的产品的质量，质量是消费者选择产品的关键因素，因而也是企业选择供应商时优先考虑的因素。

③交货提前期。市场是开放的，它的变动会引起企业的经营计划及供应链随之变化。市场的不稳定性，会引起产品库存变化。交货提前期容易引起库存的放大和变化的滞后性，从而引起牛鞭效应的扩大。因此缩小交货提前期，减小库存变化，能够使企业对市场的变化做出快速反应，不断满足市场需求。

④财务状况。财务状况是企业实力、盈利能力、成本控制能力、销售状况等的综合反映，在供应商选择过程中起着举足轻重的作用。

⑤信息处理能力。随着科学技术、信息技术的不断发展，信息因素在知识爆炸时代显得越来越重要，已经成为企业选择供应商时考虑的指标之一。信息的快速、及时传播，能够实现供应商与企业间的信息共享，有利于增强供应链的竞争力。供应商具备较高的信息处理水平，能够使其快速响应市场变化、减少库存、节约成本，有利于两者维持长期的合作伙伴关系。

2.9.1.4 供应商选择方法的比较

由于存在多种供应商选择方法，每一种都有特殊的作用。本书对供应商选择的各种方法进行比较、归纳总结，如表2-2所示。

表2-2 供应商选择方法比较

选择方法	类型	使用范围	优点	缺点
直观判断法	定性	短期供应商	直观、简单易行	主观性强，缺乏说服力
协商选择法	定性	所有供应商	可充分了解供应商的供货能力	选择范围有限，不一定能得到最合理的价格
采购成本法	定量	短期供应商	可控制采购成本	适合质量、交货期差别小的企业
ABC成本法	定量	战略性供应商	实现了选择标准的定量化处理，可促使企业降低成本	要求严格范围有限；模拟方式复杂，不易操作
层次分析法	定性定量	所有供应商	定性与定量结合，定量的数据少，易于计算，操作简便	判断矩阵不一定满足一致性检验

根据上述综合比较可知，层次分析法理论较成熟，采用数字化、系统化的分析方法，思路简单明了，定性与定量分析相结合，便于企业接受，且计算量小、简单易操作，有利于解决多层次、多目标问题。但该方法在判断矩阵的一致性检验时又存在很大的困难。针对这个问题，许多专家对此提出了许多新的见解并进行了改进，同时不断完善层次分析法，并结合其他选择方法，从而形成了模糊层次分析法。

2.9.1.5 模糊层次分析法（FAHP）概述

FAHP（模糊层次分析法）是建立在层次分析法的理论基础之上，对其存在的缺陷进行了完善、补充，使其更加科学化、合理化的一种研究方法。它的基本步骤与分析原理和层次分析法一致，主要的不同点是模糊层次分析法需要构造模糊一致判断矩阵，而层次分析法需要构造判断矩阵。模糊层次分析法避免了传统供应商选择方法的缺陷，为企业更好选择最佳供应商提供了理论依据。该方法不仅能有效地帮助企业处理那些抽象的数学模型问题，还可以解决难以完全依靠定量方法来分析的抽象问题，同时也能够有效解决多方案决策问题,为供应商的选择提供了一定的理论支持和数学支持。它的基本思想:是将一个抽象的多方案问题转化为具有递进结构的评价对象和指标,通过对同一层次上的元素的重要程度进行比较,形成模糊一致判断矩阵。

1) FAHP 基本步骤

(1) 确立层次结构模型

将包含的因素进行分组,将其按照最高层为目标层,中间层为准则层,最底层为方案层的"树形结构"进行排列,每一组作为一个层次。目标层为企业要实现的最终目标,中间层为实现过程所需要使用的指标,方案层是对准则层的具体细分,结构模型如图 2-4 所示。

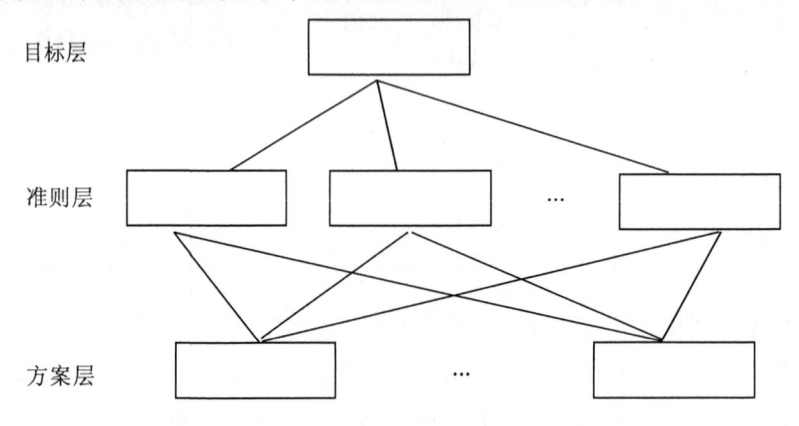

图 2-4 模糊层次结构模型

(2) 构造模糊一致判断矩阵

判断矩阵 R 表示本层所有因素与上一层各因素相比较得出的相对重要度。假定上层元素 B 同下层元素 C_1,C_2,$\cdots$,C_n 有联系,则模糊判断矩阵如表 2-3 所示。

表 2-3 模糊判断矩阵

B	C_1	C_2	$\cdots$	C_n
C_1	r_{11}	r_{12}	$\cdots$	r_{1n}
C_2	r_{21}	r_{22}	$\cdots$	r_{2n}
$\cdots$	$\cdots$	$\cdots$	$\cdots$	$\cdots$
C_n	r_{n1}	r_{n2}	$\cdots$	r_{nn}

其中模糊矩阵中的元素 r_{ij} 具有实际意义，r_{ij} 表示元素 C_i 和 C_j 元素相对某准则的相对重要程度的具体描述。可采用模糊层次分析法中的数量标度[21]，如表 2-4 所示。

表 2-4 数量标度

标　度	定　义	说　　明
0.1, 0.2, 0.3, 0.4	反比较	若 C_i 和 C_j 比较得到判断 r_{ij}，则 C_j 与 C_i 的判断为 $r_{ji} = 1 - r_{ij}$
0.5	同等重要	元素 C_i 和 C_j 进行比较，同等重要
0.6	稍微重要	元素 C_i 和 C_j 进行比较，一元素稍微重要于另一元素
0.7	明显重要	元素 C_i 和 C_j 进行比较，一元素明显重要于另一元素
0.8	重要得多	元素 C_i 和 C_j 进行比较，一元素比另一元素重要得多
0.9	极端重要	元素 C_i 和 C_j 进行比较，一元素极端重要于另一元素

根据上面的数量标度，元素 $C_1, C_2 \cdots C_n$ 和 B，两两比较可得到模糊判断矩阵，即：

$$R = \begin{pmatrix} R_1 \\ R_2 \\ \vdots \\ R_m \end{pmatrix} \begin{bmatrix} r_{11} & r_{12} & \cdots & r_{1n} \\ r_{21} & r_{22} & \cdots & r_{2n} \\ \vdots & \vdots & \vdots & \vdots \\ r_{m1} & r_{m2} & \cdots & r_{mn} \end{bmatrix}$$

其中 R 具有如下性质：$r_{ii} = 0.5$　　$i = 1, 2\cdots n$；

$r_{ij} = 1 - r_{ij}$　　$i, j = 1, 2\cdots n$（R 是模糊互补矩阵）；

$r_{ji} = r_{ik} - r_{jk}$　　$i, j, k = 1, 2\cdots n$。

（3）一致性检验

模糊判断矩阵的一致性在实际操作过程中具有不容忽视的作用。在实际决策过程中，由于人们认识问题的片面性和所研究问题的复杂性，因此构造出来的判断矩阵就会存在不一致性，这时可以利用模糊矩阵根据实际需要进行相应的调整。调整步骤为：

首先，以判断矩阵中最有把握的一行数值作为参考标准。假设对 r_{11}，$r_{12}\cdots r_{1n}$ 有较大的把握。其次，用 R 的第一行减去第二行，可以得到 n 个元素，若为常数，就不需要调整，否则继续调整，直到两行元素之差均为常数为止。接着用 R 的第一行减去第三行，如此重复上述操作，直到第一行元素与第 n 行元素之差均为常数为止。

（4）层次单排序

根据模糊判断矩阵的相关计算，确定指标权重。计算元素 C_1，$C_2 \cdots C_n$ 的权重值，W_1，$W_2 \cdots W_n$。当模糊互补判断矩阵具有一致性时，计算公式如公式（2-1）所示。

$$W_i = 1/n - 1/2a + 1/na \times \sum_{k=1}^{n} r_{ik} \quad (i \in \Omega) \qquad 公式（2-1）$$

其中，n 为 R 的阶数 a =（n-1）/2

（5）层次总排序

通过层次单排序计算我们仅仅得到了本层元素对上层各元素的权重向量，而我们的最终目标是得到各元素相对于总目标的权重向量。因此应进一步进行层次总排序，得到权重总排序，以选出最优方案。层次总排序是对层次单排序结果的加权求和。假设已经计算出第 K-1 层上 n_{k-1} 个元素对总目标的权重，即：

$$W_j^{(k)} = (W_{1j}^{(k)}, W_{2j}^{(k)}, \cdots, W_{nj}^{(k)})^T \qquad 公式（2-2）$$

不受支配的分配元素权重为 0，

$$设 W_k^{(k-1)} = W_1^{(k)}, W_{21}^{(k)}, \cdots, W_{nk-1}^{(k)} \qquad 公式（2-3）$$

这是 n 阶矩阵，表示第 K 层上元素对第 K-1 层上各个元素的重要程度排序，则第 K 层上的元素对总目标的排序，即权重为：

$$W_k^1 = W_k^{k-1} \cdot W_{k-1}^1$$

则根据计算得出的各层权重，可以得出 n 层递进结构指标对总目标的权重，

$$即：W_n^1 = W_{n-1}^{n-2} \cdot W_{n-1}^{n-3}, \cdots, W_3^2 \cdot W_2^1 \qquad 公式（2-4）$$

2）指标量化处理

（1）定量指标

①正指标量化模型。

正指标量化模型主要用于对正指标数据的处理，该类指标随评价结果的增大而增大，即为单调递增函数。如公式（2-5）所示。

$$R_j(x) = \begin{cases} \dfrac{1}{2} + \dfrac{1}{2}\sin\left\{\left[\dfrac{\pi}{(x_{j\max} - x_{j\min})}\right] \cdot \left[\dfrac{(x_{j\max} + x_{j\min})}{2}\right]\right\}, x_{j\min} < x_j < x_{j\max} \\ 0, x_j \geq x_{j\max} \text{ 或 } x_j \leq x_{j\min} \end{cases}$$

公式（2-5）

在公式（2-5）中，R_j——第 j 项指标经过无量纲化处理后的平均值

x_i——确立的指标初始数值，即第 j 项指标的最初评分值

$x_{j\max}$——评价第 j 项指标时采用的最大值

$x_{j\min}$——评价第 j 项指标时采用的最小值

②负指标量化模型。

负指标量化模型主要用于对负指标类数据的处理，这类指标随结果的增大而减小，即为单调递减函数，如公式（2-6）所示。

$$R_j(x) = \begin{cases} \dfrac{1}{2} + \dfrac{1}{2}\sin\left\{\left[\dfrac{\pi}{(x_{j\max} - x_{j\min})}\right] \cdot \left[\dfrac{(x_{j\max} + x_{j\min})}{2}\right]\right\}, x_{j\min} < x_j < x_{j\max} \\ 0, x_j \geq x_{j\max} \text{ 或 } x_j \leq x_{j\min} \end{cases}$$

公式（2-6）

在公式（2-6）中，R_j——第 j 项指标经过无量纲化处理后的平均值

x_i——确立的指标初始数值，即第 j 项指标的最初评分值

$x_{j\max}$——评价第 j 项指标时采用的最大值

$x_{j\min}$——评价第 j 项指标时采用的最小值

③适度指标量化模型。

这类模型主要用于对适度指标类数据的处理，这类指标与正指标、负指标不同，数值过大或过小都不符合要求，只有当指标数值合适时，函数是递增的。如公式（2-7）所示。

$$R_j(x) = \begin{cases} \dfrac{1}{2} + \dfrac{1}{2}\sin\left\{\left[\dfrac{\pi}{(x_{j\mathrm{mod}} - x_{j\min})}\right] \cdot \left[\dfrac{(x_{j\mathrm{mod}} + x_{j\min})}{2}\right]\right\}, x_{j\min} < x_j < x_{j\mathrm{mod}} \\ \dfrac{1}{2} + \dfrac{1}{2}\sin\left\{\left[\dfrac{\pi}{(x_{j\max} - x_{j\mathrm{mod}})}\right] \cdot \left[\dfrac{(x_{j\max} + x_{j\mathrm{mod}})}{2}\right]\right\}, x_{j\mathrm{mod}} < x_j < x_{j\max} \\ 0, x_j \geq x_{j\max} \text{ 或 } x_j \leq x_{j\min} \end{cases}$$

公式（2-7）

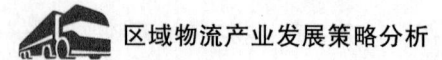

在公式（2-7）中，R_j——第 j 项指标经过无量纲化处理后的平均值

x_i——确立的指标初始数值，即第 j 项指标的最初评分值

x_{jmax}——评价第 j 项指标时采用的最大值

x_{jmin}——评价第 j 项指标时采用的最小值

x_{jmod}——评价第 j 项指标时采用的最适度值

（2）定性指标

定性指标用相关的文字对各个指标进行细分和描述，并对各个指标划定一定的界限，从而帮助评价专家做出正确判断，得到各个指标所能达到的具体水平。各指标分值控制在 0~1 之间，在评价计算过程中，选择相应的等级参数，并将相应指标的权重与等级参数相乘，即可以得出该专家给该项指标的评分数值。

2.9.2 供应链理论

2.9.2.1 供应链概述

（1）供应链的结构

从组织的角度来看，一种产品的供应链包括多个层级的供应商，把物资从最初的产地送到生产线上，经过多个层级客户之间的相互转手后送到最终使用者手上。在实际生产中，不同种类的产品需要不同组织结构的供应链，拥有错综复杂物流网络的物流活动是供应链一些特别简单的物料流动也可以称之为供应链。一些供应链只有很少几个层级的供应商和客户，而有的则有很多。

（2）供应链的特征

①结构的综合复杂性。因为供应链上各联盟企业所处层次不同，大多数供应链都是由多种类型的企业形成，其结构层次十分复杂。

②动态性。因为供应链管理总是要以企业发展战略和市场需求变化为参照，所以各节点上的企业需要不断地调整其战略方针，这使供应链随时在变化，呈现出明显的动态性。

③紧跟用户需求。供应链的存在都是为了服务于市场需求的，其基于客户需求而改变。

④交汇性。节点企业可同时存在于多条供应链中，成为不同供应链的交汇点，形成了供应链间的交汇性结构。

(3) 根据复杂性的供应链分类

内部供应链主要存在于大型企业中，即使公司有多个分公司、子公司或者跨国分支，其工作流、实物流、资金流和信息流间的协调工作仍由公司内部统一的供应链负责管理。

根据其复杂性可将供应链分为以下四类。

①基本供应链：从供应商、制造商到客户，只有三家企业，这就是最基本的供应链；

②段落供应链：一个以上的基本供应链就可以组成一个段落供应链；

③最终供应链：由一个以上段落供应链构成，最后到消费者手中的服务或产品都是通过一条完整的最终供应链提供的；

④互联网供应链：基于互联网的应用形成的供应链。

综上所述，企业内部供应链就是利用 Internet 将企业内部的所有职能部门连接起来，也把各个分公司、子公司各自的功能连接起来；产业供应链就是利用 Externet 将企业相关的各个供应商、客户、合作伙伴等连接起来；全球供应链就是利用 Internet 把潜在的供应商和客户都连接起来，为以后拓展业务打下基础。

2.9.2.2 供应链组织体系分析

(1) 企业组织结构分析

传统的企业组织结构类型主要是应用于企业内部，例如：直线型、职能型、直线职能型、矩阵型等。传统的企业组织结构模型大致可以分为三类：U 型、M 型与 H 型，企业组织结构呈现出微型化、扁平化和灵活化的变化趋势。近年来，又出现一些新的组织结构类型，以学习型组织及网络型组织为典型代表。

(2) 供应链组织体系分析

如图 2-5 所示，一般的供应链组织体系包括内部和外部一体化组织体系。外部一体化组织体系主要以流程为主，包括与运输、中转、仓储等环节的合作及相关合同外包的形式。

2.9.2.3 供应链风险概述

(1) 供应链风险的含义与特征

虽然国内外对供应链风险的概念有不同的认识,但有一个共识,包括以下三个部分。

①各种不确定性因素造成了供应链风险。

②供应链风险受牛鞭效应影响而不断扩大。

③由于供应链上各节点的企业是相互联系、相互依存的,任何一个节点企业出现问题,都会影响到供应链上其他关联企业,从而影响整条供应链运作,造成供应链破裂。

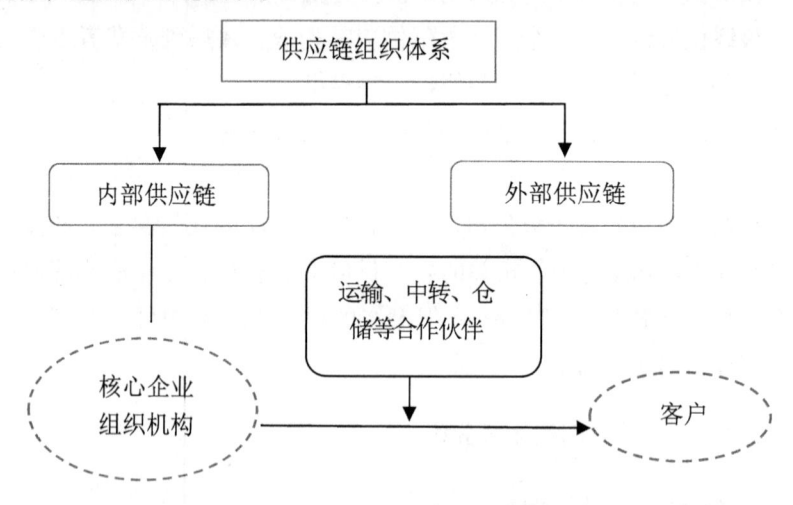

图 2-5 一般的供应链组织体系

供应链风险具有以下特征:

①不确定性。具体包括发生时间不确定,发生地点不确定,事件的状况不确定,造成的后果以及对供应链的破坏程度不确定。

②客观性。供应链风险的发生具有客观性,不因人的意志而转移。

③破坏性。由于供应链体系的脆弱性,供应链风险易造成整条供应链的破裂,给供应链上的各个企业带来不同程度的损失,不仅包括经济上的损失,而且还包括对供应链上各企业的合作所造成的深远影响。

(2) 供应链风险的类型

按照供应链管理目标的不同,可以将供应链风险分为成本风险、质量风险、时间风险。

按照行为主体不同,可以将供应链风险划分为零售商风险、经销商风险、制造商风险、供应商风险、物流服务商风险等。

按照风险的来源不同,可以将供应链风险分为外部风险和内部风险。其中外部风险是指客观环境给供应链带来风险和损失的可能性,包括自然风险和社会风险;内部风险是指来源于供应链上企业之间或者企业内部的风险,包括信息风险、市场风险、道德风险、技术风险、资金风险和违约风险。

根据 Tang 和 Kleindorfer 等(2014)对前人成果的研究,又将供应链风险分为运作风险和中断风险两类。运作风险指企业日常运营风险,包括供需不稳定风险和供需不协调风险;中断风险指自然灾害或人为因素造成供应链中断风险,包括供应中断风险、需求中断风险等。

(3)供应链风险管理的定义与过程

Deloitte 咨询公司的供应链研究报告将供应链风险管理定义为:贯穿供应链运作的始终,寻求供应链战略、技术和知识、业务流程和人力资源等的优化、设计构建的协同过程。它的目标是使供应链安全持续地运行,实现供应链整体利润最大化,同时控制、监督和评估供应链风险。宁钟、戴俊俊(2005)认为供应链风险管理的目的在于识别潜在风险,并采取适当措施以规避或消除风险,因此定义供应链风险管理为:通过供应链成员之间的协作,识别和管理供应链内部风险和外部风险,来降低整体供应链的脆弱性。

本章借鉴以上文献对供应链管理概念的定义,对供应链风险管理理解如下:供应链风险管理是将风险管理方法应用到供应链管理过程中,通过对供应链各种风险进行识别、评估,及时采取经济合理的措施对风险进行处理和控制,协调供应链上各成员关系,减少供应链的脆弱性,消除或控制风险带来的损失。

供应链风险管理包括以下过程:风险预案、风险识别、风险评估、风险处理、风险监控与反馈。

①供应链风险预案。企业供应链管理者必须提高供应链风险意识,预测风险发生概率及其影响,对风险管理要有计划性和目的性,以防风险发生时措手不及。

②供应链风险识别。供应链风险识别是指通过对现有供应链的信息、数据、现象等进行系统的了解和分析,并且将现有的数据和信息与过去的供应链风险事件进行比较,从而识别出供应链中存在的各种潜在风险因素,进而确定供应链所面临的风险及其性质。

③供应链风险评估。供应链风险评估是指对供应链风险发生的概率和发生后所造成的损失严重程度进行测量。根据实际经验,人们将供应链发生风险的概率分为五个等级,将风险发生后所造成的损失严重程度也分为五个等级,如表2-5、表2-6所示。

表2-5 供应链风险发生概率

等 级	评 估	结 果
1	不可能	发生的可能性几乎为零
2	不太可能	可能发生但概率很小
3	中度	发生的概率在0.5左右
4	可能	可能发生
5	非常可能	经常发生

表2-6 风险发生后损失严重程度

等 级	评 估	结 果
1	没有损失	对相关企业的损失可以忽略
2	较小损失	对相关企业的损失较小
3	中度损失	会造成相关企业短期运营困难
4	严重损失	会造成相关企业长期运营困难
5	灾难	供应链断裂

④供应链风险处理。供应链风险处理是供应链风险管理的核心,建立在供应链风险分析的基础上,通过研究和比较各种风险处理措施从而选择最优措施,并采取措施对风险进行控制。识别并评估供应链风险是为了根据具体情况采取更加有效的措施处理供应链风险。本章主要研究风险的应急管理,也就是风险发生后如何及时、准确地采取措施控制供应链风险,降低供应链的脆弱性,减小风险带来的损失。

⑤供应链风险监控及反馈。供应链管理者要对供应链风险处理的结果进行评价。评价为什么要采取这样的措施，采取措施后的效果如何，是否存在进一步改进和提高的空间。可以建立一个风险评价系统或者事故案例库，为后续的风险事件提供借鉴。风险发生后，需要对风险的发展变化情况进行跟踪监控，建立风险反馈机制，根据不同阶段风险的不同发展状态采取不同的措施，以便更好地对风险进行控制。监控及反馈获取的信息可以给供应链管理者提供决策所需的信息，提高供应链管理者的风险处理能力，降低风险给供应链带来的损失量。

第3章　区域物流产业发展的现状分析

3.1 "新丝绸之路"经济带

3.1.1 基本情况

(1) "新丝绸之路"经济带的由来

在古丝绸之路的基础上形成的"新丝绸之路"经济带是一个全新的经济发展区域。"新丝绸之路"经济带穿过我国西北五省份和西南四省份，它们分别是陕西、甘肃、青海、宁夏、新疆、重庆、四川、云南、广西。

"新丝绸之路"经济带地域辽阔，有丰富的自然资源、矿产资源、能源资源、土地资源和宝贵的旅游资源，被称为21世纪的战略能源和资源基地。但经济带内交通不够便利，自然环境较差，经济发展水平与两端的经济圈存在巨大落差，整个区域经济发展水平存在"两边高、中间低"的现象。

(2) "新丝绸之路"经济带的发展

早在1000多年以前，这条东起长安（今西安），西至罗马的古代"丝绸之路"成为连接中国、亚洲和欧洲国家的重要贸易通道。在这条具有历史意义的国际通道上，五彩丝绸、中国瓷器和香料络绎于途，为古代东西方之间经济、文化交流做出了重要贡献。作为经济全球化的早期版本，这条贸易通道被誉为全球最重要的商贸大动脉。

经过岁月变迁，21世纪初，贸易和投资在古"丝绸之路"上再度活跃。中国一些有识之士不断呼吁，在现代交通、资讯飞速发展和全球化的发展背景下，促进"丝绸之路"沿线区域经贸各领域的发展合作，既是对历史文化的传承，也是对该区域蕴藏的巨大潜力的开发。

2013年9月，在哈萨克斯坦访问纳扎尔巴耶夫大学期间，国家主席习近平发表了关于共同发展建设"丝绸之路"经济带的演讲。为了加强欧洲同亚洲国家之间的相互联系,加强彼此间的合作与交流,可以用创新的合作模式,共同促进"丝绸之路"经济带的快速发展。

3.1.2 发展情况

(1) 基本建设情况

物流园区建设作为国家物流业调整和振兴规划的重要组成部分之一,是物流合作的基础设施[107]。当下在西北五省中物流业发展基础较好的是新疆维吾尔自治区。新疆维吾尔自治区现已初步形成以公路及铁路运输作为主要运输方式,民航以及管道作为辅助运输方式的物流运输模式,形成了连接中国内地同时辐射中亚、南亚等区域的综合性运输网络[108]。传统的运输、仓储模式等现在正在快速转变为现代物流业的新模式。要更好更快地发展"新丝绸之路"经济带就必须支持"新丝绸之路"经济带物流园区内的基础设施建设,物流园区内各项基础设施的增建、改建和扩建,将大大增加物流园区的物流承载能力。要鼓励在物流园区内,规划建设和扩建配套的物流设施,加快"新丝绸之路"经济带物流园区的运输、物流等基础设施建设,对当下的公共基础设施进行全面完善,同时将这些建设项目首先划入到相对应的城市规划建设中去,积极引导当地各方面进行投资。除此之外,还要积极吸引国内外的相关企业进行投资合作,实现共同发展。

(2) 资金情况

2014年11月亚洲基础设施投资银行(以下简称"亚投行")和丝路基金设立。我国发起并和一些国家一起合作建立"亚投行"是要为"一带一路"沿线国家的基础设施建设提供资金上的支持,以促进各国经济上的合作。设立丝路基金是要利用我国资金实力直接支持"一带一路"建设。"亚投行"和丝路基金同其他全球和区域多边开发银行的关系是相互补充而不是相互替代的,将在现行国际金融秩序下运行。

"新丝绸之路"经济带中有3425公里途经中国。哈萨克斯坦境内的"双西"公路交通走廊全线开通之后,将会成为"新丝绸之路"经济带涉及范围内首要的运输主干线,同时还能将一部分国内的货物运输从海上运输的方式改为陆路运输,预计在一年内可以实现高达3.6亿美元的利润。

哈萨克斯坦境内的"双西"公路走廊建设需要的费用高达 51 亿美元，其中包括至少 36 亿美元的国际筹备资金。这一系列的融资反映了"新丝绸之路"经济带物流基础设施建设中所获得的各种支持，特别是在资金上的支持。

3.1.3 制约因素分析

3.1.3.1 社会因素

（1）现代物流观念

自从电子商务出现之后，随着经济全球化的快速发展，从传统的物流模式向现代新物流模式进行快速转变是物流业发展的必然趋势。根据系统工程学的理论，现代物流的实质是将信息技术作为整个系统的重中之重，并且对整个物流系统进行资源合理化配置。

从细分行业来看，基础物流服务（仓储和运输）的增长只能达到约 7%。在过去的十年中，以简单的仓储和一般运输为代表的物流业务以约 10% 的年均速度增长，显示出相对较低的进入壁垒、技术含量和溢价能力。我国从发达国家借鉴经验并不断深化经济体制改革，使中国整体物流成本在 GDP 所占份额呈现回落趋势。"十二五"期间，传统的存储和运输服务等一般物流业务年均增长速度比 GDP 增长速度略低，年均增长率均小于 7%。

（2）物流管理部门

我国的物流管理各部门尚未形成一个整体的系统，很难实现物流运输一体化的状态。例如，铁路运输、公路运输、水运运输、航空运输等运输资源，它们各自隶属于铁道部、交通部、航空总局等一系列上级部门，各部均有属于自己的物流系统、设施和资源。这些部门均是为了自身利益存在，因此想要实现彼此之间的物流合力，存在一定的难度，同时也很难对我国物流运输整体的发展做出一个合理的发展规划。物流管理的缺失和资源的不合理配置在一定程度上减弱了整个物流系统的功能，并且对物流运输业的发展起到了阻碍作用，因此完善当前的物流配送体系成为当下急需解决的一个重大难题。当前这种以从上至下隶属上级部门作为管理格局的管理体制，对当今社会物流运输的合理化配置起到了制约作用，严重影响了物流运输业的发展进程，不能使物流系统整体的运输效率得到最大化地提升。

（3）物流基础设施的建设标准

近年来，各级政府部门在基础设施建设方面已经投入了不少资金，特别是中西部地区。但基础设施在该地区的建设费事、费力、费金钱，难度较大。所以，中国的基础设施与人们日益增长的经济需求之间仍然存在一定的差距，物流业的先进性体现在交通基础设施上是非常明显的。然而目前的基础设施建设缺乏一种完善的建设标准体系，给其建设带来了很大的挑战。

（4）物流基础设施建设的人才状况

随着物流业快速发展，对人才的需求也不断增长，但由于其背后存在着职业教育落后和认识层次不同等原因，导致了物流人才严重不足，高层次物流管理人才极度缺乏。根据统计数据和初步调查显示，物流相关方面专业人才的缺乏将成为物流系统发展的主要限制性因素。

3.1.3.2 经济因素

"十二五"期间我国物流基础设施建设覆盖率实现了稳步增长，物流设施网络日益完备，公路、铁路等运输通道的运输能力显著增强。2017年，我国交通基础设施建设投资继续增长，公路、铁路、水运、航空网络覆盖范围进一步延伸。运输网络的进一步扩大增强了物流通道的运输能力，一定程度上提高了我国现代物流业的发展速度，但同时还存在着一些阻碍其发展的制约因素。

西北地区是"新丝绸之路"经济带最具发展潜力的区域，包括陕西省、甘肃省、新疆维吾尔自治区、宁夏回族自治区和青海省五省份。本章以西北五省份相关数据为例，分析影响"新丝绸之路"经济带物流基础设施建设的一系列经济因素。

1）物流基础设施的固定资产投资

近几十年来，国家对交通运输行业固定资产投资不断增加，到2013年年末投资达到36790.1亿元。其中西北五省份各年投资额如图3-1所示。

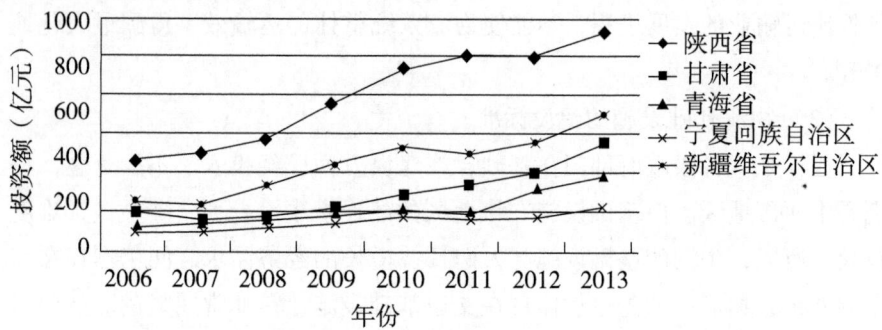

图 3-1　西北五省份 2006—2013 年对交通运输业的固定资产投资

数据来源：根据《中国统计年鉴 2014》整理得出。

由图 3-1 可见，在这八年期间，各省、自治区对交通运输业的投资力度逐年加大，同时投资额上涨幅度也较大。陕西省作为"新丝绸之路"的起点，尤其重视其运输业的发展，增速增幅十分明显。

2）物流基础设施建设情况

（1）公路建设情况

2015 年末国内公路总里程达 457.73 万公里，其中西北五省份公路程程达 56.77 万公里，占全国公路总里程的 13%。从图 3-2 中可以看出经济带西北五省份的公路建设呈现一种稳步增长的态势。

2015 年，西北五省份公路固定资产投资突破 1.8 万亿元。根据《中国统计年鉴 2016》的数据：2015 年年末，国内公路总里程达 457.73 万公里，其中西北五省份为 74.8 万公里，约占全国公路总里程的 16%。

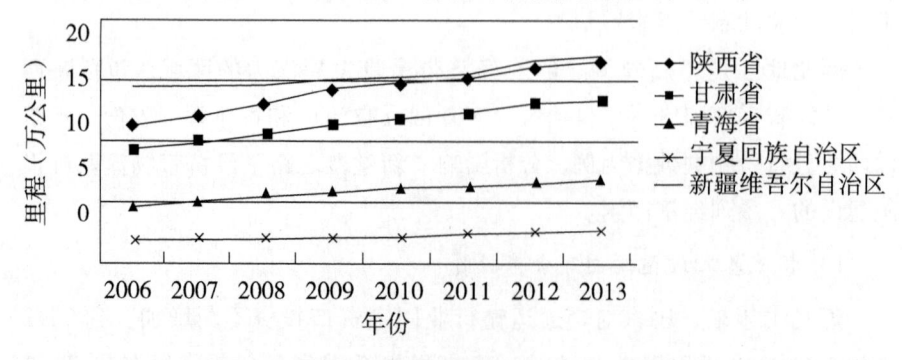

图 3-2　西北五省份 2006—2013 年公路里程

数据来源：根据《中国统计年鉴 2014》整理得出。

(2) 铁路建设情况

据统计，2013年年末西北五省份铁路营运里程长达1.49万公里，约占全国铁路营运里程（10.31万公里）的14%，根据《中国统计年鉴2016》的数据：2015年年末，西部地区铁路营运里程为4.8万公里，约占全国铁路营运（12.1万公里）里程的40%。可见我国政府对经济带西北五省份铁路交通及建设工作的重视。

(3) 水运建设

青海省内河航道里程呈现逐渐增长态势，其他四省受地理环境影响，航道里程变化并不大，如图3-3所示。

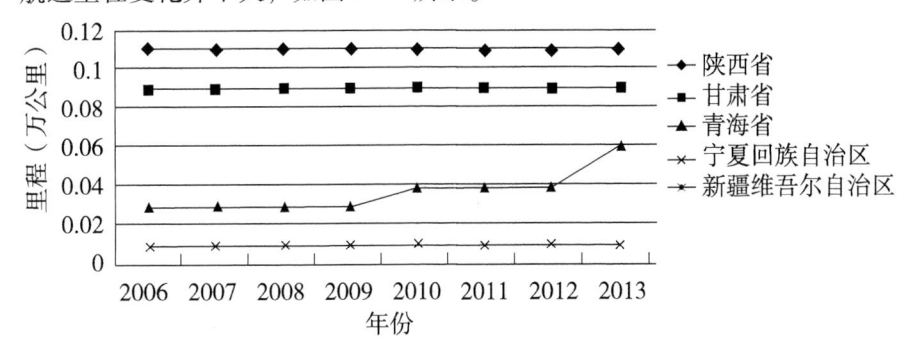

图3-3 西北五省份2006—2013年内河航道里程
数据来源：根据《中国统计年鉴2014》整理得出。

(4) 航空建设

西北五省份内各机场2014年全年完成飞机起降33万架次，旅客吞吐量3666万人次，货邮吞吐量26万吨，同比分别增长15%、14%、7%。

3.1.4 基础设施货运量与货物周转量

(1) 公路、铁路、水运货运量

西北五省份2006—2013年公路、铁路、水运货运量如图3-4所示。从西北五省份的货运量来看，公路货运量呈现持续增长态势，说明五省份对于公路基础设施的建设力度不断加大；铁路货运量增长缓慢，与国家的西部大开发的战略规划密切相关；由于水运货运量最高不足300万吨，所以在此图中水运货运量增长趋势并不明显，这也可能与五省份内内河航道相对较少有关。

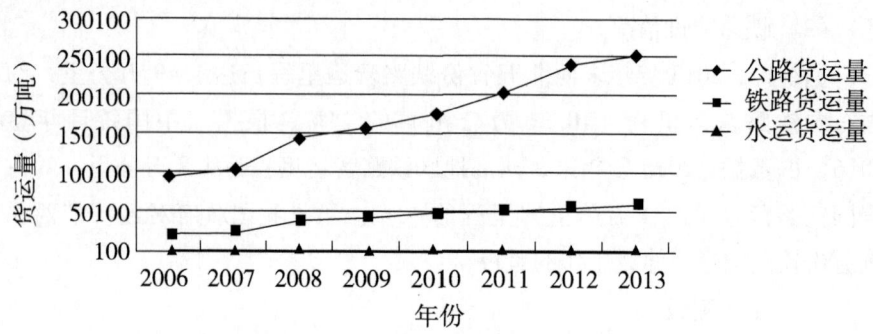

图 3-4　2006—2013 年经济带五省份货运量
数据来源：根据《中国统计年鉴 2014》整理得出。

（2）公路、铁路、水运货物周转量

西北五省份的交通运输主要途径为公路和铁路，公路和铁路方面的货物周转量的增长趋势尤为明显。由于五省份的水运周转量最高不足 1 亿吨公里，所以在图 3-5 的比例下其变化曲线近似于 X 轴。

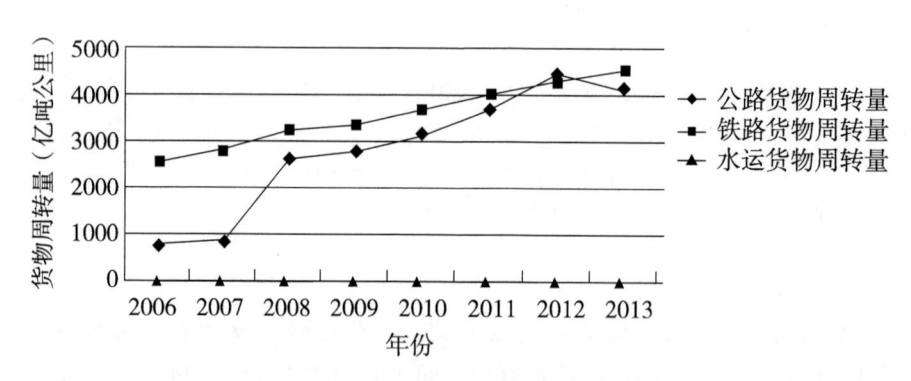

图 3-5　2006—2013 年五省份货物周转量
数据来源：根据《中国统计年鉴 2014》整理得出。

3.2 "关中—天水"经济区

3.2.1 "关中—天水"经济区发展现状

①2000—2007 年，经济区地区生产总值年均增长 13%，2007 年达到 3765 亿元，占西北地区的 28.6%；地方财政收入年均增长 15%，2007 年达到 189 亿元，占西北地区的 16.3%。经济增长速度不断加快，运行质量明显提升，发展实力显著增强，人均地区生产总值接近 2000 美元，工业

化、城镇化加速推进。2010年1~9月,"关中—天水"经济区GDP总量达4432亿元,同比增长14.7%,高于全国平均水平4.1个百分点;城镇固定资产投资4298亿元,同比增长31.5%,高于全国平均水平7个百分点;社会消费品零售总额1905亿元,同比增长16.3%;财政总收入达到692亿元,同比增长30.5%,高于全国平均水平8.1个百分点;除天水市外,经济区各市城镇居民可支配收入同比增长均在13%以上,农民现金收入同比增长均在17%以上(见表3-1)。

表3-1 2010年"关中—天水"经济区各市区GDP总量

城市	经济总量(亿元)	排名	城市	经济总量增幅(%)	排名
西安	3241.49	第一	铜川	16.3	第一
咸阳	1098.7	第二	渭南	15.5	并列第二
宝鸡	976.09	第三	杨凌	15.5	并列第二
渭南	839	第四	西安	14.5	并列第四
天水	298	第五	咸阳	14.5	并列第四
铜川	180	第六	宝鸡	14.4	第六
杨凌	47.3	第七	天水	11.0	第七

"关中—天水"经济区发展规划中指出,到2020年经济区综合经济实力将实现新跨越,经济总量占西北地区比重超过三分之一,人均地区生产总值翻两番以上,城乡居民收入水平大幅提高,自我发展能力显著增强,地区生产总值达16400亿元。

②基础设施明显改善。2000—2007年,共完成全社会固定资产投资9511亿元,年均增长23.4%。相继建成一批国家重大工程项目,区域交通设施日趋完善,电力、电信、市政等基础设施保障能力不断增强。

③产业发展迈出新步伐。现代农业发展迅速,农业基础地位进一步巩固,工业增长趋势也很强劲,产业结构调整也在加速。2007年规模以上工业增加值达1271亿元,占西北地区的23.8%。贸易和旅游业等第三产业不断壮大,所占比重显著高于西部地区平均水平。

④社会事业加快发展。教育、卫生、文化等基本公共服务逐年改善,社会保障体系逐步健全。人民生活水平显著提高,2007年人均城镇居民可

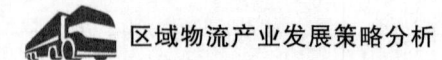

支配收入和农村人均纯收入相比2000年翻了一番。

⑤空间布局逐渐优化。构建由核心城市、次核心城市、三级城市、重点镇和一般镇五级组成的城镇体系。

核心城市：加快推进西（安）咸（阳）一体化建设，着力将西安打造成国际化大都市。至2020年，都市区人口发展到1000万人以上，主城区面积控制在800平方公里以内。把西安市建设成国家重要的科技研发中心、区域性商贸物流会展中心、区域性金融中心、国际一流旅游城市以及全国重要的高新技术产业和先进制造业基地。

次核心城市：宝鸡、铜川、渭南、商洛、杨凌、天水、平凉、庆阳、陇南等中心城区。以这些次核心城市为节点，加快人口聚集、产业聚集，构筑较大规模的城市群。支持宝鸡等条件较好的城市率先发展，将宝鸡建成百万人口以上的特大城市和经济区副中心城市。

宝鸡市：主要发展机床制造业、重型汽车制造业、有色金属加工制造业、商贸旅游业。至2020年，预计城市建成区人口达到120万人，主城区面积控制在130平方公里内，将城市建成区域重要的交通枢纽，国家新材料研发和生产基地，生态园林城市。

铜川市：主要发展能源、建材、农副产品加工业。预计至2020年，城市建成区人口达到55万人，面积控制在60平方公里。

渭南市：主要发展机械电子、生物医药、农副产品加工业，适度发展煤化工产业。预计至2020年，城市建成区人口达到75万人，面积控制在80平方公里。

商洛市：主要发展现代材料、现代中药、绿色食品加工以及生态旅游等产业。预计至2020年，基本实现商（州）丹（凤）一体化，城市建成区人口达到50万人，面积控制在68平方公里。

杨凌区：主要发展现代农业示范、现代农业科教和装备制造、生物医药、食品加工与农资等产业。预计至2020年，建成国家农业高新技术产业示范区，人口达到30万人，面积控制在35平方公里。

天水市：重点发展机械制造、电工电器、医药食品、现代农业及商贸旅游等产业。预计至2020年，城市建成区人口达到80万人，面积控制在80平方公里。

3.2.2 "关中—天水"经济区发展现代物流业的优势

"关中—天水"经济区作为我国西部大开发的三个重点区域之一，在我国具有先天的优势和独特的地位。

第一，历史文化的至高性。这里是中华文明的重要发祥地，先后有13个朝代在此建都，3万多处文物景点遍布整个地区，堪称中国的人文历史博物馆。

第二，科教的领先性。拥有80多所高校和100多个国家和省级重点科研院所，以及100多万科技人才，有西安高新区、杨凌示范区等4个国家级开发区和产业基地、大学科技园，科学和教育综合实力位居全国前列。

第三，产业构成的高端性。关中的产业涉及了装备制造、电子信息、生物医药、现代农业等诸多领域，特别是聚集了近30%的航空业的研发生产能力，是中国的航天动力之乡。

第四，所在地域的战略性。经济区地处我国腹地，是欧亚大陆桥的重要支点，铁路、公路、航空、电信、石油和天然气管道等密集地交汇于此，千里秦岭山脉又构成我国主要的生态屏障，使关中自古以来就是承东启西、连接南北的枢纽。

"关中—天水"经济区物流发展的五个方面如下所述。

①大力发展现代物流业，进一步加大物流基础设施建设力度，加快西安国际港务区、咸阳空港产业园、宝鸡陈仓、商洛、天水秦州和麦积等重点物流园区项目建设。充分发挥西安作为国家级物流节点城市的辐射带动作用，积极研究设立西安陆港型综合保税区，着力将西安陆港打造成国内有重要影响力的内陆港口岸。

②"关中—天水"经济区物流业的发展要和亚欧大陆桥上重要的现代物流中心，逐步形成区域一体化的物流新格局。加强城乡商业网点和农副产品交易中心及批发市场建设，培育大型流通骨干企业，加强农村流通基础设施建设。

③发展壮大金融、会展业。积极发展各类金融机构，创新融资方式，着力打造西安区域性金融中心。以欧亚经济论坛、中国东西部合作与投资贸易洽谈会、中国杨凌农业高新科技成果博览会、中国国际通用航空大会为龙头，进一步整合会展资源，加快西安世界园艺博览会场馆、杨凌农业

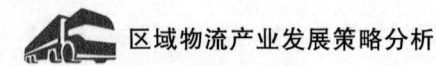

展馆等项目建设,完善西安曲江国际会展中心、浐灞国际会议中心等会展平台服务功能,建设以西安为中心的会展经济圈。

④加强基础设施建设,构建布局合理、设施先进、畅通便捷、城乡共享的基础设施网络,为加强经济区内部经济联系和扩大对内对外开放奠定坚实基础。

⑤加强交通运输体系建设,提高综合运输能力。充分发挥各种运输方式的优势,扩大规模、完善网络、优化结构,建设现代化综合交通网络。加快铁路客运专线、煤炭运输通道、关中城市群城际铁路以及西安铁路枢纽建设,构建以西安为中心的发达的铁路网络。加快陕甘两省高速公路网和连接中心城镇及资源富集区、通达县乡(镇)村的道路建设,提高公路等级和通达能力。到2020年,实现区域内所有县(市、区)通高等级公路,通乡(村)公路全部实现水泥或沥青路面,形成以西安为中心的"两环三横四纵六辐射"高速公路网络。进一步强化西安咸阳国际机场枢纽功能,有序建设支线机场。建成覆盖中心城市和重点用户的油气管网系统。

3.2.3 "关中—天水"物流业发展存在的问题

(1) 现代物流管理体制分散,缺乏整体规划

多年来,"关中—天水"经济区物流业管理一直延续计划经济体制的模式,使原本一个物流系统的管理权限被分成不同部门所有。例如铁路直属铁道部管理、公路直属交通部管理、航空直属航空总局管理等。因为物流管理和资源太过于分散化,导致物流企业运作效率低,使物流应该具有的整体功能被极大削弱,从而阻碍了物流业的发展,难以形成社会性的物流配送体系。这种条条块块的管理体制,形成了自上而下的纵向隶属和管理格局,严重制约着物流整体统筹和规划,妨碍着物流业的社会化进程,限制着电子商务的进一步推广应用,发挥不了物流的整体效益。

(2) 信息化应用程度不高,物流业成本较高

发展物流业的关键在于信息技术的应用。第三方物流企业必须利用互联网来汇集运输、储存、装卸、包装、加工、配送等众多合作伙伴的信息,因此第三方物流企业要与许多的货主建立合作关系,根据需要选择每一个环节最合适的合作伙伴,以及时满足客户的需求,这就要求物流企业要有很强的信息收集、储存和处理能力,所以第三方物流企业要和许多货

主建立合作关系，要处理来自多个企业的不同种类的不同数量的商品传递。由于经济区的物流企业从总体来说信息化起步比较晚，信息化的程度也偏低，对企业管理和发展产生了不小的影响，很多物流企业都还处在手工操作、电话联系、人工装卸的低级阶段。许多现代技术，如 EDI 的操作、条形码技术、全球卫星定位技术、射频技术等都还在学习和摸索的阶段。

"关中—天水"经济区物流成本居高不下不仅影响了企业和产品的竞争力，更在宏观层面上影响了国民经济的总体运行水平。导致物流成本高的原因是多方面的，而其中最主要的原因是由体制造成的物流基础平台的分割，导致物流的效率低下。

因为我国的很多产品生产批量大，劳动力成本又低，在国际上很有竞争力，所以大量的贸易顺差也与此有关。而与这不相适应的是，发达国家的物流成本却大大的低于我国，这在综合成本中起到的是抵销的作用。我们知道在一般的社会产品中，我国的人力资源成本相当于发达国家的五分之一，而生产成本中物流成本所占比例却高于他们的三倍。在社会流通领域，美国物流成本占 GDP 的比重不到 10%，而我国则接近 20%，比发达国家高出近一倍。因此，解决物流障碍，把这部分物流成本压缩下来，不仅可以大大提高国民经济的总体运行水平，还将使我国在国际竞争中上升一个层次。

（3）物流系统效率低下，技术装备水平不高

一是关于物流系统运行效率方面，主要反映在货物的在途运输时间、仓储时间、基础设施劳动生产率三方面。数据显示，一方面，"关中—天水"经济区内，公路货车的运营速度普遍不足 50 公里，货运车辆的单车年工作量仅为 3 万吨公里，空驶率长期维持在 50% 左右，而在美国，一辆货车的工作总量相当于我国 20 辆车的工作量之和；另一方面，"关中—天水"经济区原材料、半成品及产成品的在库周转时间一般为 3~6 个月。

二是关于物流基础设施方面，突出表现在设施不匹配，物流技术装备水平低。在条块分割、多头管理的传统模式下，该区域内各种物流基础设施的规划和建设缺乏有效的协调，因而造成配套性及兼容性差、系统功能不强，物流系统大多技术水平低、装备落后等多方面的问题。在仓储方面，70% 的第三方物流企业主要以普通平房仓库为主，现代化立体自动化

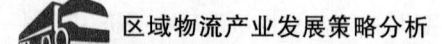

仓储设施配备率较低，具有冷藏、保鲜、空气调节功能的仓库则更少。在使用的搬运工具中，人工搬运车、手推叉车和普通起重设备占到70%以上，而可视屏叉车等现代化的搬运工具却较少采用。第三方物流企业的运输车辆配备中，70%为普通车辆，现代化的箱式货柜和集装箱拖头车及特种运输车辆却很少。此外，标准化建设滞后也影响物流业。物流行业是跨地区、跨行业的运作系统，标准化程度的不同不仅关乎各种物流功能、要素之间的有效衔接和物流行业的协调发展，也在很大程度上影响着物流系统的运作效率。物流器械标准不匹配，标准化托盘仍未推广，严重影响了物流业的效率。

三是基础设施、物流技术设备、产业政策、投资融资、税收与运输标准等因素也都影响着物流行业的发展。这些环节分属不同的政府职能部门，各职能部门对于现代物流思想认识不足，缺乏统一协调的战略思想也是制约物流业发展的因素。

（4）物流企业组织建设有待加强

目前"关中—天水"经济区的物流服务企业不断增多，但是企业的文化、组织方面都不是很健全，企业规模小、服务方式和手段单一、技术装备水平不高，企业物流管理社会化、专业化、现代化水平还比较低，信息技术在物流领域的应用程度还不高，物流设施的布局和建设距现代物流发展需要还有不小差距，条块分割、技术标准不统一，高级人才匮乏等问题还阻碍着现代物流的发展。因此需要通过加强物流企业的组织建设能力，以企业为主体、需求为导向、降低物流成本和提高物流效率为核心，按照现代物流理念，统筹整体规划，整合资源配置，加快发展现代物流市场体系，加快完善现代化物流设施及网络体系，加快建设现代物流信息体系；努力构建具有国际竞争力的物流服务系统，构筑有效减轻环境负荷的绿色物流服务系统和满足居民多样化需求的高效便捷物流服务系统；促进物流运作的一体化、信息化、高效化、规模化，不断提高产业和环境的国际竞争力。

（5）物流人才短缺，缺乏专业人才

"关中—天水"经济区物流人才短缺已经是一个不可回避的事实，高等院校开设物流专业本科及以上层次的教育规模较小，专职教育尤其贫乏。缺乏真正掌握现代物流知识，特别是全面的经济物流管理等知识的物流专业人才。由于总体物流从业人员素质偏低，大多数物流企业管理缺乏科学的运作手段和决策过程，导致物流企业内部管理混乱，从而造成物流企业运作成本过高。即使有高素质的人才，企业能否为这些人才提供良好的工作环境和相应的薪酬福利待遇，这也是一个问题。

(6) 缺乏专门面向农产品流通的物流企业

我国是农业大国，"三农"问题关乎国民经济的发展。加入世界贸易组织后，我国的农产品面临国内和国际两个市场的竞争，农户的小生产和国际的大市场的矛盾愈发突显。因此，进一步发展的重点已经从生产领域转入到了流通领域。除了传统的降低物资消耗、提高劳动生产率以外，降低物流成本、提高农产品价值、发展农产品物流业成为新的潜在利润源。著名经济学家厉以宁（2004）年表示，大力发展农产品物流产业，是现阶段解决"三农"问题的重要方法。

农产品物流作为物流业的分支，包括了农产品生产、收购、运输、储存、装卸、搬运、包装、配送、流通加工、分销、信息活动等一系列环节。农产品物流的发展目的是增加农产品的附加值，降低流通成本，提高流通效率，减少不必要的损耗，从而规避市场风险。因为商品化农产品的主要消费群体集中在城市，所以农产品物流方向主要是从农村到城市。综上所述，建设专门面向农产品流通的物流企业也是推动经济区物流发展的重要举措之一。

3.3 陕西省

3.3.1 陕西省物流产业成长分析

陕西省作为我国西部地区的代表省份，承东启西，贯通南北，在历史上一直是我国物流集散的重要枢纽，更是"丝绸之路"的起点，西部大开发的"桥头堡"，具有极其优越的地理区位优势。

便利的交通是物流运输的重要保障。自2008年以来，国家基础设施建设步伐加快，陕西省加大了在交通基础设施的投资力度，陕西省已然成为我国贯通南北、连接东西的交通运输和物流运输重要交通节点，形成了以陕西为重要枢纽的覆盖全国的物流运输交通网络，进一步加快了陕西省物流业的成长步伐，为陕西省物流产业的发展奠定了坚实的基础。

3.3.1.1 陕西省物流产业成长基本情况

2015年，我国社会物流总额达220万亿元，与五年前相比增长70%左右，五年年均可比增幅约为8.7%。2015年，我国从事物流活动的企业法人单位数，超过30万家，是所有实体行业中增长最快的行业之一。物流岗位吸纳的从业人员总数超过3000万人，也是所有实体行业中增长最快的行业之一。截至2015年年底，我国高速公路和高速铁路里程分别突破12万公里和1.9万公里，物流基础设施状况继续改善。21世纪以来陕西省物流产业的成长速度大大加快，发展迅速，物流产业的产业规模迅速扩大，其社会物流总额从2006年的7520亿元增长到2015年的37078.1亿元，如图3-6所示。陕西省物流产业快速成长，每年保持着一个较高的增长速度，其增长趋势具有一定的稳定性。

图3-6 我国2006—2015年社会物流总额及增长情况
数据来源：陕西统计局. 陕西物流业发展报告 [R]. 2015.

受中国良好经济形势的影响，2006—2015年社会物流总额呈快速增长趋势。2013年后经济增长放缓，社会物流总额的增速明显回落，说明其增速受经济形势的影响。

随着政府部门对物流产业的愈加重视，政府和企业意识到了物流产业"第三利润源"的重要性，这也从另一方面推动了物流产业的成长进入一个快速期。

3.3.1.2 陕西省物流产业成长趋势

从表3-2物流产业的总产值的绝对值来看，2011年陕西省物流产业总产值同比增长率约为18%，2013年陕西省物流产业总产值同比增长20%，2014年受经济增长放缓影响，陕西省物流产业总产值同比增长12%。说明陕西省物流产业的总产值总体呈快速增长的趋势。2006—2014年陕西省社会物流总费用占GDP的比重一直居高不下，在18%左右，然而社会物流总费用占GDP的比重越高，说明每生产出一单位的GDP所需要消耗的物流产业的成本越高，物流运行的效率越低。在物流产业相对发达的地区或国家，这个数值一般维持在8%左右，说明陕西省物流产业成长仍处于高耗能低产出的较低水平。因此控制和减少物流产业经营成本，提高物流效率是现阶段陕西省物流产业成长与发展所急需解决的问题之一。

表3-2　2006—2014年陕西省物流产业发展各项指标

年份	社会物流总额（亿元）	物流产业增加值（亿元）	物流产业总产值（亿元）	社会物流总费用（亿元）	总费用占GDP的比例
2006	7520	93.66	281.54	853.74	18%
2007	10156	103.66	311.86	1024.79	17.60%
2008	13632	117.33	352.57	1323.93	18.10%
2009	14874	144.08	432.24	1478.73	18.10%
2010	18821	158.2	474.6	1801.98	17.80%
2011	23985	184.18	552.54	2227.19	17.80%
2012	27595	214.68	642.87	2601.66	18%
2013	33981	257.42	771.75	2916.98	18%
2014	35968	277.45	832.61	3148.81	17.80%

数据来源：陕西统计局．陕西物流业发展报告［R］．2015．

同时，从表3-2可以看出陕西省物流产业的增长情况，2006—2014年，物流产业始终保持10%以上的增长速率，说明陕西省物流产业成长状况良好。但是社会物流总费用占GDP比例居高不下是一个值得重视和反思的问题。提升陕西省物流产业整体物流效益、提高物流企业日常物流活动

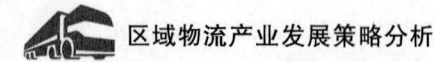

的效率、解决现阶段陕西省物流产业资源浪费严重、物流成本过高的有效方法就是实现其物流产业生态化。实现物流产业生态化是一个持久的过程，需要付出长久的努力。前途是光明的，道路是曲折的，在实现陕西省物流产业生态化、物流产业高速发展的过程中仍需要克服诸多的问题。

3.3.1.3 陕西省物流产业发展存在的障碍

（1）理念障碍

21世纪以来，虽然我国物流产业成长迅猛，但国内的相关研究还很欠缺，仍处于起步阶段，没有坚实的理论基础，无法为物流产业生态化指明方向，这极大地阻碍了陕西物流产业生态化的实现。另外，我国正处于产业结构调整的关键时期，国家发展经济的重心将逐步移向第三产业。在此之前，政府部门对物流产业的支持力度不大，且物流产业发展过程中存在着许多不合理、不环保的现象，如资源浪费、运输超载、过度包装、效率低下等。物流产业的发展伴随着环境资源的浪费，然而大多数人并没有意识到这个问题的严重性。要想实现陕西省乃至全国的物流产业的生态化，必须把物流产业的发展同环境资源的保护协调起来，在日常物流经营活动中，尽量避免不必要的资源损耗、提高运行效率、节约成本、创造利益。

（2）技术障碍

运输和仓储是日常物流成本的主要部分。在运输过程中，运输时间过长，运输车辆老旧，造成了严重的大气污染、噪声污染。管理系统不完善导致的物品错发、地址错发、运输迂回，进一步加剧了这一类污染以及人力资源的浪费现象。在仓储过程中，不正当操作造成的运输包裹的损坏，也会对周围环境造成不同程度的破坏。仓储管理的不合理会导致物流资源的浪费，大大降低物流效率，增加物流成本。一次性不可降解材料的大量使用会对物流产业周遭环境造成不可逆转的破坏，阻碍物流产业生态化进程，不利于物流产业的健康发展。要改善这些问题，就要从技术层面提高物流活动的效率，加强技术理念的创新，加速物流资源的整合，减少不合理的资源浪费现象。在管理方面，要大力研发适用的管理信息系统，减少运输过程中人力、物力资源的浪费，减少错发地址、运输迂回的现象。在仓储过程中，采用绿色化包装，针对物流产业生态化开辟物流运输绿色通道，加快物流系统信息化，减少废气废水的排放，将物流活动中对环境的破坏降到最低,达到可持续发展水平。当前我国的物流技术与发达国家相比还有一段距离,加快物流技术的研发创新是从技术层面实现物流产业生态化的必要条件,任重而道远。

(3) 制度障碍

环境保护是我国的基本国策之一,实现物流产业生态化需要相关法律法规与政府政策的支持。但是目前,地方性、全国性的相关法律法规与政策对物流产业的生态化建设方面有很大欠缺。我国近些年出台、修订了许多以保护环境为主题的相关法律法规,诸如《中华人民共和国环境保护法》《中华人民共和国节约能源法》《中华人民共和国水污染防治法》等。同时国家也大力支持物流产业发展,相继出台了《物流业调整与振兴规划》《物流业发展八项措施》《全国电子商务物流发展专项规划》等政策推动物流产业的高速成长与发展。但是迄今为止,还没有一项专门针对物流产业成长的环境政策。虽然国家在《中华人民共和国清洁生产促进法》《废弃电子产品回收处理管理条例》等法律法规中提倡清洁生产和生态环保,但是尚未有一项系统地、特别地针对物流产业绿色生态化发展的法律法规或者政策。国家应及时出台物流产业生态化的相关法律法规,为物流产业生态化提供正确的政策引导、制度规范,早日实现物流产业生态化目标,确保我国物流产业健康快速发展。同时,政府部门应对环保生态化的物流企业实行奖励惩罚机制,表彰在物流活动中绿色、环保的物流企业,对造成环境巨大破坏且不及时整改的物流企业进行惩罚,督促整个产业进行生态化转型。

3.3.2 陕西省物流产业的发展现状

物流作为融合交通、仓储、信息等行业的复合型产业联结了生产和消费,任何一个行业的蓬勃发展都会为物流业的发展注入新鲜血液。近五年陕西省生产总值及增速情况,如图3-7所示。

2015年陕西省生产总值为18171.86亿元,较2014年增长了8%。第一产业、第二产业以及第三产业的增加值分别是1597.63亿元、9360.30亿元、7213.93亿元。人均生产总值为48023元。陕西省飞速发展的经济水平和势不可当的发展势头,更有效地加快了省内现代物流业向前迈进的步伐,成为带动陕西省建设"一带一路"的新起点。

区域物流产业发展策略分析

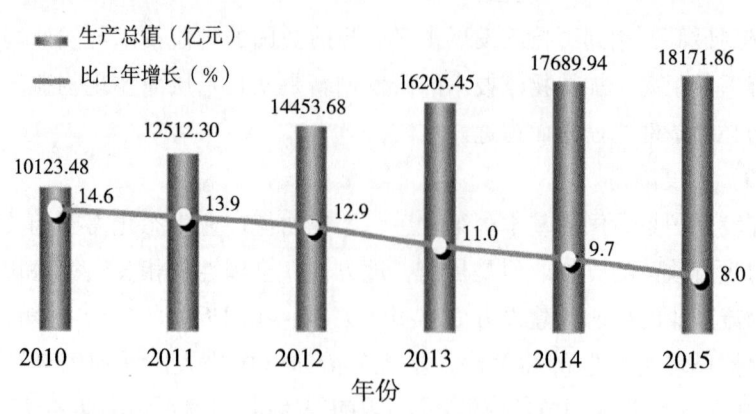

图 3-7 2010—2015 年陕西省生产总值及增速情况
数据来源:《陕西省 2015 年国民经济和社会发展统计公报》。

目前陕西省物流行业已进入快速转型发展阶段,形成了国有企业、中外合资企业、民营物流企业全面发展共同参与竞争的新格局。统计数据显示:截至 2014 年年底,在工商管理部门登记注册的陕西省物流企业数量达 13800 多户,其中有 5A 级物流企业 4 家;4A 级物流企业 15 家;3A 级物流企业 23 家;2A 级物流企业 12 家;1A 级物流企业 3 家。在陕西省 57 家 A 级物流企业中共有 33 家为综合服务型企业,11 家为仓储型企业,13 家为运输型企业。省内重点建设物流园区数量达 229 个,2014 年陕西省物流景气指数为 59.12%,其中西安市 2014 年物流产业对 GDP 贡献率为 9.5%,表明物流业已成为陕西省经济发展的重要增长点。陕西省各级政府设立了专项资金用以建设发展省级物流园区,重点针对物流技术创新、信息化平台建设、配送环节等几个领域。包括物流基础设施建设(航空货站等),建立电子商务仓储分发中心,医药、钢铁等专项大宗商品物流中心建设、生鲜冷链物流等项目。

2006—2015 年,陕西省社会物流总额呈稳定增长态势(见图 3-8),说明省内物流产业在不断发展,在陕西省 2015 年 GDP 总量增长速度回落的背景下,经济下行的巨大压力使物流的需求增长逐渐减缓。根据《2015 年中国物流年鉴》相关数据,2015 年陕西省物流相关行业实现总收入 2076.7 亿元,物流及相关的行业实现全年增加值达 1194 亿元,占全省国内生产总值的比重为 6.6%,增长了 5.6%;占第三产业增加值的比重为 16.6%,比 2014 年降低 1.0 个百分点。全省物流需求系数为 2.04,即

2015年内陕西省每生产1个单位的GDP，需要2.04个单位的物流总额作为支撑。

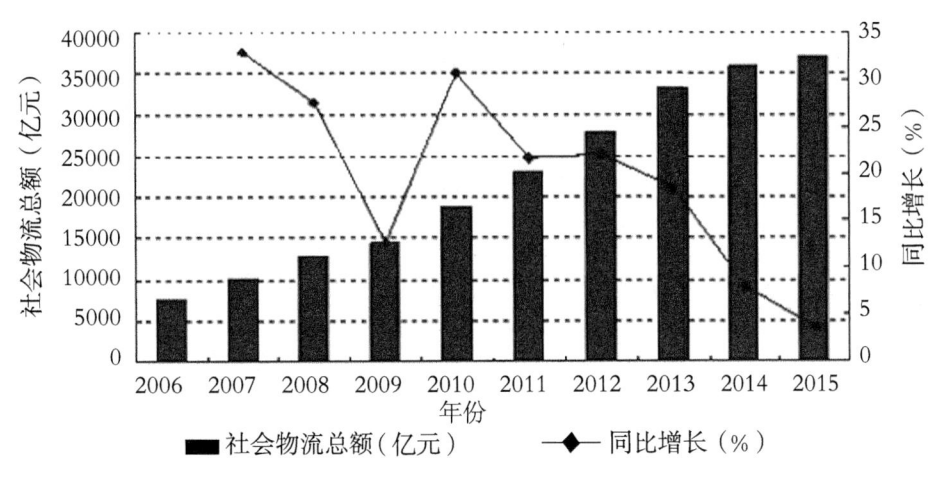

图3-8 陕西省2006—2015年社会物流总额及增长情况

(1) 陕西省物流产业的集聚情况

陕西省是我国重要的交通枢纽，连接我国东、中部地区和西北、西南地区，上临甘肃，下连四川，东靠河南，南接湖北，是国内铁路、公路、航空运输的重要中转站。此外西安拥有便捷、经济、快速的国际交通条件，多条国际航空线路将西安的大门向世界敞开，从西安直通欧洲的"长安号"国际货运班列的开通则更为空陆联运提供了新动力和新机遇。作为国内西部货物集散地以及物流中心的西安，拥有西部最大的集装箱装卸码头，其吞吐规模已经达到年集散17万标准箱。高效的铁路、公路、航空立体联动，最大限度地发挥着西安物流中心及集散输出的功能。这些无疑让西安成为资源有序流动与物流高效配置的理想之地。近年来，陕西省各级政府及企业加大对基础设施的投资力度，在区域经济成长中注重物流业集聚发展，已经形成的比较成熟的现代物流集聚区域及中心，主要有西安国际港务区、位于西安市的西北地区最大的商品集散地贝斯特货运中心、西北最大的国有物流企业西安中储物流公司、陕西邮政物流中心（依托传统的邮政实物传递网络、中邮物流专业运输网和分包商运输网，在陕西省内广泛布局）；作为集运输、交通为一体的大型物流公司，西安亚欧货运中心目前是西安市最大的一家物流中心。除了以上大型的物流园区及中心外，陕西省也集中了一大批在国内物流行业比较有竞争优势的物流企业，如一达三通、德邦、宅急送等大型物流企业以及本地自建的物流公司，广泛布局，协同竞争与发展。

在区域经济学范围内，区位熵是指某一地区某一行业的专业化比率，区位熵通常用来衡量一个产业的集中程度是否可以构成区域内的专业化，是目前测算集聚度的常用方法。本书采用区位熵测算了陕西物流产业的集聚度。

$$q_{ij} = \frac{e_{ij}/e_i}{E_{ij}/E_i}　\text{公式（3-1）}$$

公式（3-1）中 q_{ij} 表示 i 区域 j 行业的区位熵，是区域部分指标占总指标（从业人员数或生产总值）的百分比与全国部分指标占全国总指标的百分比的比值。q_{ij} 越大说明集聚程度越高。若系数大于 1.25 表示该区域物流产业处于高度集聚水平，物流产业在该地区具有较明显的优势；若系数在 1 到 1.25 范围内，表示该区域物流业处于一般集聚水平；若系数大于 1，说明该地区物流业规模高于全国水平，专业化较强。如果该系数小于 1，说明该地区物流业规模比较小，从事物流业人员较少导致未形成一定集聚规模。

根据陕西省物流产值数据测算，得到图 3-9 即陕西省 2005—2014 年的物流产业集聚度。

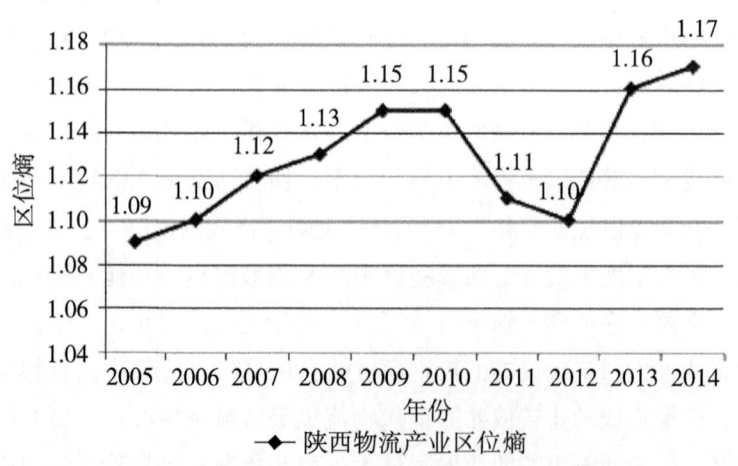

图 3-9　2005—2014 年陕西省物流产业集聚度

如图 3-9 所示，2005—2014 年来陕西物流产业系数 q_{ij} 高于 1，表示陕西省的物流业已经出现集聚效应，具有较大规模以及较强的专业化程度，区位熵稳定在 1.09～1.17，表明当前陕西物流产业集聚仍处于一般集聚水平。

（2）"一带一路"背景下陕西物流产业集聚的现实问题

在"新丝绸之路"的建设过程中，陕西省物流产业发展规模不断扩大，物流企业的发展也在不断整合之中，在产业内部对配送、仓储、运输等环节不断进行资源整合，扩大企业的产业链，形成行业协同一体的发展路线。陕西省物流产业集聚体建设形成了多模式并存的现状。曾经与物流企业采取合作制的企业，也开始采用现代物流理念，采用自主物流，延长产业链，发挥自主权。物流产业集聚水平在不断地改革和创新中前进，但还有以下四个主要问题。

①物流集聚水平处于一般集聚。物流产业集聚水平仍然不高，没有达到与"一带一路"倡议相匹配的集聚水平要求，即聚区域内知识溢出效应不足。

②物流园区内部缺少专业化的组织管理中心和信息技术处理中心。目前集聚区内许多基础设施并不完善，为陕西省物流产业集聚的发展带来阻碍。

③物流企业的规模普遍较小，物流成本较高。分散资源无法得到集中，导致机械化程度不高，人力需求较大，信息技术平台不健全，信息化服务水平不高。所以，目前为止，陕西省比较缺乏可以提供服务一体化的第三方物流企业。

④物流产业发展的外部条件不完善。尽管近年来陕西省高速公路、铁路、航空运行条件都有不错的改善，但其程度还远不能满足经济发展的需要。公路发展水平不均，部分公路利用率不高也是基础设施建设中的突出问题。

3.3.3 陕北地区煤炭供应链发展分析

陕西省有着丰富的煤炭资源，主要分布在渭北和陕北地区。近年来，随着煤炭市场需求的增长，煤炭企业的经营形势有所好转，经济效益和企业盈利普遍增长。但是，这种"好转"和"增长"主要依靠的是煤炭产销量的增加和煤炭价格的上涨。对于那些以煤炭生产为主的企业集团来说，其生产建设经营所需的生产设备、零部件、原材料、燃料等辅助材料的供应量十分巨大，几乎任何一个煤炭企业集团每年的物资采购额都要达到数亿元，甚至几十亿元乃至上百亿元[109]。因此，基于陕北地区自身的资源优势，在陕北地区构建煤炭供应链，对陕北地区煤炭企业的发展有着积极深远的意义。

煤炭资源开发的产出效应是指煤炭资源开发对区域生产总值和工业总产值有直接拉动作用[110]（见表3-3）。表中煤炭资源开发行业对GDP的拉动率是指GDP增长率和煤炭资源开发行业的贡献率的乘积；煤炭资源开发行业对GDP的贡献率是指煤炭产业增加值增量和GDP增量之比。

从表3-3可以看出，2005—2010年规模以上工业总产值同煤炭资源开发行业总产值一样，呈稳定上升趋势，年增长率高于30%。煤炭资源开发行业对GDP的拉动率和贡献率也逐年上升，尤其是2010年，煤炭开发行业工业总产值达到381.23亿元，工业产值增长率为59.81%，和2009年相比增长了28.71%；对GDP的拉动率达3.21%，和2009年相比增长了1.68%；对GDP的贡献率高达14.98%，和2009年相比增长了8.34%。这些数据可以充分说明煤炭产业对陕西省经济贡献度之大[111]。

表3-3 煤炭资源开发对陕西省经济的产出效应

年份	GDP（亿元）	规模以上工业总产值（亿元）	煤炭开发行业总产值（亿元）	煤炭开发行业工业产值增长率（%）	煤炭开发行业占规模以上工业总值比（%）	煤炭开发行业对GDP的贡献率（%）	煤炭开发行业对GDP的拉动率（%）
2005	2035.96	1505.45	50.59	35.67	3.36	6.93	0.72
2006	2938.58	1879.26	66.67	31.78	3.55	4.43	0.79
2007	2883.51	2426.71	91.63	37.44	3.78	5.15	1.04
2008	3675.66	3397.71	180.97	97.50	5.33	11.28	3.10
2009	4523.79	4442.81	237.25	31.10	5.34	6.64	1.53
2010	5465.79	5692.33	381.23	59.81	6.67	14.98	3.21

数据来源：《陕西省统计年鉴2005—2010》。

如图3-10所示，2008—2010年，煤炭资源消费在陕西省一次能源消费总量中所占比重持续在75%左右，比全国平均水平高6.4%，由此可见煤炭资源在陕西省资源中占有重要地位。

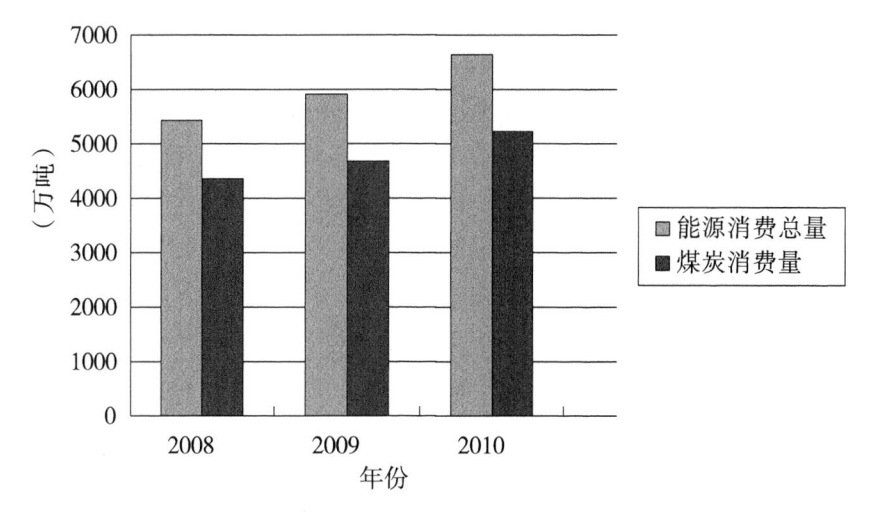

图 3－10　煤炭资源消费结构情况

3.3.3.1　陕北煤炭供应链的 SWOT 分析

(1) 陕北地区煤炭供应链的优势分析（S）

陕北能源化工基地是 1998 年原国家计委批准的中国唯一一个国家级能源化工基地（S_1）。2006 年，能源化工业税收在陕西整体税收中所占比重已经达到 70% 左右，且这个数字还将越来越大。因此陕西省必须将丰富的资源优势充分转化为经济优势，通过能源化工业的发展带动全省经济的发展。

煤炭供应链可以为地区经济的发展提供更多机会（S_2）。陕北今后的发展要响应国家号召，坚持可持续发展的战略，加大综合利用煤炭资源的力度。大力发展煤炭洗选业，通过资源整合等多种形式，实施综合开发战略，并且鼓励当地煤焦化企业通过技术创新和改造，建设三废综合利用项目，延长产业链，提高煤炭产业经济效益[112]。

陕北地区拥有得天独厚的区位优势和资源优势，地区综合实力不断增强（S_3）。"十一五"以来，陕北地区生产总值由全省第五位跃居全省第二位，人均 GDP 由第四位跃居第一位，规模以上工业增加值由第四位跃居第一位，财政收入由第三位跃居第二位，其中国税收入位居全省第一位，各项经济指标增速走在全省前列，"十一五"经济社会发展主要经济任务指标大多提前两年完成。

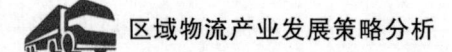

(2) 陕北地区煤炭供应链的劣势分析（W）

资源浪费严重，易发生安全事故（W_1）。在局部利益和地方保护主义的驱使下，小煤矿产业规模小，产权不清，资金有限，普遍存在短期行为，环境破坏和资源浪费问题严重。另外，部分煤矿为了攫取短期利益，非法开采问题突出，像超层越界开采、争抢资源、滥采乱挖等，加上企业安全设施不够、安全意识不足，不仅扰乱了正常的生产经营秩序，还给煤炭供应链的稳健运行带来巨大的威胁[113]。另外，中国煤炭物流供应链的上下游成员形成国企、民企、外企三足鼎立竞争格局。由于中国煤炭市场潜力巨大，使得外资企业加快了进军中国的步伐，通过合作或直接投资的方式来华争夺市场。

煤炭供应链专业人员的增长相对不足，人才争夺现象十分突出（W_2）。相对而言，外企对人才的吸引力更强，占有较强的优势，而对于国内供应链成员来说，由于起步较晚，在人力资源的争夺方面将经受严峻挑战[114]。

物流节点多，发展呈现多样化（W_3）。物流节点是物流网络中连接物流线路的结节之处，一般指配送站、仓库等。除运输以外物流活动的其他功能都是在节点上实现的，如装卸、包装、保管、配货、分货、流通加工等。开采过程中，物流节点不仅数量多，类型也多，在煤炭企业中，施工现场及采掘工作面是随着采掘的推进和施工的进展而不断变化的。另外，矿井地理条件、岩石状况的差别等，也导致了物流的多样化。这就使得物流管理变得更加复杂。

(3) 陕北地区煤炭供应链的机遇分析（O）

煤炭供应链建设是煤炭物流产业下一阶段的工作重点（O_1）。煤炭供应链将向信息化、自动化、智能化、一体化发展。供应链上的节点会通过信息平台走向集约化和协同化，提高节点的效率，降低成本。

加入世界贸易组织为陕北地区构建供应链体系提供巨大的推动力（O_2）。陕北能源经济的持续繁荣，带动了煤炭产业链的发展，促进了经济的发展，但同时在物流过程中也对环境造成严重的负面影响。因此，有必要在陕北推行供应链绿色化项目。

构建供应链是实现行业资源整合的机会（O_3）。构建供应链势必将为整个行业带来一个前所未有的整合机会。在资源整合的过程中，标准化是整合的最重要、最基础的工作。随着经济的发展、社会的进步，陕北行业的标准化进程必须要与国际接轨。因此，标准难免会提高，落后于产业发展需要的企业将遭淘汰，代之以新型的企业；部分不符合未来发展需要的企业也要进行整改，这将导致构建供应链过程中淘汰部分不合格企业，为有准备的企业提供发展机会。

(4) 陕北地区煤炭供应链的威胁分析 (T)

陕北地区位于黄土高原有丰富的煤炭资源。但由于交通设施建设不足，运力受到严重限制，资源外运困难 (T_1)。

陕北面临内蒙古、宁夏等资源大省份的"夹击"，市场竞争激烈 (T_2)。

3.3.3.2 陕北地区煤炭供应链的组合战略分析

(1) ST 战略：依托资源优势，设计特色鲜明的煤炭供应链

陕北地区应该发挥煤炭资源优势，延长煤炭产业链，形成以煤炭产业为中心的供应链体系。建立一条以煤炭用户需求为起点向上游企业延伸的"拉动式"供应链，链上涉及供应商的供应商以及客户的客户。考虑到安全对煤矿生产过程的重要性，因而将煤炭安全监管部门加入到煤炭供应链的设计中，它主要对链上各环节的运行起预警和监督作用，并同煤炭供应链管理委员会一道，对整个供应链的安全运行进行管理与协调。

(2) SO 战略：发挥煤炭资源优势，建立优化的煤炭企业组织结构平台

基于职能分工的"金字塔型"组织结构是现行的一种煤炭企业的组织结构，这种组织领导决策慢、对外界的反应也慢，追求部门利益严重，不适应讲求牺牲局部利益来保证整体利益的最优供应链管理。因而煤炭企业应以供应链管理中快速反应的要求为根据进行组织重构，逐步由阶梯式向扁平化的组织结构调整，乃至小型化、以人为中心的网络化结构的转变。

(3) WT 战略：加强政府引导，培养专业化人才

在政府引导的条件下，构建信息管理平台是企业实施供应链管理所必需的，所以要加快信息化建设进程，建立满足供应链管理要求的基于Internet/Intranet、EDI 的信息管理系统。对人才严重缺乏的问题，煤炭企业应该适应时代发展的需要，通过各种途径引进和培养人才，建立一支高素质的供应链管理者队伍。

(4) WO 战略：建立健全供应链整体评价系统

考虑到煤炭供应链上、下节点企业之间的信用和合作对整条供应链竞

争力的重要影响,建议设计一套满意度指标和信任度指标来进行考核。信任度指标指的是在一定时间内,上层企业对相邻下层企业的信任程度。该指标的制定应将规模比率、声誉良好率、共享机密信息的比率及合作时间考虑进去。满意度指标是指在一定时间内上层供应商对其相邻下层供应商的综合满意程度,应将准时交货率、产品质量合格率、成本利润率考虑进去。

3.3.4 西安市

现代物流作为一种先进的组织方式和管理技术,在全球经济领域内已经被广泛认为是企业除降低物资消耗、提高劳动生产率以外的重要利润源泉,在国民经济和社会发展中发挥着重要作用。而西安市作为西部大开发中的桥头堡,发展现代物流产业是其经济快速发展的客观要求,是社会化、专业化生产的必然产物。接下来,本小节将从客观条件与主观动因两方面具体阐述西安市发展现代物流服务业发展的必要性。

3.3.4.1 客观动因

客观因素主要是指一件事情的外部影响因子,在这里,我们有针对性地介绍区域经济、外资民营企业、国际物流等促进西安现代物流服务业的外部动因。

(1) 区域经济的发展带动现代物流产业的发展

大量物流需求的存在是发展现代物流服务业的重要前提,而其产生又要以良好的经济基础为条件。改革开放30多年来,西安经济发展速度居全国前列,经济发展实现历史性跨越,人民生活水平显著提升。

从经济总量指标来看,西安市2016年的生产总值(GDP)达到了6257.18亿元,按可比价格计算,同比增长8.5%,较2015年提高0.3个百分点,分别高于全国和全省1.8个和0.9个百分点。从产业看,第一产业增加值232.01亿元,增长3.8%;第二产业增加值2197.81亿元,增长8.6%;第三产业增加值3827.36亿元,增长8.8%。2016年人均生产总值71357元,比2015年增长6.5%。2016年非公有制经济增加值3302.27亿元,占地区生产总值的比重为52.8%,占比与2015年持平。以下是来自2016年西安统计信息网和统计年鉴的数据,见图3-11、图3-12、图3-13、图3-14、图3-15。

第 3 章　区域物流产业发展的现状分析

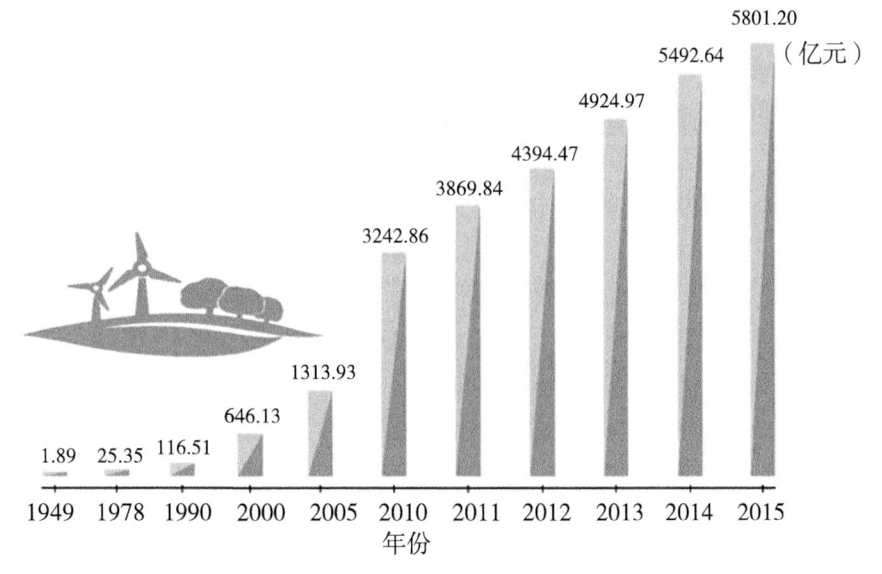

图 3-11　西安市生产总值

数据来源：2016年西安统计年鉴。

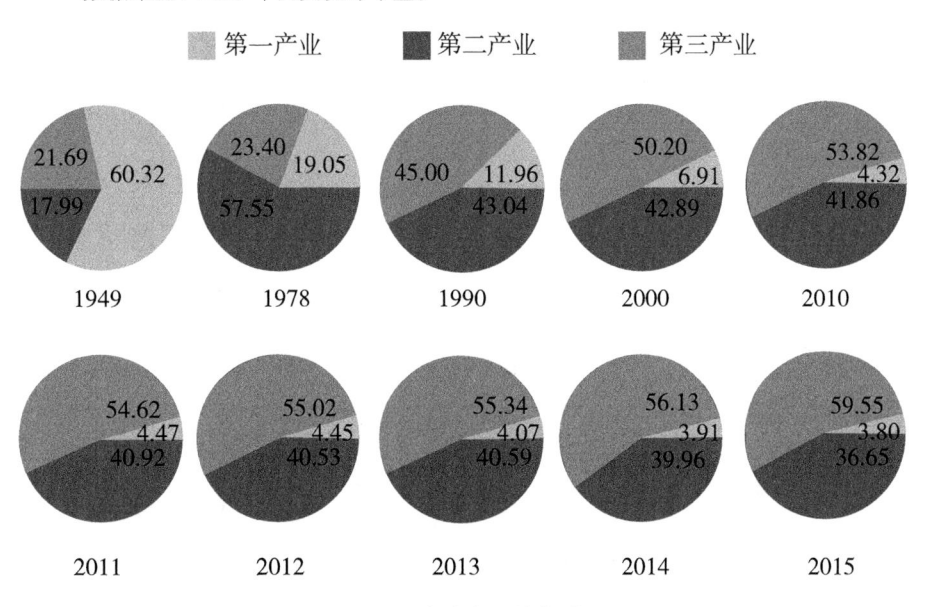

图 3-12　西安生产总值构成（%）

数据来源：2016年西安统计信息网。

从相关物流指标来看，西安市物流基础设施建设也呈现快速发展态势。截至2015年年底，西安市公路总里程13328公里，有5条国道和12

条省道经过市区。目前，西安至潼关、黄陵、天水、阎良、蓝田的高级公路已建成通车，使西安成为连通省内及西北、中部、西南地区的重要交通枢纽；东起中国连云港、西至荷兰鹿特丹，横跨欧亚大陆的铁路线从西安市区穿过；西安国际航空港、咸阳国际机场已开通国际国内航线270多条，8条国道和2条西部大通道汇集于西安，7条干支铁路在西安交汇，贯通西安的陇海铁路与京沪、京广、焦枝、宝成等国内南北干线衔接，并与西安市到侯马、延安、铜川等支线相连，形成了纵横交错的铁路运输网络。全年交通运输总周转量643.01亿吨公里，比上年增长2.09%。其中，铁路运输216亿吨公里，较上年减少8.9%，其货物发送量848万吨，减少5.8%；公路运输425.5亿吨公里，增长10.1%，货运量45401万吨，增长10.4%；民航运输1.125亿吨公里，增长5.4%，其货物吞吐量21万吨，增长13.5%。全年邮电业务总收入331.53亿元，比上年增长13.5%。其中，邮政业务收入33.53亿元，电信业务收入298亿元。

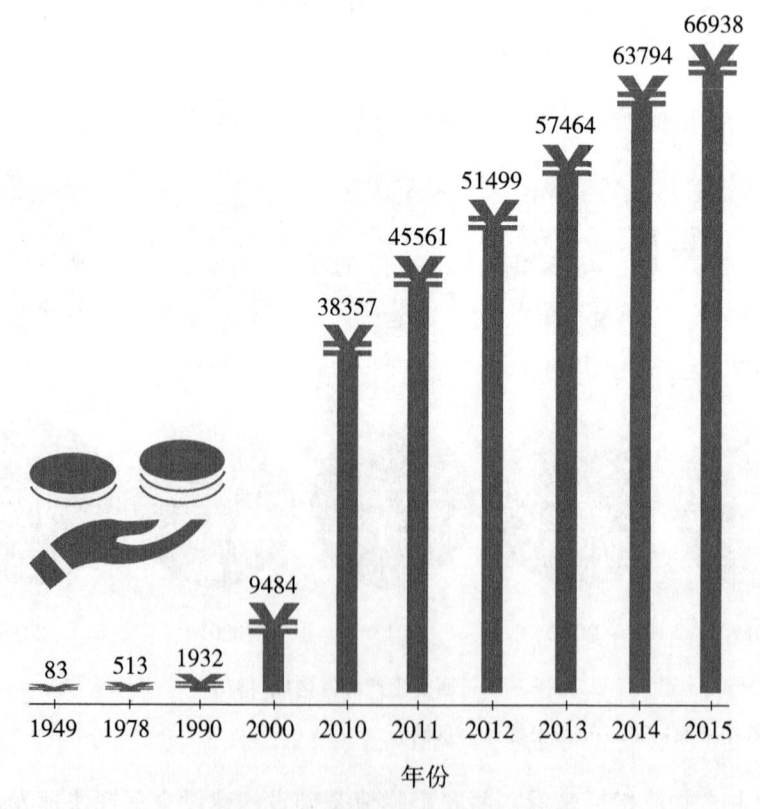

图3-13 西安人均GDP（元/人）

数据来源：2016年西安统计年鉴。

从区域经济发展大背景来看，西安市作为西北地区的重要商贸中心之一，其社会商品零售总额在西北地区占很大比重，是西北地区的10.1%。西安市目前拥有百货商店54家，此外还有1118家批发市场。在西部大开发战略中，西安是桥头堡，在国家重点规划建设的线路中，很大一部分都是和西安有密切关系的。除此之外，在2015年，西安社会消费品零售总额达3405.38亿元。当然，西安是我国的老工业基地之一，其纺织、电子、机械、电力设备、汽车等在国内占有举足轻重的地位，生产加工企业密集。最近几年来高新技术发展迅猛，西安高新开发区技工贸收入在全国高新区名列前茅，区内已有一批以生产加工高新产品为主的高新企业，许多国际知名大企业也在这里开设工厂。长安产业园就是西安高新开发区的产业转化基地，在那里将建设一批生产加工企业，而新型的生产加工企业对现代物流服务有着旺盛的需求。

（2）外资企业和民营企业为现代物流发展注入新鲜活力

据2015年统计，外商直接投资项目73个，实际外商直接投资40.08亿美元，同比增长8.2%，1985—2015年西安市外商直接投资相关数据见图3-15。外资企业一般来讲规模较大，物流量也较大，物流理念也较为先进。因远离其本土，它们对物流服务的需求主要依靠投资地区的物流企业来满足，因此，大量外资的引入，很大程度上推动了西安现代物流服务业的发展。目前，西安市现有外资企业3331家。另外，民营经济占西安国民经济的份额也越来越大，其快速发展有利于本土物流主体的培育，使其成为现代物流服务业的生力军。

（3）国际物流为西安市现代物流业的发展提供了广阔空间

近些年来，西安市大力发展外向型经济，进出口贸易迅猛发展。2016年，全年进出口总值1828.46亿元，比上年增长3.8%。其中，出口总值946.75亿元，增长15.5%。2016年借助"一带一路"的发展机遇，全年引进外商直接投资项目72个，批准合同外资10.21亿美元，利用外商直接投资45.05亿美元，较上年增长14.0%。对外贸易的迅猛发展，国际物流量高速增加，物流服务需求迫切，这些都为物流产业提供了广阔的发展空间。

区域物流产业发展策略分析

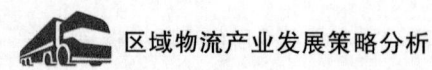

● 等级公路（公里）　　　　　　● 高速公路（公里）

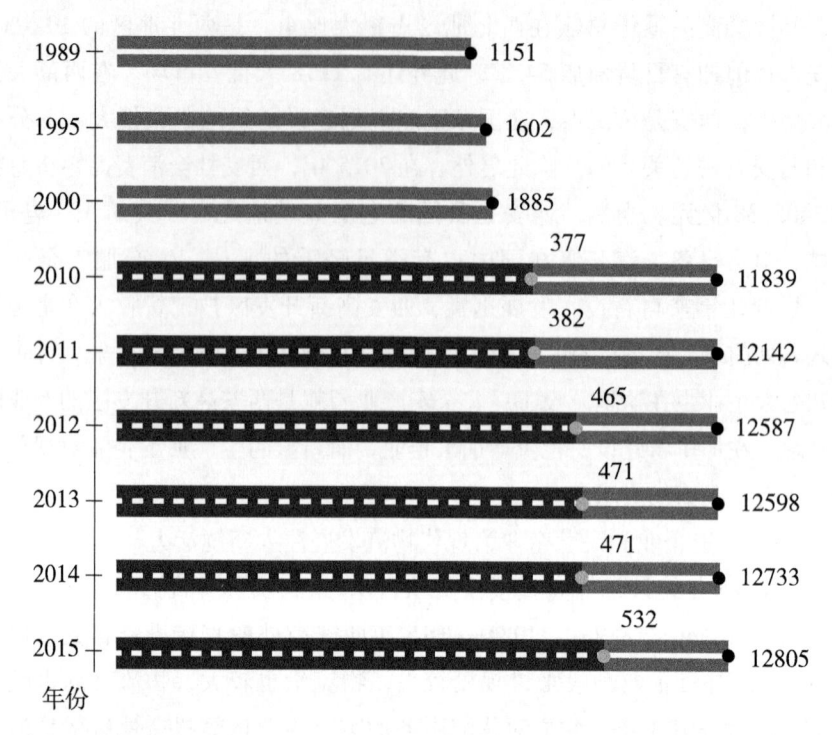

年份	等级公路	高速公路
1989	1151	
1995	1602	
2000	1885	
2010	11839	377
2011	12142	382
2012	12587	465
2013	12598	471
2014	12733	471
2015	12805	532

全社会车辆数（万辆）

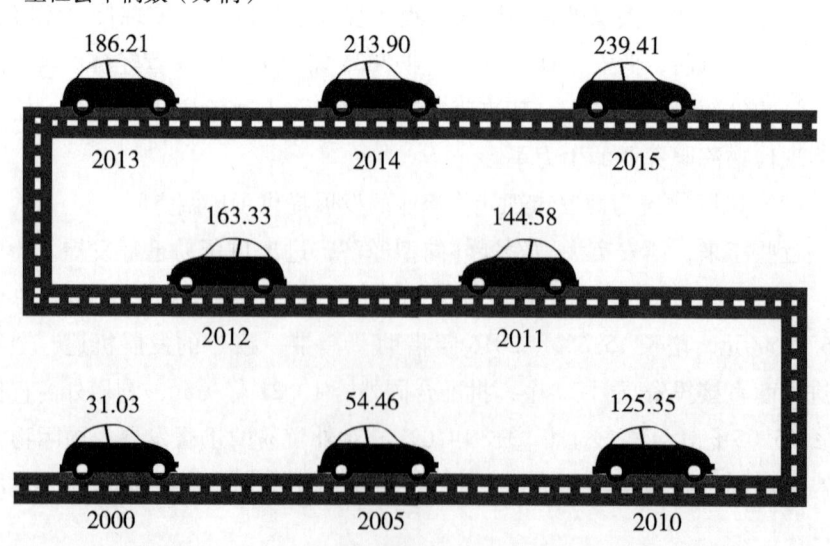

年份	车辆数
2000	31.03
2005	54.46
2010	125.35
2011	144.58
2012	163.33
2013	186.21
2014	213.90
2015	239.41

图 3-14　2000—2015 年西安市公路里程及全社会车辆数
数据来源：2015 年西安统计年鉴。

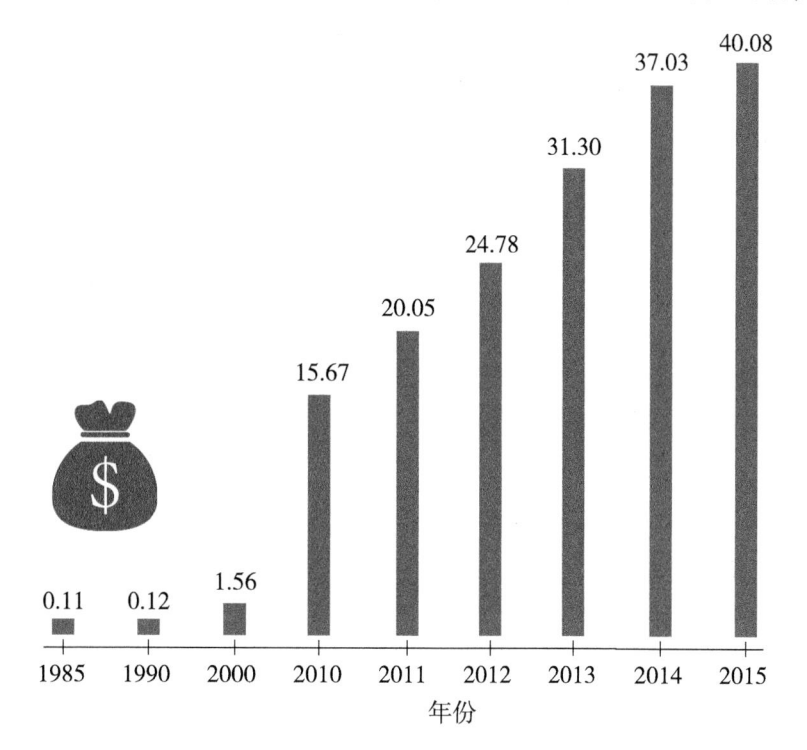

图 3－15　1985—2015 年外商在西安市的直接投资额（亿美元）
数据来源：2016 年西安统计年鉴。

3.3.4.2　主观动因

（1）制造企业开始关注企业物流并提出第三方物流的需求

随着经济全球化进程的加快和现代物流服务水平的提高，正面临着激烈的国内外竞争的制造业对"第三方利润源"有了初步认识后，开始渐渐采用现代物流管理理念、方法和技术，实施流程再造、业务重组和服务外包，将资源和精力专注于主营业务，以达到提高企业核心竞争力和降低企业物流成本的目的。

（2）物流企业规模逐步扩大且向现代物流企业转型

西安通过 30 多年的改革开放，社会分工越来越细，物流产业也正逐步打破过去条块分割的局面，呈现出迅猛发展的态势。目前西安市已经形成了以中邮物流西安分公司为代表的递送型，以中储发展股份有限公司西安物流分公司为代表的仓储型，以陕西大件汽车运输有限责任公司为代表的运输型，以贝斯特物流中心为代表的公路货运市场型，以陕西省物资产业

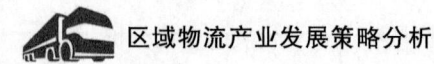

集团总公司为代表的多产品储运型,以经营公路运输和城市配送为主业的3000户中小企业等多种物流主体并举的格局。近年来,为适应经济发展过程中社会对物流需求的增长和提升服务质量、拓宽服务内容的客观需求,这些运输、仓储等企业也正在改进传统的物流服务理念、内容和方式,加快向现代物流企业的转型。它们凭借自身优越的发展条件:一是在长期的公司运作实践中提炼出了企业经营理念;二是拥有大量的资产存量和经营设施、设备;三是具有完善的法人治理结构;四是具备企业长远发展的条件,通过深化改革、优化物流设施和信息网络、调整经营方向和服务种类等,积极向现代物流企业转型。

(3) 现代物流业是社会物流资源和物流流程整合的必要条件

目前,西安市物流业各组织还隶属于不同部门、行业和地区,在体制、管理等方面存在很大差异,造成社会物流资源整合力度小,资源利用率低,浪费现象严重等问题;传统的物流流程也严重影响到物流整体效率的提高。所以,社会物流资源和物流流程的改造和整合迫在眉睫。经国内外实践证明,大力发展现代物流服务业对上述问题的改善与解决起着重要的作用。

3.3.4.3 西安物流产业发展的制约因素

(1) 社会因素

第一,现代物流业发展受传统观念制约。

受长期计划经济的影响,很多企业对现代物流服务缺乏正确的认识,造成自营物流现象较为普遍。它们一方面担心失去对采购和销售的控制;另一方面又害怕物流过程中利润外流,因此都建立了自身的物流体系,而不愿对外寻求物流服务。但这种自营物流实际上是一种低水平的管理,只会造成资源浪费、效率低下。

第二,现代物流发展存在较大的体制约束。

物流业的健康发展既要以市场需求为基础,又要涉及基础设施、行业技术、产业政策、运输标准等多个方面,因此能够拥有适应物流健康发展的制度和体制显得尤为重要。

受长期计划经济的影响,西安物流业形成了条块分割的管理模式,该模式对物流产业发展造成了严重阻碍。目前,在西安乃至全国,物流按照不同的运输方式被分割到多个部门管理，全社会物流过程被人为地分割，造成了物流资源重组和整合的困难。

第三，物流设施缺乏统一标准。

物流服务业是跨地区、跨行业的运作体系，物流设施与装备的标准化是其发展过程中一个至关重要的问题，标准化程度的高低既关系到各物流功能、要素之间的有效衔接和协调发展，也直接影响着物流效率的提高。西安的物流设施尚缺乏统一的标准，物流设施和标准不配套，运输方式的装备标准不统一，托盘标准化尚未推行，等等。这些问题严重影响了物流效率的提高。另外，西安物流企业信息化水平较低，信息系统缺乏接口标准，以EDI、互联网等为基础的物流信息系统更是难以得到实际应用。

(2) 自身因素

第一，现代物流企业多、小、单、散的特点影响物流业健康发展。

虽然西安市的现代物流服务业已经有了一定程度上的发展，且在市场上也涌现出一些大型物流公司，但就整体而言，包括传统运输、仓储企业在内的物流公司的整体素质并不高，普遍存在着"多、小、单、散"的特点，这些特点又严重影响到西安物流业的健康发展。

"多"——指很多企业自建物流系统的现象。受传统物流观念的影响，很多工业、商业企业在其生产过程中建立了"大而全""小而全"的生产服务和保障体系，自营物流现象较为普遍。

"小"——指提供物流服务的企业规模普遍较小，市场占有率较低。目前，在所有能够提供物流服务的物流企业中，筛选出具备两种以上物流功能，且能提供信息服务的物流企业数量不多，只有152家。这些企业大多规模较小，注册资金在100万元以下的企业占总量的95.49%；注册资本在100万元以上的企业只有7家，仅占总量的4.6%。

"单"——指物流企业的功能主要停留在运输、仓储、市内配送等基础性服务上，服务方式和手段单一。西安已有众多物流企业，如贝斯特物流、爱心物流、西北物流、海纳物流等，但大多数物流企业只能提供单项或分段的物流服务，这些服务占其物流收入的大部分。能够提供流通加工、物流信息服务、库存管理与控制、采购与订单处理等物流增值服务的物流企业很少，而能够提供市场调研与预测、产品回收、构建物流信息系统、物流系统的规划和设计及诊断和优化，以及物流的咨询、培训等功能

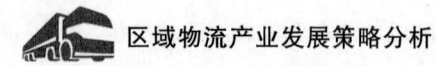

的企业更是寥寥无几。

"散"——指物流体制条块分割，物流管理分散。西安物流服务业长期受计划经济的影响，形成了条块分割的管理模式，物流被分割成多个部门管理，物流内在联系被人为地分割，造成了物流资源重组和整合困难，物流服务水平不高。

第二，物流人才严重匮乏。

随着物流业的快速发展，企业对物流人才的需求将明显增加，但由于物流专业教育落后、对物流专业认识不足等原因，导致目前市场上物流人才极度缺乏，尤其是高层次的物流管理和经营人才。根据各地的初步调查统计，物流人才是全国 12 种紧缺人才之一，物流规划人员、物流管理人员、物流研究人员、物流师资全面紧缺，这势必会制约物流业的发展。

第三，设备陈旧、技术落后。

当前，西安物流企业技术设备水平较低，多数物流企业依然沿用传统运作方式，没有采用货物跟踪系统、物流信息管理系统、条码识别系统、射频技术和电子数据交换技术等先进物流技术与方法，信息传递的速度和准确性低，不能提供准确可靠的物流信息查询和完善的电子单据处理服务。很多国有物流企业至今仍然使用 20 世纪七八十年代的物流设备，一些企业的信息传递方式还停留在电话、传真的使用上，互联网技术没有得到推广和应用。总体来说，西安物流企业的设备还很陈旧，技术也较为落后。

3.3.5 榆林市

3.3.5.1 榆林市发展绿色物流的区域增长极分析

榆林市要实现经济的增长，发展煤炭绿色物流是一个创新点，因为实现经济增长首先会在具有创新能力的行业发生，而不是同时出现在所有的行业，而榆林市的煤炭绿色物流的确具备这一能力。具有创新能力的物流行业依托榆林市的煤炭资源优势在这里聚集形成榆林市经济发展的一个有力的增长极，并通过各种方式向外扩散，对榆林市的经济发展产生正面的影响。在榆林市聚集的物流行业集体发展煤炭绿色物流并带动周边的关联产业发展使榆林市成为区域的经济中心，形成推动榆林市经济发展的主要推动力。

从 2001—2010 年榆林市物流总费用与 GDP 比率变化情况来看，提升物流业发展水平与质量的空间较大，如图 3-16 所示，这为榆林市发展物流业带来机遇。同时，陕西省及相邻省份各大城市抢占物流业发展制高点、打造区域物流中心地位的竞争日益激烈，这也对榆林市建设物流中心构成严峻的挑战。

在产业发展方面，作为地区发展增长极的榆林市物流业通过与地区的其他资源行业互补的空间关系而成为区域产业发展的组织核心；在产业布局上，榆林市物流业通过与周围地区的经济技术联系而使榆林市成为支配陕北及周围地区经济活动空间分布与组合的重心；在空间位置上，榆林市成为陕北及周围相邻省市区域中的中心城市。

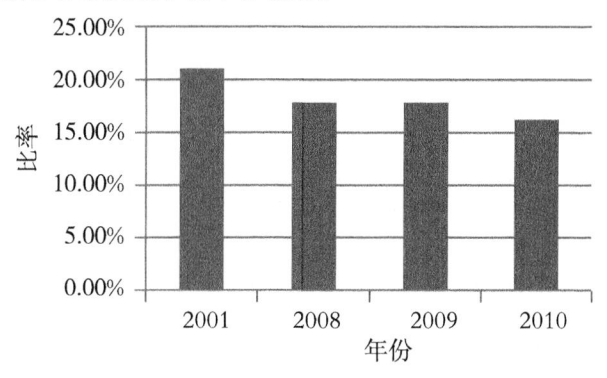

图 3-16 榆林市物流总费用与 GDP 的比率

作为地区发展增长极的榆林市物流业可以通过支配效应、乘数效应、极化与扩散效应对区域经济活动发挥组织作用。榆林市物流业经过一定时期的发展后，将具有技术与经济两方面的先进性，到时能够通过与周边地区的经济要素流动关系和煤炭资源供求关系对周围地区甚至全国的煤炭资源的经济活动产生支配作用。换句话说，周边地区的经济活动是随榆林市绿色物流的发展而发生相应的变化；榆林市绿色物流业的发展对周围地区绿色经济的发展起到示范、组织和带动作用，从而加强与周围地区的经济联系。在这个过程中，受循环积累因果带动机制的影响，榆林市绿色物流业对周围地区经济发展的作用会不断地强化和加大，影响范围和程度也会随之增大；榆林市发展绿色物流行业如果可以成为地区经济的增长极的话，将吸引周边产业和拉动周围地区的经济要素和经济活动不断向榆林市

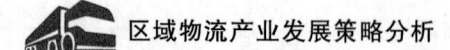

靠拢，从而加速榆林市自身的成长。同时，榆林市可以向周围地区输出经济要素和经济活动，从而刺激和推动周围地区的经济发展，实现区域发展的双赢，使周围地区的发展可以更好地推动榆林市自身的发展。

从榆林市以上三个方面的作用，我们可以发现，一方面，陕北地区各种产业将以榆林市的煤炭绿色物流为核心建立区域产业结构；另一方面，榆林市物流增长极的形成，必然改变陕北及周围地区的原始空间平衡状态，使区域空间结构和产业结构趋向完美和全面，构成了以榆林市作为区域经济增长中心的经济体系和空间结构的主体框架，从而对区域经济增长产生重大影响。

3.3.5.2 榆林市发展绿色物流的 SWOT 分析

（1）榆林市发展绿色物流的优势分析（S）

①榆林市有得天独厚区位优势和资源优势（S_1）。榆林市是陕北地区的政治、经济、文化中心，有着得天独厚的区位优势。"十一五"规划以来，在交通、水利、通信等基础设施建设方面，榆林市取得了巨大成就，基本建成了综合交通运输网络。首先在公路方面，形成以"两纵两横"为主的公路网和辐射全市的十二条主要公路网；其次在航空方面，榆阳机场已经开始运行，并且已经成为陕西第二大航空港；再次在铁路方面，建成了包括神包铁路，东线神黄铁路，南线西神铁路等三条铁路外运线，另外，西包电气化复线扩建也将在近期完成。这些成就奠定了加快发展绿色物流的基础，为榆林市与外界沟通和交流提供了良好的环境。此外，榆林建设陕西、甘肃、宁夏、内蒙古、山西五省份接壤区域中心城市的推进，将为其带来重大的发展机遇，为"十三五"期间榆林市区域发展提供了强有力的竞争优势[115]。

榆林市榆阳区拥有丰富的资源优势。榆阳区是榆神煤田和榆横煤田的重要组成部分。已探明原煤储量 300 亿吨，占预计储量的 82%，且为优质环保煤。榆阳区西部也是迄今为止发现的中国最大的整装天然气陕甘宁大气田的重要组成部分、西气东输的主要发源地之一；榆阳区南部有国内外罕见的精品岩盐矿藏，已探明储量 1.3 万亿~1.8 万亿吨，占全国岩盐资源的 13%~18%；还有俗称"桃花水"的普惠泉和榆阳泉泉水，均为低钠重碳酸钙镁型天然矿泉水。在榆林市范围内，高岭土、泥炭、石油、铁矿等资源也有相当规模的储量。榆林市的农业资源也很丰富，位居陕西省前列，现已建成全省畜牧业基地和设施养羊示范县区。拥有这么多自然资源的榆林市，不可能单单只服务本地区，并且这么多的资源本地区也无法消化。这就必然需要将这些资源运到需要它的地方，增加本区域的城市基本经济活动来获取经济利益。要有效地将资源运到外地，就要借助物流，因此在榆林市对物流发展有强烈的市场需求[63]。

此外，近几年榆林市的经济得到持续健康的发展，对物流行业也提出了持续、强烈的市场需求。2017 年的《榆林市政府工作报告》中提到，2016 年全年全地区实现生产总值 2773 亿元，较 2015 年增长 6.5%，其中第一产业和第三产业增幅分别达 4.8% 和 11.1%，均居全省第一。由此可见，榆林市的综合经济实力显著增强。

②榆林煤炭产业链基本形成（S_2）。众所周知，煤炭是榆林市最重要的化工原料和基础能源。煤炭及其加工业是榆林市最重要的基础性行业，具有极其重要的战略地位和意义。榆林市作为重要的煤炭生产基地，在全国煤炭贸易中有着举足轻重的地位。煤炭行业的发展要根据国家的精神贯彻执行可持续发展的战略，因此榆林市以当地的资源承载力及周围地区生态环境容量为依据，要适当控制煤炭开采总量，逐步稳定开采规模，更要实现加大综合利用煤炭资源的力度。首先，要大力发展煤炭洗选业，提高煤炭产业经济效益；其次，整合资源，深化企业合作，鼓励煤焦化企业进行技术创新，降低能源消耗，优化煤炭产业、产品结构，促进转型升级，提升企业效益。

通过以上措施，榆林市煤炭行业的产业链得到了有效的延长，不仅解决了就业问题，还使本地区的经济活力得到提升。大力发展各种产业的同时，也促进了产品在不同地区之间的流动，有利于榆林市物流行业的发展。

③信息化技术水平不断提高（S_3）。2016 年榆林市物流运行形势总体良好，物流需求显著增加，物流运行效率有所提高，物流业增加值快速增长，为保证榆林市国民经济平稳较快发展发挥了重要的支撑保障作用。自 2000 年以来，榆林市物流业总体规模快速增长，服务水平显著提高，物流发展的环境和条件不断改善，这为进一步加快发展绿色物流奠定了坚实

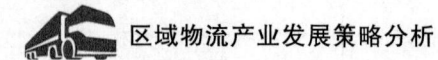

基础。

　　首先，体现在物流业规模快速增长。2016年服务业增加值占GDP的比重达到33.5%。其次，体现在物流业发展水平显著提高。榆林市先进的本土物流企业大多采用国际上先进的现代物流管理理念、方法和技术；榆林市计划经济体制下遗留下来的运输、仓储、货代等专注某一单项业务的企业开始在实际条件许可的条件下进行资源整合，逐步实现业务多样化，努力加快向现代物流企业转型；在几年的时间里，一批新兴的物流企业随着中国电子商务的发展迅速成长，形成了多种所有制、多种业务核心模式、多种类的物流行业。榆林市全社会物流总费用与GDP的比率，2015年全市物流总费用达550亿元左右，物流成本占GDP的比重约为19%，接近全国平均水平，物流运行效率有所提高，物流费用成本呈下降趋势，促进了经济运行质量的提高，并且物流基础设施条件逐步完善，交通设施规模迅速扩大，为物流业发展提供了良好的设施条件。截至"十一五"末，全区境内铁路总里程达110公里，高速公路里程达144公里（陕蒙66公里、榆靖43公里、榆神35公里）；国道一条里程79公里，省道两条里程63公里，区道六条里程246公里，专线公路一条里程19公里，乡道里程467公里，通乡率100%；通村公路覆盖314个行政村里程985公里，通村率65%；砂砾石路覆盖172个行政村里程715公里，通村率90%。五年累计完成国、省、区、乡、村柏油（水泥）路1859公里，公路密度达26.4公里/百平方公里。基本形成了以高速公路为骨干，国、省道公路为支线，区、乡公路为辅线的四通八达的交通网络[116]。"十二五"以来，全市公路总里程达30684公里，高速公路突破1000公里，公路货运量达16694万吨，货物周转量578.9157亿吨公里。铁路方面，铁路总里程969公里（不含专用线），外运额达1.5亿元，还开通了神木至内蒙古准格尔旗的太（原）—中（卫）—银（川）电气化铁路。航空方面，国内航线达29条，年货运吞吐量达到3112.3吨。最后，物流业发展环境明显好转。在过去的五年时间里，榆林市提出"大力发展现代物流业"使得榆林市的物流行业在这短短的几年中得到了长足的发展。在这段时间里，政府各个部门出台了许多支持现代物流业发展的规划和政策。此外，物流统计核算和标准化以及人才培养和技术创新等行业基础性工作取得明显成效。

　　随着这几年的快速发展，榆林市物流产业的物流信息化建设有了突破性进展，信息化水平得到有效的提高。根据陕西青年管理干部学院课题组在《关于加快陕西物流信息化建设的调研报告》中的数据换算显示，在被调查的企业中，有 17.1% 的企业已经认识到现代物流发展中信息系统的重要性，并且在他们这些企业之中大多数都建立了信息管理系统和企业网站。另外，有 6.65% 的物流企业已有电子商务网站，还有 9.275% 的物流企业计划在最近几年内建立自己的网站。有超过 9.625% 的企业已经建立了物流信息管理系统，还有 2.975% 的企业正在建设自己的物流信息系统[117]。

④公众环保意识的形成（S_4）。在榆林市，人口的持续增长与人民日益增长的物质文化需求对经济建设、资源及环境的利用造成了巨大压力的情况一直未改变，因此榆林市的基本发展政策就是坚持可持续发展理论，而发展绿色物流就是坚持可持续发展在物流行业中的体现。榆林市政府对发展绿色物流一直保持高度重视。除了在政府层面上表示了对可持续发展的支持以外，榆林市一直在通过各种方式向榆林市公众宣传要将可持续发展理论贯彻于生产、生活之中。

"十二五"期间，结合实际，榆林市制定了"十三五"节能减排综合性工作方案，在方案中进一步明确了实现节能减排的目标任务和总体要求，将节能减排的具体工作逐层分解，明确每项工作牵头单位、责任单位工作职责，使各部门能协调配合，扎实有效地开展工作。一是广泛开展节能减排宣传工作；二是整顿规范煤炭开发秩序；三是清理整顿"高耗能、高污染"企业。实施火电企业脱硫工程，陕西银河上河电厂、基泰阳光电厂均已建成脱硫设施而且运行正常；四是加强对重点企业的监测管理，对确定的市、区级重点考核企业，建立统计、监测、考核三大体系，实行"一票否决"制，重点企业均已建成了污染源自动在线监控装置。节能减排的各项指标均已达到"十二五"规划初期的控制标准。

陕西省委、省政府认为榆林是资源富集、产业聚集、企业云集的区域板块，是陕西省经济增长最快、持续性最强的地区，出台了专门支持榆林发展的 10 大类 27 条政策措施，下放了备案审批权限，资金扶持、政策支持力度之大前所未有。同时，随着国家新一轮西部大开发的深入开展，对西部地区基础设施、资源开发、特色产业、生态环境和民生工程等领域的投入将进一步加大，为"十三五"期间榆林地区跨越式发展创造了有利的外部条件。

榆林市的"十三五"规划纲要中提出要大力发展物流行业。首先以科学发展观为指导,紧紧围绕国家"一带一路"倡议,坚持以"三区一高地"建设为统领,以健全物流服务体系为主导,以物流基础设施建设为重点,以整合现有资源,促进物流服务产业与业态创新为突破口,着力增强现代物流理念认识和开放意识,努力探索物流产业集群化、供应链一体化发展新途径,使现代物流业成为榆林市重要支撑产业。

(2) 榆林市发展绿色物流的劣势分析(W)

①发展绿色物流的观念还未普及(W_1)。榆林市物流业的总体处于较低水平的发展阶段,仍然存在一些行业问题需要解决。第一,最能体现榆林市与发达国家的差距的是2016年榆林市的社会物流总费用与GDP的比率要高出发达国家一倍多;第二,目前榆林市的物流企业的发展方式不成熟,有的企业规模很大,也有的企业实力不足却一味追求全面;第三,物流基础设施不能满足现阶段的需求;第四,榆林市的物流还在起步阶段,市场还不够规范;第五,人才的缺乏影响榆林市物流企业的发展。

因为榆林市的物流水平还处在初级阶段,物流业的效率比较低,人员素质也不能适应物流行业的发展,企业的生产、生存环境也不能很好地促进企业的发展,由此,榆林市的物流企业的运行成本是比较高的,同时企业要盈利才能生存,这就导致榆林市的物流企业无暇顾及环保的问题,也没有办法解决一路走高的成本问题。纵然有不少的企业已经意识到环境保护的重要性,但要将之付诸实践还需要等待时机的成熟[118]。

②缺少政策引导(W_2)。引导物流的绿色发展是榆林市各级政府在宏观经济中的重要职能与使命,政府要为绿色物流的实施营造良好的政策体制环境。政府缺乏制定规范的政策来保障现代绿色物流产业的发展。现代绿色物流业是一个新兴的复合型产业,不仅没有经验可以借鉴,也涉及多个行业,相应管理上分属多个行政部门,出现了政出多门的现象[119]。

③缺少物流的高层次人才(W_3)。伴随中国近几年来物流产业在榆林市的蓬勃发展,使得榆林市对这方面的人才的需求量也越来越大,但是由于榆林市的物流业起步比较晚,由此产生了人才严重短缺问题。物流人才是全国12种紧缺人才之一,这种短缺,并不是表现为所有层次的物流人才都短缺,是高端人才的匮乏。榆林市物流业的发展缺乏一批知识涉及面

广,有较强的判断力和把握能力,能敏锐地发现物流市场的变化,同时又能对物流流程中各个环节进行调控,并且还能进行整套物流方案的策划与设计的综合性人才。而现有的物流从业人员经过这几年的发展有点过剩。这类人员主要从事具体的物流作业,如货物的上架、分拣、堆垛、包装、配送等,对他们的要求主要是有一定的操作能力、有吃苦耐劳精神。这也与对其他一般职业技术人员的要求无异。

在榆林市的范围内,只有榆林学院一所高等院校为地方输送人才,但是就这一所院校内也没有开设有关物流的专科或本科专业,与榆林市紧挨的延安市的延安大学也没有类似专业,这种类型的人才需要由西安提供。由此可见,榆林市物流高端人才是多么的匮乏[120]。

④物流基础设施比较薄弱(W_4)。经过近十年的快速发展,榆林市的物流行业获得了不小的发展,不少企业都很重视新技术的应用,根据陕西青年管理干部学院课题组在《关于加快陕西物流信息化建设的调研报告》的数据换算显示,尽管大多数当地物流企业的信息系统经过规划与设计占到物流企业总数的15%,但是,只有1.36%(占全省比重)的企业有能力成立单独的信息管理;榆林市物流企业对网络的应用水平较低,很多只是用于企业宣传;现有物流企业中,有基于条形码技术识别系统的企业仅仅占全省总量的0.648%,而有基于RFID(射频识别技术)技术识别系统的企业那就更少了。由此可见,榆林市物流的技术水平还是比较落后的。

除了技术落后以外,榆林市发展绿色物流的基础设施的条件也不尽如人意。近几年来,陕西的交通运输建设速度在加快,但建设速度远赶不上人们日益增长的需求的速度,陕北铁路运力不足一直是导致陕西煤炭能源不能有效地、及时地运送出省的重要原因,由此也就无形中提高了物流的运输成本,因此铁路运输等基础设施的建设仍是榆林市区域发展与经济增长的瓶颈之一。

(3)榆林市发展绿色物流的机遇分析(O)

①绿色物流是现代物流的发展趋势(O_1)。绿色物流表现为信息化、自动化、智能化、一体化。绿色物流是通过高新技术实现在物流过程中减少对环境的破坏,使物流资源得到充分的利用。要实现资源的充分利用就必须利用信息技术形成对物流资源的实时监控和流量控制,辅以运输技术、配送技术、装卸搬运技术、自动化仓储技术、库存控制技术、包装技

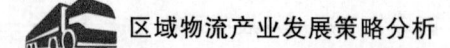

术等专业技术为支撑的现代化物流装备技术格局。通过一体化的平台实现对资源的实时管制,然后必须通过共同的配送来提高物流的效率,减少物流过程中的成本。这样,物流实际过程体现了一体化的过程,在物流公司层面,各个物流公司会通过这个信息平台形成集约化和协同化的和谐格局。

②绿色物流产业产生巨大的推动力(O_2)。自从加入世界贸易组织以后,榆林市的经济就逐步地与世界的经济联系在一起,并且联系日益紧密。最近这几年的时间里,榆林市作为世界煤炭经济不可分割的一部分,地位更加凸显,因此,榆林市煤炭经济也更上一层楼。正是由于榆林市煤炭经济的持续繁荣,资源产品的流动在榆林市也日益频繁起来,由物流所引发的效益问题也就越来越引起了人们的关注。据不完全统计,2016年榆林市的物流企业还处于低水平的发展之中,虽然促进了经济的发展,但在物流过程中资源的过度消耗特别是能源,也对环境造成了负面影响。在日益重视节约、环保的今天,为响应国家可持续发展和物流绿色化倡议引入绿色物流概念,对榆林市节能降耗和社会经济的可持续发展具有深远意义。

推行绿色物流的过程,其实是一个实现双赢的过程。首先,对于企业而言,实施绿色物流,可以体现企业的社会价值,比如塑造良好的企业形象、提升企业信誉、强化企业责任等,可以使企业形象深入民心,赢得公众信任。同时,绿色物流企业更容易获得环境标准认证,从而获得更大的竞争优势。其次,绿色物流可以降低企业的原料成本,并极大降低物流成本,降低物流过程的环境风险成本,增强企业核心竞争力,从而为企业拓展了利润空间。

③发展绿色物流是行业的整合机会(O_3)。榆林市政府鼓励推行可持续发展战略,因此发展绿色物流既是一个不可阻挡的发展趋势,也是物流行业的一次发展机会。榆林市物流行业的整合方向应与未来国际物流的发展方向一致,而当前榆林市物流整合仍存在许多问题。针对榆林市物流的整合,政府首先要制定物流标准化措施,要在物流术语、技术标准、计量标准、数据传输标准、物流运作模式与管理标准等方面进行定性定量分析。随着经济的发展进步,榆林市的标准化进程必须要与国际接轨。

④发展物流的市场需求巨大(O_4)。

首先,近年来国际、国内能源市场竞争的加剧,榆林能源的基地战略地位更加凸显。榆神矿区、榆横矿区已列入国家重点煤炭发展和储备基地，榆林市位于这两个矿区的腹地，而且这块区域又是国内外罕见的集煤、气、油、盐于一体的资源富集区，因此，榆林市在资源开发与加工项目上具有得天独厚的优势，故在能源化工基地建设中具有十分重要的战略地位。

其次，榆林市工业化程度日益提高，对能源资源提出更大需求。据预测，到2020年榆林市将实现国内生产总值在2000年的基础上翻两番的战略目标，能源需求有可能超过36亿吨标煤。其中，一次性能源中煤炭的需求量将达到23亿吨~24亿吨。榆林市的煤炭资源目前还属于整装状态，适合建设大型化、现代化的井田，配置建设规模化、国际化的能源转化基地。在已经过去的"十一五"期间，中铝、神华、兖矿、银河等一些中央级、省级大型企业纷纷投资榆林地区能源化工产业，以煤、气、油、盐为基础的能源化工产业迎来了新的建设高潮，资源大区的价值和地位也进一步显现。榆林市"十三五"规划中指出，榆林市已被列为十四大煤炭基地之一和九大煤电基地之一，榆林煤炭清洁高效利用产业的发展规模、技术水平和影响力都走在全国前列，国家级能源化工基地将迎来新的发展机遇。

最后，依托区位优势，榆林市政府大力发展第三产业，加快发展现代物流业。以榆林市为中心枢纽，建设一批现代物流产业园区、物流基地和物流配送中心，形成"布局合理、功能齐全、设施先进、运转高效"的与国内其他物流区紧密衔接的现代物流体系，将榆林市建成重要的物流中心。

（4）威胁分析（T）

①物流业陷入恶性价格竞争（T_1）。如图3-17所示，在中国加入世界贸易组织以及中国经济持续高速发展的背景下，物流企业发展绿色物流仍面临多方面的挑战与威胁。

首先，国际化跨国物流企业大规模地进入国内市场，2015年，榆林市的物流增加值占GDP的比例为19%。据统计，虽然榆林市的第三方物流目前只占整个物流总支出的6%左右，但其年增长速度达30%以上，发展的前景十分可观。

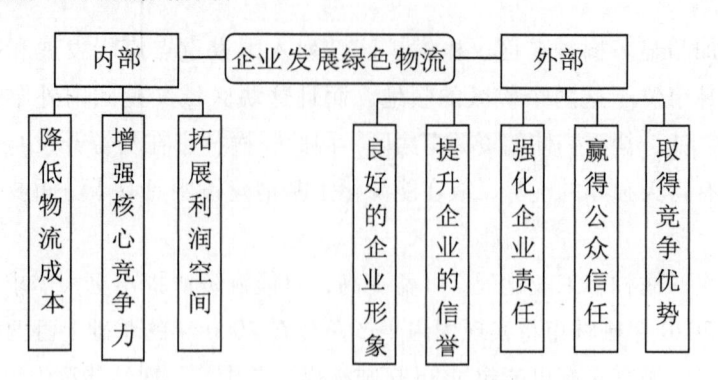

图 3-17　企业发展绿色物流的模型

但是跨国物流公司如 FedEx、TNT、UPS、马士基和美集借助他们发达快速的物流网络和先进的物流专业知识与经验，能够为客户提供完善的综合国际国内物流服务。这些跨国企业进入榆林市的物流市场是必然的。这将对本土物流企业带来严峻的发展威胁。

其次，还有来自国内物流企业之间的竞争。由于国内物流市场刚刚起步，技术水平与管理水平都不高，处于一种以粗放式为主的竞争格局。近几年来，物流业发展一直被看好，导致各地的物流企业数量与基础投资猛增，低价恶性竞争严重扰乱了市场秩序，造成物流企业普遍业绩不佳，发展后劲不足。

②物流业体制改革的挑战（T_2）。首先，榆林市物流行业应该要摒弃计划经济体制遗留下来的传统物流思想，打破部门间和地区间的分割和封锁，促进物流服务的社会化和资源利用的市场化，优先整合和利用现有物流资源，提高物流设施的利用率和榆林市物流行业的市场化运作效益。

其次，要继续深化铁路运输等领域的体制改革，促进物流服务的规范化、市场化和国际化。改革仓储企业经营体制，推进仓储设施和业务的社会化。逐步建立统一开放、竞争有序的全国物流服务市场，促进物流资源的规范、公平、有序和高效流动。

体制的改革也会为榆林市发展绿色物流带来很多的变数，这些对榆林市物流行业的发展来说也是不小的挑战[121]。

综上所述，榆林市发展绿色物流的优势、劣势、机会和威胁如表 3-4 所示。

表 3-4 榆林市发展绿色物流的 SWOT 分析

	榆林市发展绿色物流的 SWOT 分析
S	S_1. 拥有得天独厚的区位优势和资源优势，地区综合实力不断增强 S_2. 榆林煤炭产业链可以为地区物流的发展提供很多机会 S_3. 现代物流发展迅速，并且信息化技术水平不断提高 S_4. 榆林市政府对可持续发展理论以及物流的重视及公众环保意识的形成
W	W_1. 发展绿色物流的观念还未普及 W_2. 政府缺少在这方面的政策及引导，体制也不健全，还缺少借鉴 W_3. 物流人才参差不齐，缺少高层次物流人才 W_4. 物流的技术落后、物流基础设施比较薄弱
O	O_1. 绿色物流是现代物流的发展趋势 O_2. 加入世界贸易组织后对榆林市发展绿色物流产业产生了巨大的推动力 O_3. 发展绿色物流是行业的整合机会 O_4. 发展物流的市场需求巨大
T	T_1. 国内外知名物流企业及相关企业的竞争威胁，物流业陷入恶性价格竞争 T_2. 物流业体制改革的挑战

3.3.6 商洛市

商洛位于陕西省东南，秦岭南麓，与鄂、豫两省交界，因境内商山洛水而得名。全市辖商州、洛南、山阳、丹凤、商南、镇安、柞水1区6县、163个乡镇，总面积19851平方公里，人口237.17万。

商洛地跨长江、黄河两大流域，地处北亚热带和暖温带交界区域，独特的地理位置和气候条件孕育了丰富的生物、矿产和旅游资源。全市现有林地面积1792万亩（其中经济林面积264万亩），人均7.6亩，森林覆盖率62.3%；林特土产资源1324种，核桃、板栗、柿子产量居陕西省各市之首，核桃出口量占全国六分之一；生漆、木耳产量分别居陕西省第二、第三位；中药材品种达1192种，其中大宗地道品种265种，是我国西北地区中药材的最佳适生区和理想的药源基地；商洛市矿产资源潜力巨大，已

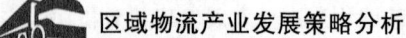

探明矿产近60种，产地350处。其中金属20种，产地210处，矿产资源潜在价值3400多亿元，其中钾长石藏量全国第一，铁、钒、锑、银、萤石、水晶等17种矿产藏量居陕西之首，铅、锌、铜、钼为陕西第二，近年又陆续发现多处开采前景可观的金矿，已成为陕西新兴的黄金基地。水力资源亟待开发，境内大小河流7.25万条，丹江、洛河、金钱河、乾佑河、旬河五大水系流域面积广阔，水力蕴藏量约80万千瓦，可开发利用量30万千瓦，居陕西第三。2016年，已建成小水电站598所，开发利用3.5万千瓦，仅占可开发利用量的11.7%。旅游资源丰富，战国时曾是秦、晋、楚三国交会之地，历史遗存丰厚，人文景观遍布全市；自然生态景观更具特色，清泉、曲溪、碧潭、飞瀑异彩纷呈，奇峰、怪石、苍山、云海各臻其妙。全市具有开发价值的旅游资源有30余处，现已开发并对外开放的景点10余处。商南金丝峡国家森林公园、柞水溶洞、丹江漂流都远近闻名。新近开发的旅游景点还有商州牧护关旅游度假村、镇安木王国家森林公园、山阳月亮洞、天竺山、洛南老君山等一批生态旅游项目。

商洛市处于"关中—天水"经济区的东南部，是与我国南部各省市交流的重要通道，2009年6月，国务院正式颁布了《关中—天水经济区发展规划》。在"关中—天水"经济区"一核、一轴、三辐射"的空间发展框架体系中，商洛是"一轴"上的次核心城市，发展方向主要是现代材料、现代中药、绿色食品加工以及生态旅游等产业，发展目标是到2020年，基本实现商（州）丹（凤）一体化，城市建成区人口达到50万人，面积控制在68平方公里。

《关中—天水经济区发展规划》对物流业高度重视。规划提出，"大力发展现代物流业，进一步加大物流基础设施建设力度，加快西安国际港务区、咸阳空港产业园、宝鸡陈仓、商洛、天水秦州和麦积等重点物流园区项目建设。充分发挥西安作为国家级物流节点城市的辐射带动作用，积极研究设立西安陆港型综合保税区，着力打造在国内有重要影响的内陆港口岸和亚欧大陆桥上重要的现代物流中心，逐步形成区域一体化的物流新格局。加强城乡商业网点和农副产品交易中心、批发市场建设，培育大型物流骨干企业。加强农村物流基础设施建设。"规划表明，在"关中—天水"经济区物流整体中，商洛物流园区既是一个重要的节点，也担负着构建农村物流体系的重要责任。

商洛历史悠久，文化底蕴丰厚。历史上曾是仓颉造字、夏禹治水、商鞅封邑、"四皓"隐居、闯王屯兵的地方，也是古代秦楚文化的交会地，历代诗文圣手、文学大家在这里留下了许多脍炙人口的不朽篇章，素有"戏剧之乡"和"文化绿洲"的美称，名扬四海的"商洛花鼓""屠夫状元""六斤县长""月亮光光"等优秀剧目唱响大江南北，以当代著名作家贾平凹、京夫为代表的商洛籍作家群就诞生于这片沃土。革命战争年代，商洛是鄂豫陕革命根据地的中心区域，刘志丹、刘伯承、李先念、徐向前、王震等老一辈无产阶级革命家曾在此浴血奋战，播下了革命的火种，3000多名商洛儿女为国捐躯，为中国革命的解放事业做出巨大贡献，20世纪80年代被国务院批准为革命老区。

商洛既是革命老区，也是全国14个集中连片的贫困区之一，七县区均为国家扶贫开发工作重点县。改革开放30多年来，商洛市交通基础设施有了较大改观，铁路、公路纵横贯通全境，西康、西合铁路也已建成投运，穿越商洛的西渝、西武、西合、福银等高等级公路基本建成，基本形成以铁路为骨干、以公路为分支、纵横交错、四通八达的交通网。电力、通讯、用水条件全面改善，城市建设日新月异，以市区为中心、六县县城和中心小城镇为依托的城镇体系初步形成。工业、农业和商贸业发展迅速，有一定规模的批发、零售、饮食、服务企业数量达735个，商业网点39814个，从业人员8.6万人，是陕南重要的商品集散地之一。

2016年，全市生产总值699.3亿元，比上年增长10%；按常住人口计算，全市人均生产总值29574元，比上年增长12%；全市居民人均可支配收入13693元，比上年增长9%；按常住地分，全年城镇居民人均可支配收入25468元，比上年增长8.3%；全年实现全社会消费品零售总额174.93亿元，比2015年增长13.1%。从以上数据可以看出，商洛目前正处在快速发展阶段，发展物流产业有一定基础。

3.3.6.1 商洛物流业发展现状

（1）商洛物流业的历史沿革

商洛是关中的东南门户，历来是"水通襄汉，陆入关辅"的内河航运要道。历史上，江南物资经汉口沿汉江、丹江运至龙驹寨，再由陆路转运关中，关中的特产也经由这一通道运至江南。明清时丹凤县龙驹寨航运业

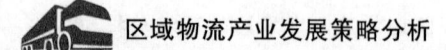

和商业呈鼎盛状态，"厘金岁额一度居全陕之冠"，占全省六分之一左右。陇海铁路建成通车后，丹江航运逐渐衰落，在中华人民共和国成立后很长一段时期内，物流只存在于商业系统和供销系统内部，其管理格局仍为部门所有，且为封闭式的。

改革开放以来，商洛商贸流通业呈现快速发展趋势，流通规模不断扩大，特别是2002年撤地设市以后，全市社会消费品零售总额以10%以上的平均增长速度逐年递增，流通业增加值常年占GDP的10%左右，从业人员稳定在9万人以上，成为该市非农行业吸纳城乡剩余劳动力最多的行业。新型流通方式和业态不断涌现，连锁经营快速发展，德克士、肯德基、华润万家等国内外著名连锁企业先后入驻商洛，一批物流园区、物流中心和物流配送企业加速建设，建成物流配送中心17个。城乡市场流通服务体系进一步完善，大中型超市已增至九家，连锁农家店覆盖到全市所有乡镇和80%以上的行政村。市场监管力度不断加大，初步建立了市场监测信息服务体系，开通了市级商务预报平台，市场应急保障能力不断提高，秩序进一步规范。2016年，全市社会消费品零售总额已达到174.93亿元，外贸进出口总额达到14.42亿美元。

（2）商洛物流业发展的政治基础

《关中—天水经济区发展规划》出台后，商洛市结合自身实际，制定出台了《关中—天水经济区商洛区域发展规划》，规划根据国家对商洛的战略定位，进一步明确了商洛的发展思路，即计划投资3549.5亿元，建设大项目380个，全力建设"七大战略基地"。

一是以"商州—丹凤"循环工业经济园区十大产业链45个重大项目为支撑，加快开发光伏、锌业、钢铁、煤电、氟硅等循环产业，把"商州—丹凤"循环工业经济园区建成该市发展的核心区域，打造"全国知名、西部一流"的现代材料循环工业基地；二是以商州仙娥湖生态休闲度假区、华山南区旅游区和商南金丝峡、镇安木王、柞水牛背梁、山阳天竺山四大国家级森林公园开发建设为龙头，打造成秦岭生态旅游的最佳目的地和西安的第二生活区；三是依托天津天士力、陕西香菊、陕西盘龙等制药集团，引领丹参、黄芩、桔梗、连翘、五味子"五大商药"开发，建设西北地区最理想的药源基地和现代中药基地；四是整合开发核桃、板栗、茶叶等绿色无公害农特产品，促进食品加工企业扩大规模，拓宽销售市场，打造全国知名品牌，建设具有规模优势的绿色食品生产基地；五是以比亚迪全产业链太阳能光伏产业为龙头，发展工业硅、多晶硅、太阳能电池和高储能钒电池等新型能源材料，着力扩大建设规模，打造高效益的新型能源示范基地；六是以"商州—丹凤"循环工业经济园区为核心，七县区工业园区为辐射，相互关联、左右支撑、协作配套，形成循环经济产业聚集区，打造全国循环经济发展示范基地；七是以提高矿产资源利用率为抓手，最大限度地减少尾矿堆量，真正变尾矿和冶炼渣为第二矿产资源，全面打造"全国一流"的尾矿综合利用示范基地，率先实现物流业的突破发展，形成全省新的经济增长点。

规划实施一年多来，香港比亚迪、陕西省有色集团、陕西省投资集团、陕西延长石油集团、马来西亚天成公司、陕西龙门钢铁集团等一批国内外知名大企业相继投资落户，为全市经济快速增长注入了强劲动力，也为推进物流建设提供了良好的条件。

（3）商洛物流业发展的经济基础

构建区域物流中心，降低物流成本，改善投资环境，将商洛的交通优势、区位优势、产业优势转换为发展优势，是商洛融入"关中—天水"经济区实现率先突破发展的重要基础；近年来，随着经济持续快速发展，商洛区域物流配送总体能力有了一定的提高，农家超市配送中心、药品配送体系逐步健全，一些机制灵活、经营规范的大型连锁超市、品牌专营等新型商业业态得到了长足的发展。农产品流通网络服务体系不断完善，商洛农特产品物流中心、新田地商洛绿色农产品配送中心、商南县丹江物流园区、陕西汇生源农副产品基地及市场服务体系等一批物流项目初步建成，使商洛特色农产品的知名度和市场占有率不断提高；着力引进和培育大型物流企业集团，加快物流资源整合和信息化进程，在城市建设中规划布局了一些大型仓储设施。依托大超市、大企业物流配送资源，加快传统商贸服务业改造，六县城全面建成三个以上规模较大、种类齐全的大型商业超市；强化医药、烟草、盐业等特种产品专业经营管理，发挥专业行业优势和政策优势，建立市、县、乡、村规范的批发配送服务网络。

（4）商洛物流发展的有利条件

历史上，地理环境的封闭和交通设施的落后曾是商洛贫困的主要原因。改革开放以来特别是"十一五"期间，通过加大基础设施建设力度，商洛物流业发展基础平台已初步形成。

西合、西康铁路建成营运，蓝商、商界、银武、西康三条四段高速公路建成通车，西商二线和洛商高速开工建设，312国道经多次改造通车能力明显提高，全市高速公路通车里程351公里、通乡公路1650公里、通村水泥路6408公里，路网密度达66公里/每百平方公里，商洛已进入西安一小时经济圈。

商洛背靠建设中的西安、咸阳大都市，面向河南、湖北中部经济区，商洛是连接"关中—天水"经济区和中原经济区、长三角经济区的重要经济走廊，可以有效承接东部产业转移。

"十二五"期间，生产总值年均增长12.9%，高于全省1.8个百分点，总量是2010年的2.2倍；财政总收入、地方财政收入年均增长分别为16.2%和21.5%；货物累计进出口额从"十一五"的3.08亿美元，到"十二五"期的11.32亿美元；2015年实现外贸进出口总值2.93亿美元，超额完成年度目标任务2.6亿美元的12.7%。

核桃、板栗、药材、茶叶、烟叶等特色产业快速发展，现代材料、生物医药和绿色食品产业经济支撑作用不断增强，产值超亿元的企业发展到21家。

这些产业优势，为商洛工业物流、农业物流的发展奠定了坚实基础，同时，商（州）丹（凤）一体化城市建设的强力推进，还将带动建筑物流的快速发展。

3.3.6.2 商洛物流发展的因子分析

1) 陕西省各市区物流业发展的因子分析

影响物流业发展有很多因素，物流业几乎涵盖了第一、第二、第三产业的所有领域和部门，主要包括交通运输、仓储、邮政及通信等行业。从不同的侧面选取衡量物流业发展的统计指标进行因子分析，可以发现其根本影响因素。本书从几个方面选取指标，对陕西省各市的物流业展开研究，选取的指标及相关数据见图3-18和表3-5。

第3章 区域物流产业发展的现状分析

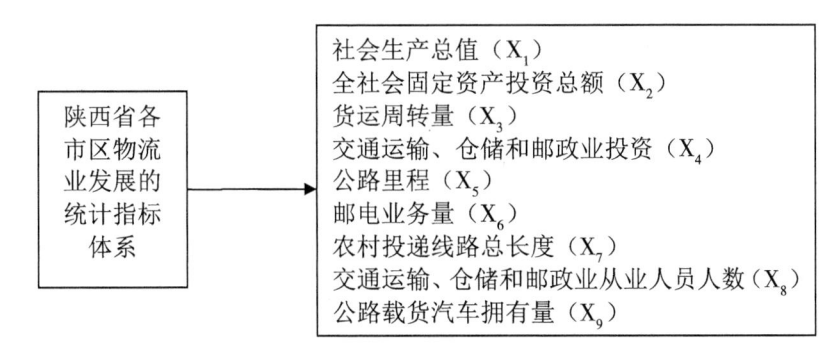

陕西省各市区物流业发展的统计指标体系 →
- 社会生产总值（X_1）
- 全社会固定资产投资总额（X_2）
- 货运周转量（X_3）
- 交通运输、仓储和邮政业投资（X_4）
- 公路里程（X_5）
- 邮电业务量（X_6）
- 农村投递线路总长度（X_7）
- 交通运输、仓储和邮政业从业人员人数（X_8）
- 公路载货汽车拥有量（X_9）

图3-18 陕西省各市区物流业发展的统计指标体系

表3-5 陕西省各市区物流业发展现状评价指标

指标 市区	X_1 （亿元）	X_2 （亿元）	X_3 （万吨/公里）	X_4 （万元）	X_5 （公里）	X_6 （万元）	X_7 （公里）	X_8 （人）	X_9 （辆）
西安	2724	2500	2111236	1091925	12378	2756480	9377	51844	106399
铜川	154	88	252828	61253	3427	109259	3243	3693	6190
宝鸡	807	639	594425	855351	14102	484470	10344	11351	13645
咸阳	873	802	1075866	357614	14976	569361	11635	14467	16030
渭南	637	509	2100164	267004	17388	572841	14923	13789	22432
汉中	416	238	420577	220380	14298	357907	11476	8600	9138
安康	275	273	205535	208815	19458	263899	14852	4589	4159
商洛	224	220	40882	364071	11759	179861	11469	4695	926
延安	728	557	441246	426797	14337	331208	11567	8263	7167
榆林	1302	850	3066570	1037651	21986	760191	24198	9002	27384

数据来源：根据《陕西统计年鉴》（2010）相关数据整理计算得来。

表3-5中列出的物流业评价指标的统计数据，彼此之间存在一定的相关性，会使所反映的信息重叠，造成问题分析的复杂性。可通过因子分析从具有共线性的多个指标中筛选出少数综合指标，通过分析综合存在于各个指标中的绝大部分信息，从而反映陕西省各市物流业发展现状。

利用SPSS统计分析软件对表3-5中的数据进行运算，分析结果见表3-6、表3-7、表3-8和表3-9。

表3-6 特征值与方差贡献表

成分	初始特征值 合计	初始特征值 方差(%)	初始特征值 累积(%)	提取平方和载入 合计	提取平方和载入 方差(%)	提取平方和载入 累积(%)	旋转平方和载入 合计	旋转平方和载入 方差(%)	旋转平方和载入 累积(%)
1	5.958	66.205	66.205	5.958	66.205	69.205	5.721	63.563	63.563
2	2.329	25.875	92.080	2.329	22.875	92.080	2.567	28.517	92.080
3	0.326	3.624	95.704						
4	0.318	3.536	99.240						
5	0.036	0.405	99.645						
6	0.022	0.249	99.894						
7	0.006	0.072	99.966						
8	0.003	0.032	99.998						
9	0.000	0.002	100.100						

提取方法：主成分分析法。

表3-7 旋转前的因子载荷矩阵（a）

	成分 1	成分 2
X_1	0.992	-0.070
X_2	0.977	-0.172
X_3	0.722	0.507
X_4	0.830	0.247
X_5	0.227	0.909
X_6	0.966	-0.223
X_7	0.215	0.968
X_8	0.926	-0.328
X_9	0.960	-0.238

提取方法：主成分分析法，a表示已提取了2个成分。

第3章 区域物流产业发展的现状分析

表3-8 旋转后的因子载荷矩阵（a）

	成分 1	成分 2
X_1	0.977	0.187
X_2	0.988	0.083
X_3	0.569	0.675
X_4	0.739	0.451
X_5	-0.013	0.937
X_6	0.991	0.032
X_7	-0.040	0.990
X_8	0.979	-0.080
X_9	0.989	0.015

提取方法：主成分分析法，旋转法为具有Kaiser标准化的正交旋转法，a表示旋转在3次迭代后收敛。

表3-9 因子转换矩阵

成分	1	2
1	0.967	0.256
2	-0.256	0.967

提取方法：主成分分析法，旋转法为具有Kaiser标准化的正交旋转法。

设两个公共因子分别为F_1和F_2。由旋转后的因子载荷矩阵（a）可以得出，F_1在X_1、X_2、X_4、X_6、X_8和X_9上载荷值很高，即在社会生产总值，全社会固定资产投资总额，交通运输、仓储和邮政业投资，邮电业务量，交通运输、仓储和邮政业从业人员人数，公路载货汽车拥有量上数值较高，相关程度比较低，可命名为物流运作基础因子；F_2在X_5和X_7上载荷值比较高，即在公路里程上，农村投递线路总长度上数值较高，可命名为物流运输空间条件因子。

基于陕西省各市区物流业公共因子的得分，以各公共因子的贡献率为权重，对两个因子进行加权求和，可得出陕西省各市综合得分，具体得分见表3-10。

2) 商洛市物流业发展的因子分析结果

表 3-10 陕西省各市因子得分及综合因子得分

市 区	F_1	排 名	F_2	排 名	F	综合排序
西 安	2.70892	1	-0.51367	9	157.54	1
铜 川	-0.54478	8	-1.75837	10	-84.77	10
宝 鸡	-0.00363	3	-0.10317	5	-3.17	5
咸 阳	-0.01749	4	-0.04654	4	-2.44	4
渭 南	-0.15617	5	0.60175	2	7.23	3
汉 中	-0.49970	7	-0.23321	7	-38.41	8
安 康	-0.75355	10	0.41383	3	-36.10	7
商 洛	-0.63714	9	-0.41446	8	-52.32	9
延 安	-0.28503	6	-0.14840	6	-22.35	6
榆 林	0.18857	2	2.20225	1	74.79	2

通过对表 3-10 进行数据分析，可对商洛物流业水平低这一事实做出进一步解释：商洛物流业发展的综合水平不高，居陕西各市区第九位，各方面实力均不是很强，诸多因素制约着商洛物流业的发展。

商洛市地理区位独特，社会生产总值较为落后，物流有效需求相对不足，政府支持力度等物流运作的基础条件稍显薄弱，表现为 F_1 指标得分居陕西第 9 位，物流市场空间有待进一步开拓；地形较为崎岖，在仓储设施、公路、铁路等运输条件上虽有一定的投入，但还是有着不足之处，具体体现为：F_2 指标得分居陕西第 8 位，还需更多的投资与建设。

3) 商洛市物流业发展存在的问题

总体来看，商洛市、县（区）物流配送体系建设虽然取得了一些成绩，但从因子分析的结果就能发现，商洛物流业现状与区域经济快速发展的形势仍不适应，一方面是物流运作的基础条件不足；另一方面就是物流运输方面存在一些制约因素，总结得出以下五个方面的问题。

（1）没有形成有利于现代物流业发展的政策法规环境

物流的各项作业分属于交通、工商、税收、信息等不同的部门进行管理，各部门制定的众多法规章程很难适应现代物流发展的需求。各部门、各地区间的权利和责任存在交叉和重复，物流过程中难以实现有效的合作与协调，增加了物流成本。现代物流作为一个新兴的行业，政府应如何在政策上予以支持、确立统一的政府管理部门、创新管理方法，目前还缺乏较为明确的规定。

（2）物流建设规划尚未完全落实

物流系统连接着生产与再生产、生产与消费，它的运行需要多行业、多部门、多地区相互配合、分工协作，因此需要较为严格的建设规划来做规范性引导。商洛市之前的物流规划很难适应现代物流发展，而最新的物流规划还在实施阶段，需要一段时间的不断实践与改善，才能形成适合本市自身发展的物流发展体系。

（3）物流需求市场较小，电子信息化程度较低

物流市场上存在着现实需求与潜在需求之间的矛盾，绝大多数物流企业与客户之间的联络还停留在依靠电话和传真水平上，运营成本高，信息管理的手段落后，社会信息网络尚未搭建起来。商洛至今尚未建成一个较完善的物流交换平台，使现代信息技术在社会中的应用缺乏载体，用户不能完全根据自己的需求在互联网上下订单，进行网上选择和支付，也不能对自己的货物随时进行查找、跟踪，供求信息不能及时双向流通。

（4）物流运输效率有待提高

物流企业质量不高，"小、散、弱"的状况还普遍存在，主要业务仍停留在传统领域，大多数现有的物流配送基础设施只能满足小范围、低效率和低水平的物流配送服务，物流配送结点的规模、布局和配送服务范围不合理，配送中心对物流领域新设备、新技术使用相对较少，技术装备水平很低。

绝大多数企业未采用物流的单一成本核算模式，"小而全""大而全"的企业物流运作模式相当普遍，传统制造和商贸企业习惯于自成体系、自我服务，没有认识到发展物流业务外包对降低销售成本和提高企业效益的重要性。大多数企业自营物流业务比重过高，物流业务的社会化比率偏低，直接影响和制约着整个物流市场的需求和发展。

（5）物流人才缺乏

商洛物流行业人才缺乏，特别是既有专业理论基础，又懂信息技术和

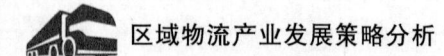

物流管理的人才。一些规模较大的物流企业的人才虽具备一定的文化素质，但与专业的物流人才相比，还存在一定的差距。大多物流公司招聘的人员文化程度相对都不高，多数是边学边干，给物流业的快速发展也造成一定障碍。

3.3.6.3 商洛物流体系建设的建议与对策

物流产业是覆盖全行业的产业，关系到相当地区各个产业的发展。物流业又是资金密集和基础设施相对集中的产业，需要政府的正确引导和大力支持。物流业的营运主体是企业，运营的机制是市场，实现政企分开是物流业健康发展的前提，政府的职能主要是为物流业的发展创造政策环境，旗帜鲜明地破除行业垄断和地方壁垒，致力于建立开放的、有序的、公平竞争的物流大市场，具体的行业规范和标准可以由中介机构来制定，充分调动企业的建设积极性。基于以上认识，商洛发展现代物流业必须结合本市的经济现状与城市发展目标，制定发展规划，按照"政府推动、企业主体、市场运作、循序渐进"的原则，通过市场化运作，培育市场竞争力强的物流龙头企业和培养现代物流人才。

（1）创造现代物流发展的良好环境

商洛物流业的发展离不开政府大力支持，离不开完善的宏观环境和外部环境。从发达地区的物流发展经验看，政府在物流建设中的推动作用主要在于加强和完善物流法律、法规建设；加大与加快对物流人才的培养；采取积极财政政策、税收政策、金融政策等，鼓励和加强信息基础设施建设、物流基础设施建设；为物流企业及其相应的服务企业在跨地区经营的办理证照、工商登记、统一纳税、交通管制等方面创造良好的经营环境；扶持、引导物流企业及其相应的服务企业改善物流设施、引进先进装备，进而提高物流服务水平和物流绩效；积极鼓励和扶持有一定基础的大型货运企业或储运企业完善服务功能，实现向物流服务企业的转变，推动第三方物流服务市场的形成；健全社会保障和就业机制，鼓励生产性和流通性企业更多地使用社会化物流，在提高经济效益的同时提高社会效益。对于商洛来说，市一级不具备立法权，因此政府的作用主要是对物流布局进行统筹规划，在城市建设规划中对物流基地进行合理布局，在项目安排上争取把一些物流项目确立为国家重点项目，切实按照国家经贸委等六部、委、局联合印发的《关于加快我国现代物流业发展的若干意见》要求，通过创造良好的政策环境，鼓励传统的运输、仓储、物资、货代企业向现代物流企业转化；鼓励各行各业推广应用现代物流管理和技术，实现主辅业有效分离；鼓励采用多种形式促进现代物流业的对外开放，从而增强商洛物流企业在国内外市场的竞争力。

从实践层面看，商洛物流业在起步阶段，政府通过招商引资引进了一批大型连锁超市及物流企业，在西安、南京、武汉及本市部分县区培育了一批农特产品配送中心，以"万村千乡"市场工程为抓手建立了相对完备的农村现代物流网络，在整治公路营运环境、构建农产品"绿色通道"方面出台了一系列政策措施，为物流建设建立了良好的开端。2009年，商洛市政府下发的《关于进一步加快服务业发展实施方案》，对城乡流通网络建设和推动物流产业发展发挥了积极作用。在实施"关中—天水"经济区战略规划、加快物流建设的关键时期，政府要继续采取有力的扶持政策，为商洛物流建设营造良好的环境。采取积极的财政政策、税收政策、金融政策等加快物流业的发展，为物流企业、物流服务企业在跨地区经营的工商登记、办理证照、统一纳税、交通管制、进出口货物查验通关等方面创造良好的经营环境。一要加强规划引导。发达国家在城市建设过程中，一般要对未来物流建设用地事前预留，在城市建设过程中扶持物流企业自主建设。我国对大型公共设施一般采取国家建设的办法，但在城市建设前也要预留土地。因此在推进"商州—丹凤"一体化过程中，商洛要充分考虑现代物流对城市的要求，做好产业规划、物流规划、交通规划、消费设施规划和生态环境规划的一体化，预留物流园区建设用地，注意城市建设与物流发展的相辅相成，力求建成一片、繁荣一片；二要加强政策扶持。2011年1月，"关中—天水"经济区内西安、宝鸡、铜川、咸阳、渭南、杨凌、商洛、天水八市（区）工商管理部门率先签署了《关中—天水经济区工商行政管理协作备忘录》，对进入本地区的其他成员方的商品和服务，实行同等待遇，着力消除限制商品流通的地区障碍，在推动经济区市场合作开放、促进经济区企业合作发展、加强经济区商标行政保护协作、加强经济区广告监管协作、加强经济区消费者权益保护协作、加强经济区市场监管和行政执法协作六大领域，建立了协作机制和网络信息共享平台。金融业也出台了支持"关中—天水"经济区商洛区域发展指导意见，要求辖

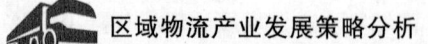

区各金融机构加大对商洛经济区的支持服务力度，预计到2020年末，全市金融机构存款余额达到2280亿元，年均增长20%。贷款余额达到1160亿元，年均增长23%。面对这样的局面，政府要借势引导，鼓励支持市级和省级职能部门驻商单位出台支持政策，加快商洛物流产业发展；三要加强鼓励引导。积极鼓励和扶持有一定基础的大型物流企业完善服务功能，推动第三方物流服务市场的形成。整顿和规范物流市场，积极引导物流单位合法经营，促使商洛物流产业实现健康、有序、可持续发展。

（2）制定实施商洛物流建设规划

物流涉及生产、流通、消费及后消费领域，涵盖了几乎全部社会产品在社会上与企业中的运动过程，是一个非常庞大而且复杂的领域，涉及面非常广泛。因此，物流建设只有制定实施统一的发展规划，才能把区域物流发展纳入到有序的轨道，防止出现低水平的重复建设，有效地利用资源。商洛市一级的物流规划，包含两个层次，一个是着重于地区物流基地、物流中心、配送中心三个层次的物流节点以及综合的物流园区规模和布局的整体规划，一个是物流企业建设的局部规划。从整体规划而言，物流园区要体现科学布局原则，依托交通枢纽，配套建设仓储配送设施和物流公共信息平台，形成物流中心；围绕物流中心，突出信息化、标准化，强化市县两级物流设施建设；强化专业物流企业发展，通过政策支持，培育一批本地有规模、有竞争力的物流企业，使其在速度上、成本上、管理上占据竞争优势，充分发挥在商洛物流中心建设中的主体作用。商洛结合"五大商药"基地和绿色农产品基地建设，已在市区东店子建成了占地256亩的商洛农特产品物流中心，园区集"交易、配送、会展、仓储、流通加工、信息处理"六位一体，成为陕南农特产品交易量最大、设施最完备、技术最先进的批发市场，也是陕南最大的农特产品集散中心、物流配送中心和最大的农产品产业园。但客观地说，该园区地处市区，发展受到很大制约。未来商洛物流园区建设的理想之地，应是从沙河子镇为中心的广阔区域，更能发挥土地广阔和毗邻火车站、高速路出口的优势，发挥其地处"商州—丹凤"循环产业园区中心位置的作用，以沙河子物流园区为中心辐射县区发展。在加强物流园区建设的同时，要积极发展第三方物流，进一步完善市场体系，建设物流信息平台，带动人流、物流、资金流、信息流向商洛汇集，构建快进快出的现代化流通体系。加强七县区城乡商业网点和农副产品交易中心、批发市场建设,继续实施"万村千乡"等农村商贸工程,积极发展连锁经营、仓储式超市等新型流通业态,形成以沙河子物流园区为龙头,七县区配送中心为骨干,覆盖城乡的商洛物流体系。

对于物流园区、物流企业具体规划而言,影响区位选择的因素很多,而且不同类型、经营不同产品的配送中心对区位因素的考虑也会不同。一般来说,吸引配送中心选址的主要因素为靠近市中心和交通主干道出入口、区域地价较低、可达性好、有数量充足且质量较高的劳力。至于配送中心的占地规模,并无特别严格和统一的标准,是由其所服务市场的需求量的大小、运输距离与费用以及配送中心的经济规模等因素综合决定的。制定物流发展规划要参考、借鉴国外经验,更要结合本地区实际,综合考虑空间服务范围、货物需求量、运输距离与成本、规模效益等多方面因素。

(3)努力扩大市场需求,大力改进物流管理技术

商洛市"十三五"发展规划提出,要加快构建现代产业体系,全力打造全国现代材料工业基地,使商洛成为"关中—天水"经济区新的经济增长极。一是以有色金属、钢铁、化工材料及制造业和高新技术产业为重点,大力发展现代材料产业,打造与关中制造业优势互补的新材料示范基地;二是以"五大商药"开发为重点,建立健全中药材良种繁育、规范化种植、新药研发和药品营销体系,打造西北地区最大的中药材规范化种植和中药研发加工基地;三是以商洛核桃、板栗、茶叶等标准化基地建设为重点,加快培育壮大农业产业化龙头企业,形成一批商洛绿色品牌产品,打造优质绿色食品加工供应基地;四是以金丝峡、牛背梁、天竺山、木王山四大国家级森林公园开发为龙头,加快建设仙娥湖旅游度假区,大力发展生态旅游业,打响"秦岭最美是商洛"品牌,打造秦岭最佳生态旅游目的地;五是以新能源、节能环保等产业为重点,积极引进高端企业和高新技术,着力培育战略性新兴产业;六是以发展文化、物流、金融、会展等服务业十大工程为重点,逐步建立布局合理、功能完善、特色鲜明的现代服务业发展体系,全面提升服务业发展水平。其中工业经济主要是以"商州—丹凤"循环工业经济园区为核心,以县域工业集中区为辐射,加快建设国家级循环经济示范基地,建成一批省级循环经济园区。大力推进十大循环产业链和循环经济20个标志性工程建设,改造提升100个循环经济骨

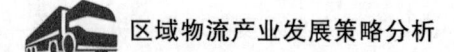

干企业，促使太阳能光伏、高储能电池、氟化工、钼材料、钒材料、锌冶炼等十大产业集聚体发展，努力把"商州—丹凤"园区建成全省乃至全国循环经济示范园区，建成"全国知名、西部一流"，与关中制造业优势互补的全国现代材料工业基地，把现代材料工业打造成"关中—天水"经济区新的经济增长极和商洛经济的"航空母舰"，使增加值占全市工业增加值的比重达到80%以上。这些产业集群和产业基地的建设必然会带动物流业的发展，促使物流业逐步规范和结构升级。

应当看到，现代物流业的发展需要市场供需双方共同发展。因此，政府在做大产业蛋糕时，也要大力扶持、宣传、鼓励，引导社会各界认识和接受第三方物流，围绕产业发展培育为现代材料工业服务的大件物流集群、为循环经济服务的区域内部物流集群、为商洛旅游服务的旅游物流集群、中药材和农产品深加工服务的农产品冷链物流集群、为快捷需求和零星需求服务的小件快递物流集群和零担物流集群等，从而扩大专业化物流服务市场需求。要倡导企业进行物流成本单一核算，方便与第三方物流服务做对比，认识发展物流业务外包对降低销售成本和提高企业效益的重要性。同时，引导专业批发市场发展深加工、专业配送等服务，努力开拓农村物流市场。要充分利用区域网点，重点做好农村农产品的生产、加工、储存和运送等物流工作，使物流能更好地服务于农产品的流通，从而将农民的更多精力和资金集中在发展特色农业、精品农业上，促进农业产业结构升级。

据了解，目前使用第三方物流的企业，部分客户对物流服务还有不满意的地方，主要是由于区域性和经营范围的限制、规模化程度不够以及经营手段不够先进、储运等方面的基础服务效率也不高、装备较为落后。因此，政府要积极支持物流企业大力改进管理技术，提高服务能力。一要加快建立起集成化的物流管理信息系统。以提高需求预测程度、促进信息共享为目标，积极引入和使用网络技术、EDI、人工智能、条形码与POS等各种先进信息技术，真正实现物流信息的商品化、物流信息收集的数据库化和代码化、物流信息处理的电子化和计算机化，为一体化物流的实现提供信息与技术支撑；二要大力改善基础装备。在积极发展物流业的同时，大力推广计算机、信息技术，发展专用车辆、先进的装卸、仓储技术等，提高装备水平；三要加快物流信息平台建设。现代物流业的一个基本特征就是基于互联网和电子数据交换平台的物流信息和电子商务服务,其运作首先要有物流信息平台。要加快建设高效便捷、功能完善的物流信息服务体系,增强物流信息的收集、处理及运作。通过这个平台,物流链上货物运输企业、加工贸易企业、流通领域企业、海关、税务、银行等单位和部门都可以连接起来,实现物流信息、物流功能的共享。

(4) 着力培养物流配送企业

高效率、合理的物流配送体系离不开专业化、信息化、规模化和社会化的现代物流配送企业。物流配送企业的培育主要是组建现代化物流配送企业,组建的方式是对现有的从事物流配送的企业实施整合改造,改造中要发挥现有运输、仓储、批发类和连锁类企业等潜在的资源和网络优势,以整合、改造为主线,发展壮大现代化的第三方物流配送企业。采取的措施包括选择具有较强实力的传统运输、仓储、批发类和连锁类企业,采取兼并、联合、入股、控股等方式调整经营结构和经营方式,通过增添集装箱牵引车辆、冷藏货物配送车辆、散装货物配送车辆和专门运送液态、气态、颗粒状货物的特种专用车辆,提高配送车辆中特种、专用车辆的比例,加快实现配送车辆的厢式化进程。加强配送企业的信息化建设,通过物流配送管理信息系统完善储存、分拣、装配、条码生成、集货配送等功能。在整合现有物流配送企业的基础上,再通过合资、独资等形式积极引进一批高水平的国内外第三方物流配送企业,逐步发展信息化、专业化、规模化的物流配送企业。制定物流配送政策的主要目的是为物流配送网络建设和物流配送企业培育提供政策保障和支持,以保证物流配送网络建设和物流配送企业培育进程顺利实现。

当前,商洛物流配送企业较少,发展处于初级阶段。政府要采取有效措施大力扶持,促进物流企业逐步壮大。具体地说,就是要出台支持物流配送网络建设的政策,其保障措施包括配送节点建设和配送通道建设的政策保障措施。其中,配送节点建设的政策保障措施主要包括确定建设主体和投融资体制、出台建设配送节点的有关优惠政策、出台建立物流配送标准化体系的有关措施等;配送通道建设的政策保障措施主要是出台配送通道建设的有关优惠政策以及交通管理的组织和优化。出台支持物流配送企业培育的政策,主要是建立规范的物流配送市场管理体制,包括直接管理和间接管理两种方式,直接管理包括鼓励政策、限制政策、准入政策等,

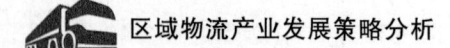

间接管理包括各种金融政策、税收政策等宏观调控手段。由于商洛现阶段物流配送还处于起步阶段，不能鼓励一哄而上，要适当加以限制。对物流配送企业的准入管理应以限制为主，提高技术资格的要求限制，注册资本的要求限制、技术人员的要求限制等，以改变物流配送市场在低水平服务的层次上恶性竞争的局面，给资质等级较高的配送企业创造进一步发展的利润空间，促进物流配送企业开展增值性的物流配送服务。

（5）加快现代物流人才的开发培养

物流是企业第三利润源，而人力资源是企业的第二利润源。高素质的物流人才队伍在整个企业价值创造过程中具有不可替代性。从某种意义上说，评定行业物流建设水平的一项重要指标就是物流人才队伍的综合素质。打造一支一流的物流人才队伍，可以有效提高物流运行效率、降低物流成本、提升服务质量，切实增强广大客户对现代物流服务的满意度，有利于打造优质、高效、低成本的现代物流体系。

现代物流建设离不开专业人才的支撑，要按照"以人为本、人才强企"的战略，努力打造精干、专业、敬业的现代物流人才队伍。符合现代物流发展要求的人才队伍分三个层次，即制定物流发展规划的高层管理人才队伍、负责工商物流运行管理的中层管理人才队伍、确保物流正常运行的基层员工队伍。建设这三支人才队伍，要打造具有前瞻性、能够统领发展规划的高层管理人才队伍，打造精于管理、具有较高执行力的中层管理队伍，打造精干高效、敬业奉献的基层员工队伍，为实现现代物流可持续发展提供有力的人才保障，不断提高现代物流运行水平。

物流企业发展所需要的人才，不在于有多少"老经验"，而是要有"新意"。目前社会上现成的物流人才不少，但熟悉信息业务、金融和具有经营管理新理念的人才不多。要根据现代物流发展规划的需要，通过人才市场选聘或者与科研部门、高校联系合作等途径，有选择地引进高端人才，通过临时聘用、技术合作、技术外包等形式聘用各种人才。采取多种形式加速现代物流人力资源的开发与培养，建立行之有效的人才引进机制和对优秀人才的奖励机制，吸引一批优秀物流人才落户商洛。对于物流企业来说，还要重点做好以下几方面工作：一是要重视职业道德教育，培养物流人才队伍的爱岗敬业精神，做到干一行爱一行、爱一行专一行，让工作成为广大物流职工快乐的源泉；二是要推行人性化管理，尊重、关心、爱护物流职工，切实提高物流职工对企业的认同感、归属感，充分激发其工作主动性和积极性；三是要狠抓职业培训，提升队伍专业水平。积极开展物流岗位技能鉴定和岗位达标活动，全面推进物流管理标准化建设。明确岗位职责，梳理工作流程，确定工作标准，强化过程控制，注重绩效考核，充分挖掘物流人才队伍的潜能；四是要注重物流管理队伍建设，提升物流管理水平。在抓好基层物流队伍建设的同时，也要抓好物流管理队伍的建设，努力打造一支懂技术、会管理的人才队伍；五是要丰富物流职工的文化生活，激发队伍活力。要结合物流工作实际，适时开展丰富多彩的文体活动，丰富职工的业余文化生活，展现职工的风采，增强他们的团结协作精神。

第4章 "新丝绸之路"经济带物流基础设施的效率分析

4.1 系统动力学方法模型概述

4.1.1 系统动力学

系统动力学（System Dynamics，SD），将系统科学理论和计算机仿真相结合研究其反馈结构与行为[89]。20世纪中期由麻省理工学院的Forrester教授创立，主要研究系统内部的结构以及反馈机制，其中变量间的反馈关系的合理性以及模型结构的正确性显得格外重要。如果结构流程图能够确定，即可分析模拟，但是参数取值精确度没有太大限制。因此，即使缺少历史数据，也可以用系统动力学方法进行研究。用系统之间各因果关系的结构模型，进行试验和计算，来模拟系统在未来发生的一系列动态行为，将定性和定量分析相结合。在不同情况和政策下，使用SD模型进行模拟实验，根据这种方法提出相对应的优化措施。

4.1.2 SD模型变量

系统动力学模型是根据系统动力学原理构建的数学模型，用的是专用语言（dynamo），在建立系统动力学模型的过程中，首先要建立系统动力学流程图。

流是对系统中的活动或行为进行描述。流可以分为商流、物流、货币流、人流及信息流等，用带有符号的有向边描述。通常情况下，流可以分为实体流（实线表示）和信息流（虚线表示）两种。

水准是实体流的积累，用矩形框表示，反映系统中子系统或要素的状态，例如，人口数、库存量及库存现金等。水准的流分为流入和流出，水准的变量是朝着相应方向变化的。速率也称流率，在系统动力学中速率变量相当于决策函数，表述系统中随时间变化的活动状态，例如，人口的出生率、死亡率，物资的出库率、入库率等。

参数是系统在一次运行过程中的一个定量，参数一旦确定，在同一仿真试验的计算过程中就是一个常量，保持不变，例如，调整生产的时间，计划满足缺货量的时间。

辅助变量是用于简化速率变量方程的，便于理解复杂函数，是一种在系统动力学方程中经常使用的变量。

源相当于供应点，是流的来源；汇相当于消费点，是流的归宿。

信息的取出。信息取自于速率、水准等处，用带箭头的虚线表示，键尾的小圆表示信息的接收端。

流程图常用符号如表4-1所示。

表4-1 Vensim模型流程图符号列表

变量名	符号
水准	L
速率	
物质流/信息流	
源	
辅助变量	
参数	

4.1.3 系统动力学处理问题的过程

①提出问题：明确构建模型的目的。在这部分需要考虑及解决的问题主要包括：通过收集有关信息和数据，确定所要解决问题中的主要矛盾与基本矛盾；明确影响问题的关键因素是什么，确定主要变量；规划系统界限，找出研究所需要的外生变量、内生变量以及输入量。

②行为模式分析：分析整个系统的发生事件和真实发生的行为模式并提出假设的系统行为模式，作为改善和调整系统结构的目标。在这部分需要考虑及解决的问题包括：划分系统层次及子块，分析系统反馈模式，绘

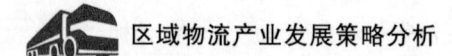

制因果回路图。

③建立模型：从假设出发设计出系统流图并且进行方程计算，然后定义参数，从而将一系列的假设表示成暗含数学关系的集合。这部分需要完成的工作有：在整个系统中确定需要的各种变量，在变量间建立数量关系，同时引入外生变量和常量等；对没有线性关系的变量根据需要设计函数，确定或估计各种变量在数量关系中所需的参数。

④模型模拟：运行模拟模型，并且在运行时需要对参数值进行调整。模型构建完成后，需对其准确性进行检验，检查其是否能科学地反映系统的实际情况，以及其对未来行动预测的可信度。在该部分需要对模型进行结构检验和行为检验等测试，只有通过测试的模型才是合格的系统模型。

⑤模型检验与评估：建模的最终目的是能模拟现实状况进而指导未来行动。所以要在构建模型后对其进行检验，同时要根据实际情况进行政策设计、模拟与评估。首先运用系统动力学理论，深入研究系统问题，积极寻找解决问题的对策，根据实现进行政策设计；其次将设计好的政策在模型中实施检验，并观察检验结果；最后对政策进行评估。

4.2 "新丝绸之路"经济带系统动力分析

4.2.1 系统分析

（1）明确建模目的

通过建立"新丝绸之路"经济带经济和物流基础设施系统动力学模型，明确物流基础设施对经济带的经济发展产生的影响，在此基础上对经济发展进行物流业的分析，最终实现两者之间相互作用理论的确立。通过系统动力学仿真功能的使用，对"新丝绸之路"经济带和系统中的现代物流基础设施进行模拟，将两者之间的关系可视化。最终根据以上理论提出仿真结果以及促进经济带合理、有效的可行性政策建议，并且以此促进物流基础设施协调发展。

通过对"新丝绸之路"经济带经济发展与物流基础设施建设的系统动力学模型的构建，物流基础设施对"新丝绸之路"经济带的经济影响，分析物流产业对经济发展的影响，并对其影响程度进行确认。运用系统动力学仿真模拟功能，在系统中对"新丝绸之路"经济带经济和现代物流基础设施建设现状进行模拟。最终在模拟之后分析得到促进经济带经济和物流基础设施建设协调发展行之有效的政策建议。

（2）确定系统边界

事物具有的普遍联系性和系统研究范围的有限性，使得确定系统研究的边界在保证系统的研究效果中显得十分重要，其中影响研究的因素繁多，我们应该将与建立模型的目的相关的主要因素列入系统边界，从而将对系统影响较小或与研究目的之间的关系很小的因素排除在系统边界之外。"新丝绸之路"经济带经济的发展和物流基础设施的建设之间关系系统是一个非常庞大的系统，影响这个系统的因素也有很多，但是对它们两个关系的主要影响变量却是十分有限的。根据研究的实际需要和数据的容易获得性，本章对这个系统的边界进行了确定：

①"新丝绸之路"经济带经济发展子系统：经济的发展涉及 GDP 增长和产业结构调整，由于本书研究的重点在于物流基础设施与经济之间的关系，因此经济的增长速率主要由物流供给量的增加所导致。

②物流设施子系统：物流业发展的经济影响因素繁多。本章研究内容集中在经济带经济发展所带动的物流业发展问题，从物流需求量与供给量两个方面进行展开分析。虽然人口规模因素也可能影响物流需求的变化，但由于系统的有限性，在本章中暂不考虑。经济发展刺激物流需求产生，同时政府也会通过物流交通运输里程的增加，对运输工具、物流政策、人力资源以及基础设施建设的投入来提高物流供给量。

（3）选择系统变量

物流业的发展和经济发展系统之间的重点研究对象是它们之间的相关性，在"新丝绸之路"经济带经济发展系统中只将物流业基础设施建设对经济增长的作用列入考虑范围之内，物流供给量的增加是衡量经济增长的主要因素，而物流差异则是阻碍经济增长的主要因素。

经济带经济发展因素是物流产业的基础设施建设的主要考虑对象，根据前文相关分析，物流需求量的影响因素以市场规模、消费水平及固定资产投资为主；物流供给量的影响因素以交通运输里程、运输工具数量、物流基础设施建设支出及人力资源等为主[122]。在物流需求之中，基于数据的易得性，货运完成量被选为市场规模的量化指标。除此之外，基于数据的易得性原则和文献研究，本章中使用固定资产投资额来表示固定资产投资水平。在物流供给方面，交通运输里程理论上应包括公路、铁路、航空、水路及管道五个方面的内容，但是考虑到实用性和可行性，结合经济带五省份涉及的具体情况，公路、铁路、水运网络里程被选作运输里程量化指标。除此之外，将文献研究中使用的指标作为指标选取的范围，基础设施建设支出指标选用基础设施建设投资额，人力资源量化指标选用物流管理人才系数。综上所述，图4-1所示为系统涉及的主要变量和量化指标。

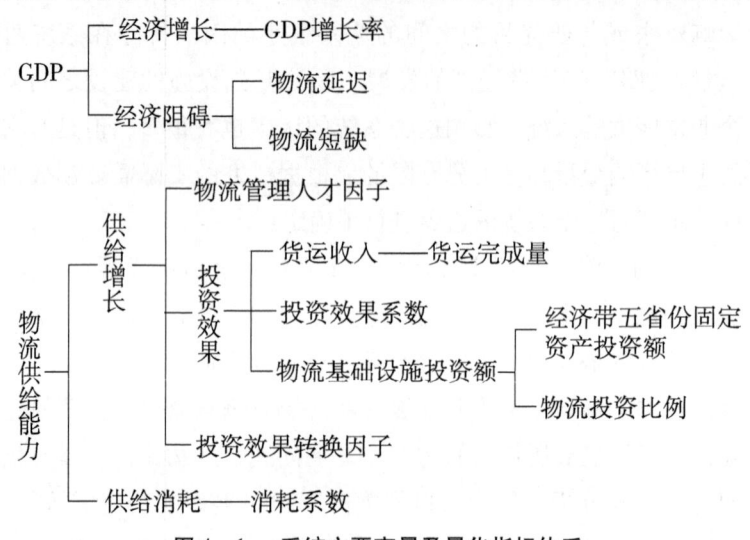

```
              ┌─经济增长──GDP增长率
       GDP ───┤
              │                ┌─物流延迟
              └─经济阻碍────────┤
                               └─物流短缺

              ┌──────────物流管理人才因子
              │
              │          ┌─货运收入──货运完成量
              │          │                        ┌─经济带五省份固定
       供给增长┤─投资效果─┤─投资效果系数           │  资产投资额
  物流         │          │                        │
  供给 ───────┤          │─物流基础设施投资额─────┤
  能力         │          │                        └─物流投资比例
              │          │
              │          └─投资效果转换因子
              │
              └─供给消耗──消耗系数
```

图4-1　系统主要变量及量化指标体系

4.2.2　因果反馈图

通过分析"新丝绸之路"经济带中涉及现代物流的众多元素，创建与经济建设协调发展的系统动力学模型。随着经济的不断发展，物流方面的需求必然呈现上涨趋势，从而导致物流能力匮乏，因此提高物流单位成本，会对经济发展产生阻碍作用；而伴随着经济发展的同时，固定资产投资将对物流供应量产生促进作用，提高物流供应能力和供应水平，进而对经济发展产生强有力的推动作用。由于供应能力增加，物流企业获得更多的物流量，促进其物流供应能力不断加强，并且收入不断增加。

正如前文所提到的，物流设施对经济增长的后续影响效应是通过促进现代物流业发展与完善实现的。物流业发展与经济增长之间具有双向作用关系，本书根据现有研究和经济发展与物流体系的诸多要素构造了现代物流与经济之间的因果关系图，见图4-2。

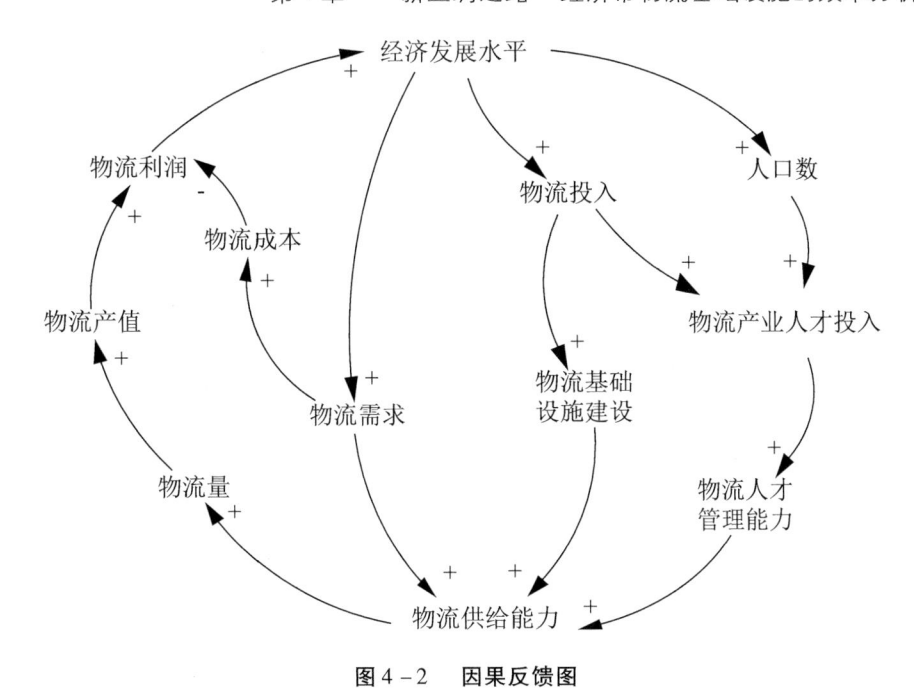

第4章 "新丝绸之路"经济带物流基础设施的效率分析

图4-2 因果反馈图

图4-2中主要的反馈回路有：

①经济发展水平——+物流投入——+物流产业人才投入——+经济发展水平（正反馈）

②经济发展水平——+物流需求——+物流成本——-物流利润——-经济发展水平（正反馈）

③物流供给能力——+物流量——+物流产值——+物流利润——+经济发展水平——+物流需求——+物流供给能力（正反馈）

④物流产业人才投入——+物流供给能力——+物流量——+物流产值——+物流利润——+经济发展水平——+物流人才管理能力——+人口数——+物流产业人才投入（正反馈）

⑤经济发展水平——+物流投入——+物流基础设施建设——+物流供给能力——+物流需求——+物流成本——-物流利润——-经济发展水平（正反馈）

由图4-2看出物流业对于经济增长的促进作用显著增长。同时，经济的增长也带给物流业反馈作用。通过对物流与经济间的反馈链的分析我们可以看出，物流基础设施的建设对于经济的增长具有不可或缺的作用。

4.2.3 系统流程图

本书系统动力学分析使用 Vensim 软件为平台,在对物流与"新丝绸之路"经济协同发展进行细致分析的基础上,建立了系统流程,见图4-3。

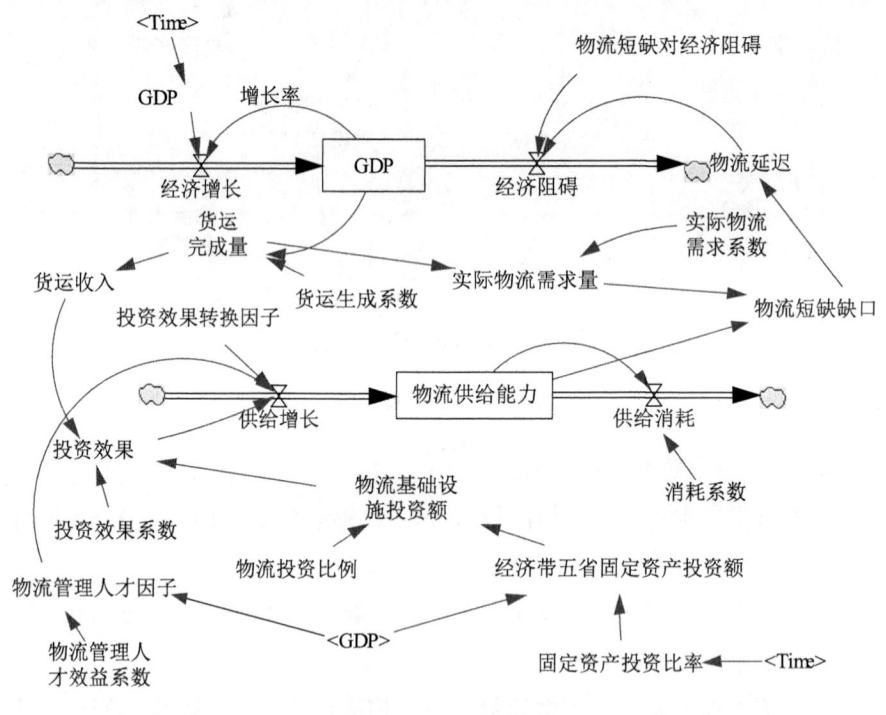

图4-3 系统流程

4.2.4 模型变量及方程

(1) 模型变量

表4-2 变量名称及含义

	变量名	含 义
状态变量	GDP 物流供给能力	国内生产总值 物流货运供给量
表函数	固定资产投资比例表函数 经济增长率	固定资产投资占 GDP 比例的时间序列 经济自然增长率

续表

	变量名	含 义
常量	物流短缺对经济阻碍系数	物流短缺对经济造成的影响程度
	实际物流需求系数	经济水平产生的实际物流货运量与物流货运完成量的比例
	货运生成系数	经济水平与货运量的关系
	投资效果系数	实际发挥作用的投资额的比例
	物流投资比例	固定资产中用于物流投资的比例
	投资效果转换因子	投资转换成供给能力的效率
	物流消耗系数	物流过程中消耗的产品或服务的数量与总投入的比率
	固定资产投资比例	固定资产投资占 GDP 比例
	物流管理人才因子	物流管理人才带来的效益能力的因子
	物流管理人才效益系数	物流管理人才带来的效益占 GDP 的比例
速率变量	物流经济增长	经济自然增长量
	物流经济阻碍	物流对经济产生的阻碍量
	物流供给增长	投资带来物流供给能力的增长量
	物流供给消耗	物流正常活动产生的消耗量
辅助变量	货运完成量	实际完成货运量
	货运收入	物流企业的主营业务收入
	投资效果	投资额中实际发挥作用的部分
	物流基础设施投资额	用于物流基础设施建设的金额
	经济带五省份固定资产投资额	经济带五省份 GDP 中用于固定资产建设的金额
	实际物流需求量	经济水平下产生的潜在和完成的货运量
	物流短缺缺口	实际货运需求量与物流供给能力的差额
	物流短缺延迟	物流短缺缺口对未来经济产生影响

(2) 模型方程

GDP = INTEG (经济增长 - 经济阻碍, 11441)。单位: 亿元。

①GDP 增长率 = WITH LOOKUP <Time, {[(2006, 0.19) - (2013, 0.52)], (2006, 0.19), (2007, 0.2), (2008, 0.23), (2009, 0.08), (2010, 0.24), (2011, 0.23), (2012, 0.14), (2013, 0.12)} >。单位: dmnl (代表无纲量, 下同);

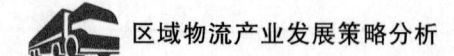

②"<GDP>" = INTEG("<GDP>"，11441)。单位：亿元；

③供给消耗=物流供给能力×消耗系数。单位：亿元/年；

④供给增长=投资效果×投资效果转换因子×物流管理人才因子。单位：亿元；

⑤固定资产投资比率 = WITH LOOKUP。<Time，{[(2006，0.52) - (2013，0.96)]，(2006，0.52)，(2007，0.56)，(2008，0.59)，(2009，0.72)，(2010，0.75)，(2011，0.76)，(2012，0.86)，(2013，0.96)}>。单位：Dmnl；

⑥货运完成量 = EXP[6.2 + Ln(GDP)×货运生成系数]。单位：万吨；

⑦经济带五省份固定资产投资额="<GDP>"×固定资产投资比率；

⑧经济阻碍=物流短缺对经济阻碍×物流延迟。单位：Dmnl；

⑨经济增长=GDP增长率×GDP。单位：亿元/年；

⑩实际物流需求量=货运完成量×实际物流需求系数。单位：万吨；

⑪投资效果=(物流基础设施投资额+货运收入)×投资效果系数。单位：亿元；

⑫物流短缺缺口=实际物流需求量-物流供给能力；

⑬物流供给能力 = INTEG(供给增长-供给消耗，120511)。单位：万吨；

⑭物流管理人才因子="<GDP>"×物流管理人才效益系数。单位：万吨/亿元；

⑮物流基础设施投资额=经济带五省份固定资产投资额×物流投资比例。单位：亿元；

⑯物流短缺延迟=物流短缺缺口1/物流短缺缺口2。单位：年。

4.3 模型拟合与结果分析

4.3.1 参数值确定

以"新丝绸之路"经济带的各项数据进行系统仿真，仿真时间为2006—2013年。对于模型中的各参数，由于影响因素众多，很难得到精确数据，因此，对于这些数据，一般采取结合经验和数学计算的方法进行试

第4章 "新丝绸之路"经济带物流基础设施的效率分析

验寻优。初始值的确定是以基础年的数据为基础，此模型中选用 2006 年的基础资料作为模型基准年资料。模型中所用数据均来源于国家统计年鉴网西北五省份的统计数据计算得出。

4.3.1.1 主要参数取值及说明

表 4-3 主要参数值确定及说明

变 量	说 明
GDP	11441 亿元（2006 年），本章用 GDP 来代表经济发展水平
经济阻碍	假设经济增长缓慢仅由物流短缺引起的取 0.9
经济增长	根据统计年鉴，2006 年的国民经济增长率为 19% 左右，2011 年经济增长率在 12% 左右。经济增长率用表函数表示
物流短缺缺口	货运供给能力不足以满足实际需求量时会产生一定的物流短缺
货运完成量	货运生成系数 0.12 由 GDP 与货运量回归计算得出
实际物流需求量	物流需求系数取五省份平均 0.5
物流供给能力	本书用货运量来表示物流供给能力，取 2006 年 120511 万吨
物流供给增长	由于投资并不能马上转换成供给能力，本书设定投资转换因子为 155 万吨/亿元
消耗系数	根据一般设备的折旧估计而得，取值 0.02
投资效果系数	影响投资效果的因子，时期不同，水平不同，因子也不同，初步设为 0.7
固定资产投资比例	固定资产投资比例由 2006—2013 年统计年鉴计算得出，用表函数表示
物流投资比例	固定资产中用于物流投资的比例取 0.09
物流管理人才效益系数	物流管理人才带来的效益占 GDP 的比例取 0.05

4.3.1.2 其他因素参数确定

（1）GDP 增长率

根据统计年鉴中的经济带五省份各年 GDP 数据制成表 4-4、表 4-5，并计算出经济带五省份 2006—2013 年 GDP 增长率。备注：GDP 增长率 =（当年 GDP - 上一年 GDP）/上一年 GDP。

表4-4　2006—2013年经济带五省份GDP增长率

年份	2005	2006	2007	2008	2009	2010	2011	2012	2013
五省份GDP（亿元）	9628	11441	13701	16887	18269	22722	27915	31844	35680
增长率（%）		0.19	0.2	0.23	0.08	0.24	0.23	0.14	0.12

（2）固定资产投资比例

表4-5　2006—2013年固定资产投资比例

年份	2006	2007	2008	2009	2010	2011	2012	2013
五省份固定资产投资（亿元）	5978	7653	9999	13209	17006	21109	27329	34157
五省份GDP（亿元）	11441	13701	16887	18269	22722	27915	31844	35680
投资比例	0.52	0.56	0.59	0.72	0.75	0.76	0.86	0.96

用表函数表示WITH LOOKUP｛Time，［（2006，0.52）-（2013，0.96）］，（2006，0.52），（2007，0.56），（2008，0.59），（2009，0.72），（2010，0.75），（2011，0.76），（2012，0.86），（2013，0.96）｝。

4.3.2　模型拟合检验

（1）历史数据检验

运行模型（见图4-3），可得各变量的模拟值。将GDP作为检验变量，以2006—2013年的西北五省份数据进行拟合检验。检验结果见表4-6。

表4-6　模型拟合检验（以五省份GDP为检验值）

年份	2006	2007	2008	2009	2010	2011	2012	2013
实际值（亿元）	11441	13701	16887	18269	22722	27915	31844	35680
模拟值（亿元）	11441	13614	16336	19092	21699	26905	33093	36725
相对误差（%）	0	0.63	3.26	-4.5	4.50	3.62	-3.92	-2.93

可看出，2006—2013年五省份GDP模拟值与真实值误差的绝对值均小于5.0%，证明模型拟合较好，该检验结果合理。

（2）参数灵敏度检验

参数灵敏度检验是指对研究中参数值的变化对系统行为的影响程度进行检验。如果参数值改变使模拟行为曲线有比较大的改变，说明该参数是灵敏的；相反，则说明参数不灵敏[36]。

本章以改变固定资产投资比例来检验模型的灵敏度。以预期的研究效果为依据，使用模型来考查增加物流基础设施固定资产投资比例会对国民生产总值产生的影响。现将物流固定资产投资比例在 9%（Current）的基础上增加 5% 达到 14%（Current1），运行该模型，结果见图 4-4。

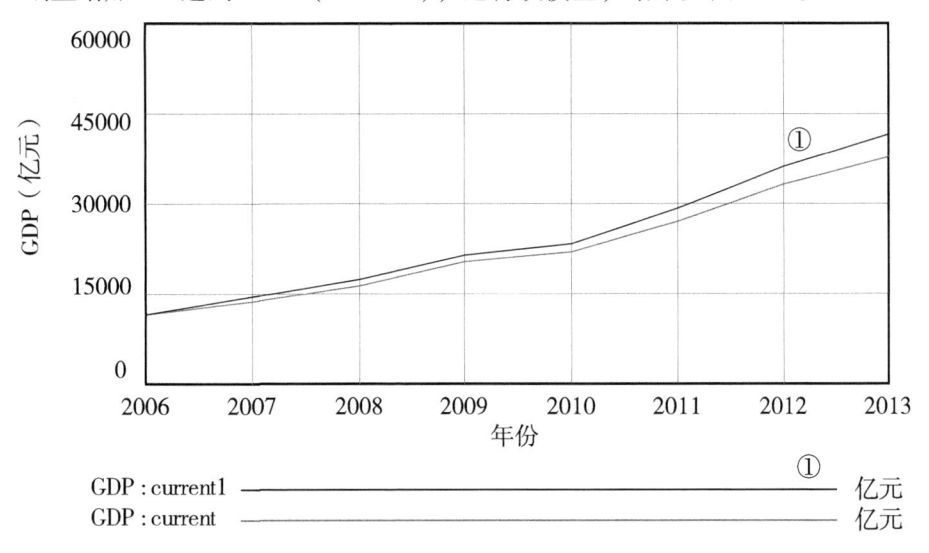

图 4-4　增加物流基础设施固定资产投资比例对应的 GDP

从图 4-4 中可以看出，固定资产投资比率的改变虽使曲线的振幅有所差异，但模型整体趋势并未发生太大改变，表示这个参数不灵敏，那么模型对数据的要求不会非常高，这将对模型的实际应用很有帮助。

4.4　系统仿真及结果

4.4.1　模型运行趋势分析

（1）GDP 趋势

运行模型，从图 4-5 得出经济带五省份 GDP 呈不断增长态势，且增长量逐年上升。2009 年我国政府提出"丝绸之路"经济带概念后，经济带

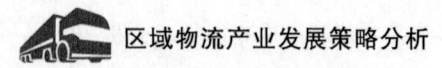

五省份的经济迅速增长。

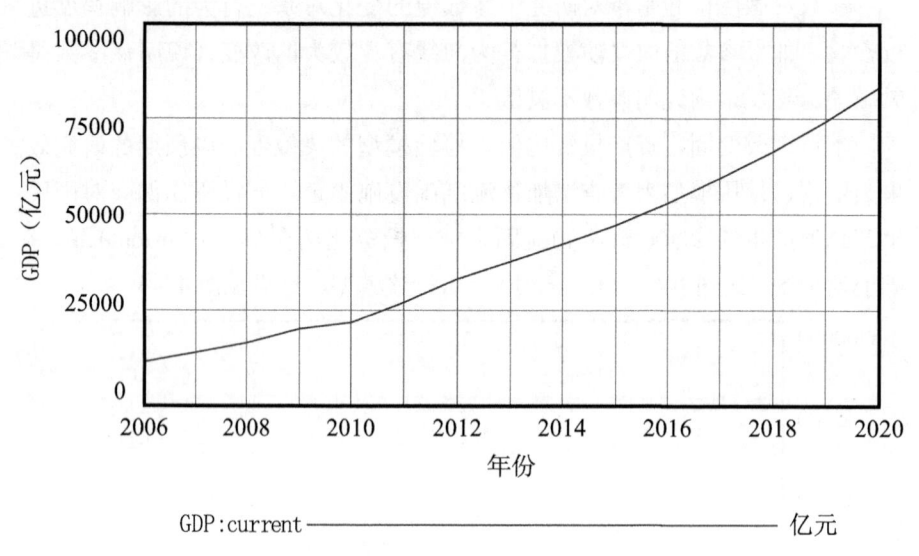

图4-5　经济带五省份国民生产总值趋势图

（2）物流需求趋势

经济带五省份物流的需求会越来越大，这主要是由于经济的快速发展，以及"西部大开发、重走丝绸路"等一系列政策的实施。同时，物流供给水平提高，同样会推动五省份的物流业的发展，见图4-6。

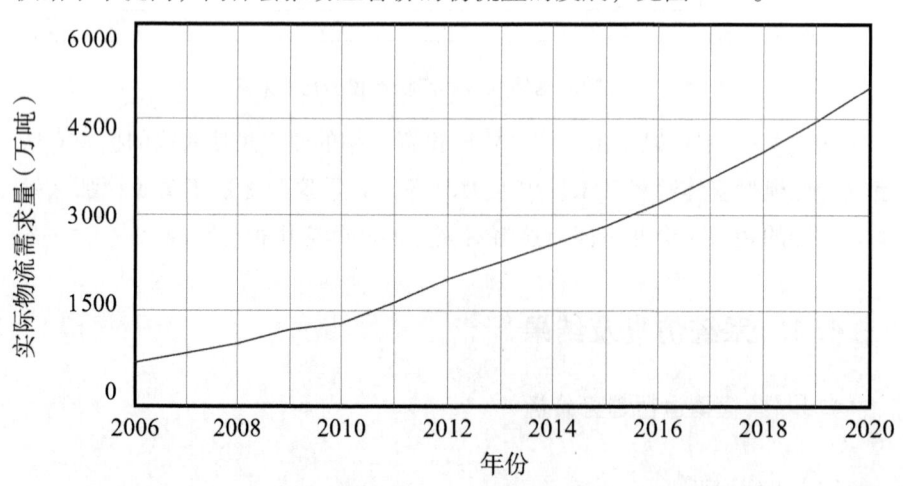

图4-6　经济带五省份物流需求量趋势图

（3）物流供给趋势

经济带五省份物流供给能力不断增加。随着一系列"丝绸之路"经济带政策的实施以及社会对物流需求的不断扩大，经济带五省份物流供给能力不断提高，起到了促进经济发展的作用，见图4-7。

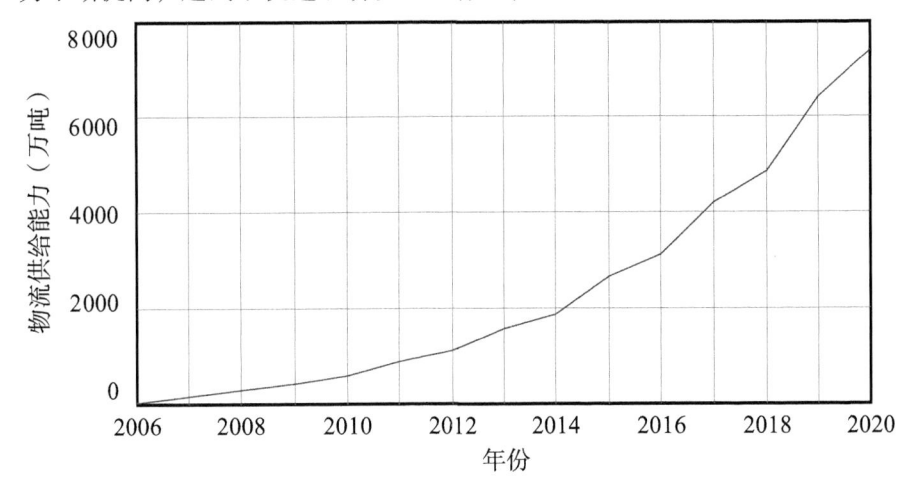

图4-7 五省份物流供给能力趋势图

4.4.2 模型仿真

物流业对经济发展产生的影响可以从以下两个方面进行探究，物流供给能力的提高对经济发展的推动作用以及物流需求增加对经济发展的刺激作用。

4.4.2.1 物流供给能力提高对经济发展所起到的作用

物流供给能力的增减主要通过调节物流供给能力的相关变量（投资效果系数和供给消耗系数）来发挥作用。

（1）投资效果系数

将投资效果系数从初始状态0.7（current）增加为0.8（current1），即投资增加10%，此时，物流供给能力变动情况如图4-8所示。

从系统仿真结果看，增加的投资可有效促进物流供应，物流供应和需求的比例增大，物流的供给能力增大，物流供给增大同时伴随而来的是需求更大,从而带来更快速的经济增长。当物流供给超过了物流实际需求,物流供给能力在这个时候并没有转化成物流的实际数额,物流供应过剩将会阻碍经济的发展。

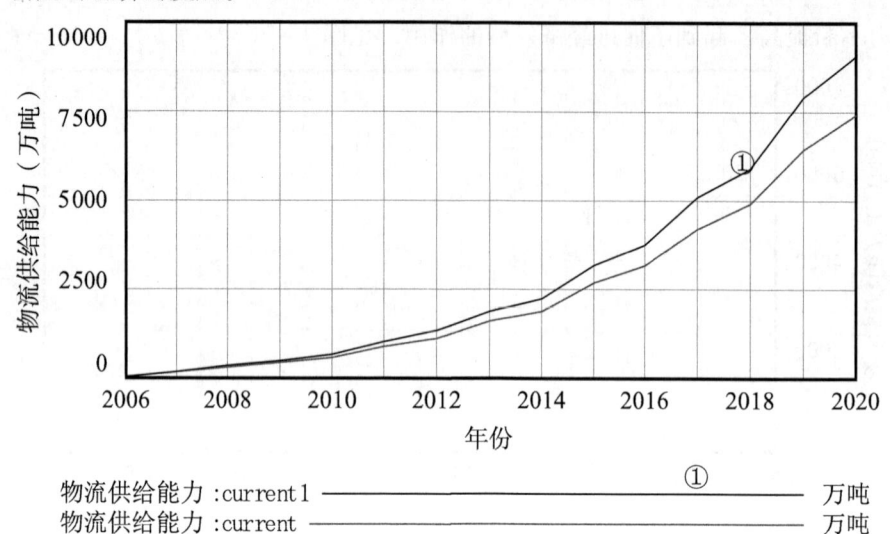

图 4-8 物流供给能力相对于投资系数调整趋势图

(2) 供给消耗系数

将消耗系数从初始状态 0.03(current)增加到 0.13(current1),即消耗增加 10%,此时,物流供给能力变动情况如图 4-9 所示。

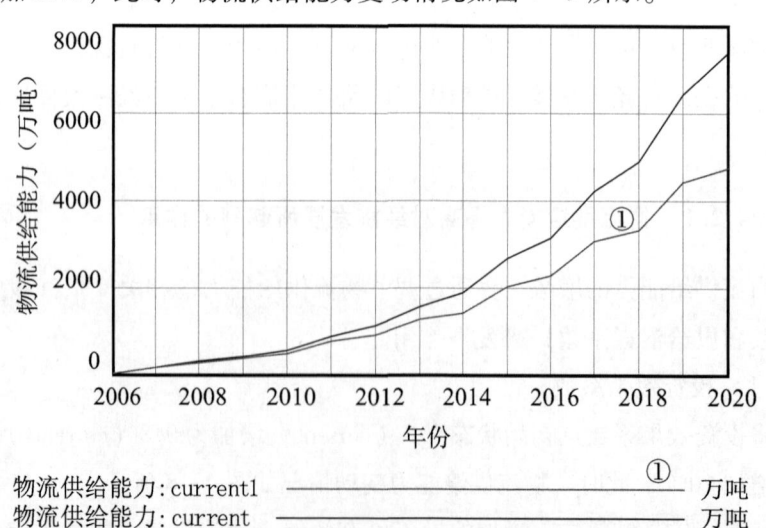

图 4-9 物流供给能力相对于消耗系数的调整趋势图

第4章 "新丝绸之路"经济带物流基础设施的效率分析

分析可得，消耗系数的上涨导致物流供给能力降低 23%。但从整个趋势来看，物流供给量 2010 年之后增速提升加快，这可能与 2009 年提出的构建"一带一路"的倡议存在一定的关系。政府重点关注"一带一路"，从加强物流基础设施的投资建设做起，在 2015 年之后，逐步呈现出一种接近于线性的上升，为未来是否继续加强基础设施建设提供很好的参考。

消耗系数与物流供给能力之间呈负相关关系，消耗系数的提升会降低物流供给能力，物流供给能力的降低对经济发展有十分明显的阻碍作用，总的来说，从经济阻碍与经济增长趋势图来看目前阻碍表现并不明显，见图 4-10。

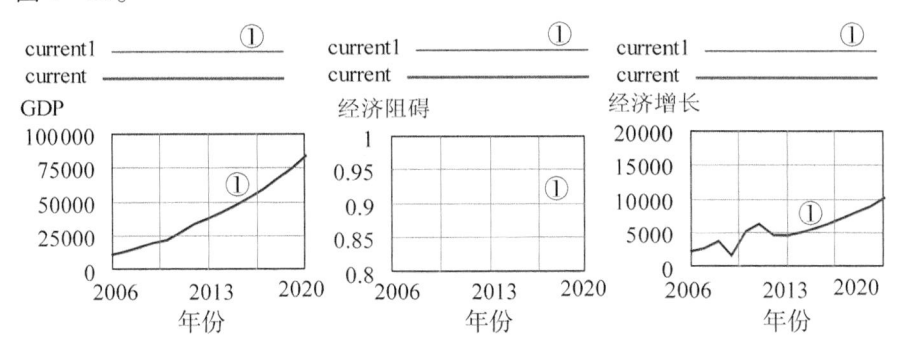

图 4-10 消耗系数对经济影响

从图 4-10 来看，改变消耗系数对 GDP、经济阻碍、经济增长并未产生影响，尤其是对经济阻碍，由于经济阻碍是由经济阻碍系数决定的，因此在阻碍系数不变的情况下改变其他系数，对经济产生的影响不十分明显。

综上所述，物流供给量受投资系数与固定资产的消耗系数双重作用，固定资产投资的上涨趋势会提高经济发展速度，而当固定资产的消耗加速时，则会对经济的发展产生一定的阻碍作用。

4.4.2.2 物流需求增加对经济发展所产生的影响

通过调节物流需求量的影响变量可以实现物流需求的增减。

将实际物流需求系数从初始状态的 0.5（current）调整为 0.6（current1），即需求增加 10%，此时，实际物流需求量变动情况如图 4-11 所示。

根据图 4-11 所得的仿真结果，物流需求系数与物流需求量之间呈现正相关趋势，从而达到物流供给能力转化为实际物流需求量的良好效果，同时物流差异所引起的经济阻碍速率也随之下降，使经济带内 GDP 增加。国内生产总值的提高在一定程度上反而促进实际物流需求量以及物流供给量的提高。综上所述，物流需求的增长对物流供给能力具有强有力的推动作用，能够带动当地经济又好又快发展。

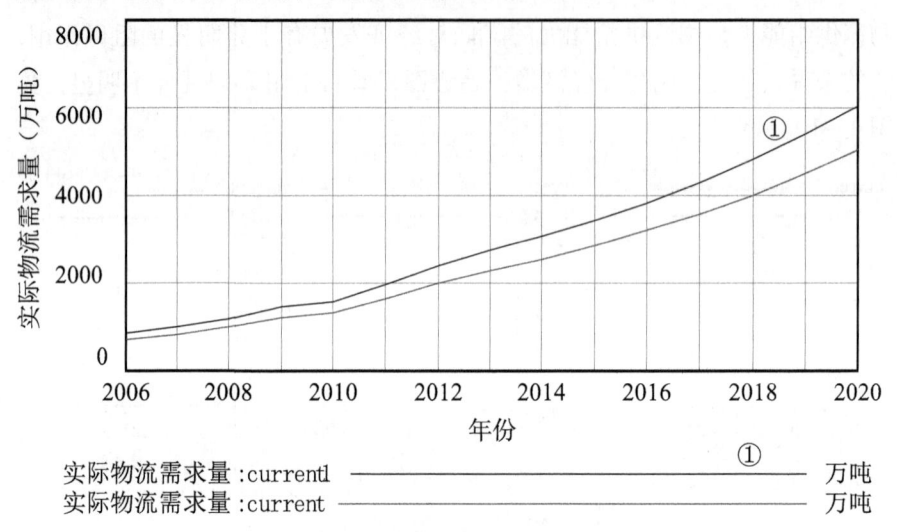

图 4-11　实际物流需求量相对于物流需求系数调整的变化

4.4.2.3　经济发展对物流业的影响

经济发展对物流产业的影响主要从 GDP 增加对物流供给、物流需求的影响来分析。通过调节 GDP 增长率可以模拟经济发展对物流产业发展产生影响的情况。

将经济增长率在初始值基础上增加 0.05，此时，GDP、实际物流需求量以及货运完成量的相关变化状况如图 4-12 所示。

物流需求的增加会伴随着经济的发展，政府和社会可以通过继续加大对物流基础设施固定资产的投资，通过提高物流供给能力来满足当前形势下的物流需求。如果物流供给能力和实际物流需求量一起提高，那么物流供需的平衡值将会增加，物流供给能力能够实际转化为物流需求量，真实发生的物流需求量才能持续增加，同时由于存在实际物流需求量的作用，

第 4 章 "新丝绸之路"经济带物流基础设施的效率分析

物流业的产值将会不断增加。因此，经济的快速发展对物流的供给能力和实际需求量有着很大的提升作用，同时供需平衡数值的增加可以有力地推动物流业的进一步发展。

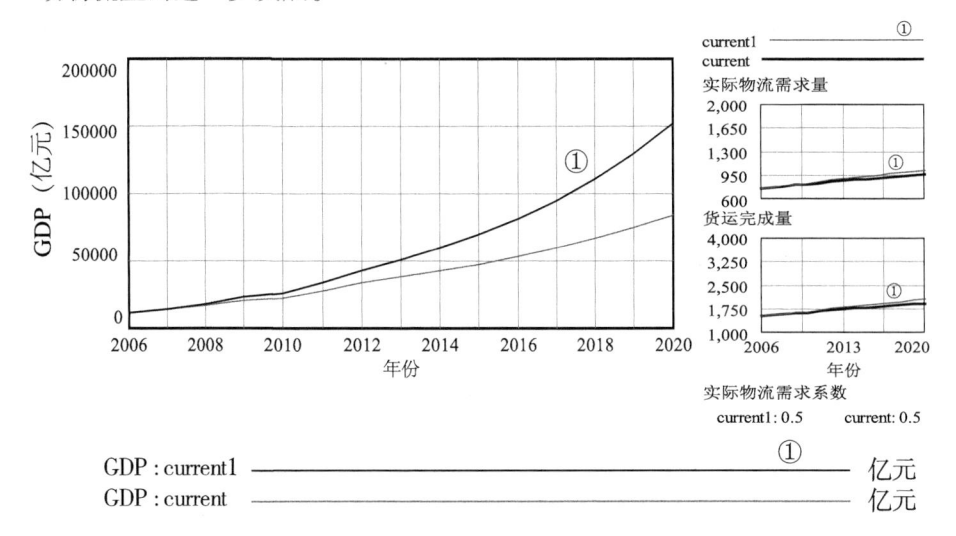

图 4-12 GDP 相对于 GDP 增长率的调节趋势

4.5 结果分析

根据以上图表模拟仿真分析可以得到下面的观点：①物流基础设施固定资产投资额的增加相对于经济发展而言具有非常明显的拉动效果；②虽然物流业基础设施的固定资产设备的投资在短时间内对经济发展所起的影响微不足道，但是在未来的表现将日益凸显。也就是说如果经济发展态势保持平稳增长状态，那么物流基础设施的固定资产投资就会出现累积增长的现象，但是需要一个长期的过程。2006—2013 年，"新丝绸之路"经济带物流基础设施的资金投入和经济增长的发展态势比较平稳，一方面是丝绸之路经济带方面的经济增长给物流基础设施的固定资产投资带来了逐渐上涨的有利趋势；另一方面是物流基础设施投资的增加却又反向带动了经济发展。与此同时，对物流基础设施与现代经济增长彼此间相互联系的深入探讨，如劳动力状况、资源、科技与信息化水平、政策、发展基础与产业结构水平、对外开放程度、市场化程度与创新能力、文化制度等方面因素还是要列入考虑范围之内。由此得出的结论对规划"新丝绸之路"经济

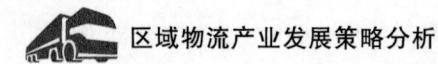

带物流基础设施发展以及带动西部地区经济蓬勃发展有非常重要的借鉴作用。物流基础设施建设和GDP两者相互间的定性联系由SD模型仿真结果充分显示出来。在物流基础设施建设资本投入发生增长变化的同时，国民生产总值就显示出了与基础设施投资一起增加的一种态势，这也正说明中国当下物流基础设施建设投资举措对GDP起到了积极的促进作用。物流基础设施投资和社会经济增长两者间始终保持一种平稳发展的良好状态。就当前来说，我国物流基础设施投资与经济增长仍然没有达到一个长期稳定发展的关系状态，物流基础设施投入对经济增长态势仍然具有积极的推进意义。以上述研究结论为前提，在"新丝绸之路"经济带涉及的五个省份内物流基础设施投资在固定资产投资上所占的比例持续上涨，GDP和时间之间也保持着正比例关系，GDP同时随着时间的推移保持上涨趋势，在未来的经济发展中起到了积极的推动作用；与此同时，涉及的五个省份在现阶段物流基础设施资金投入与经济增长依旧没有实现一个长期的平衡状态。因此物流基础设施方面的投资对经济仍然有巨大的推动作用。除此之外，根据历来的发展经验，我们可以得到下面的结论：如果想要开发各种物流增值业务，我们还是需要借助现有的基础设施，使物流基础设施投资呈现增长态势。通过这种方式实现物流基础设施使用效率的增长，充分发挥物流产业对经济增长的积极影响。

4.6 政策建议

（1）转变陈旧的物流观念，加强对现代物流认识

首先我们要集中关注物流基础设施的优化并关注基础设施效率的增长，以此来转变陈旧的物流运输观念。其次要有远大的目光，必须富有创新精神，然后才能实现行之有效的信息共享和资源的可用性配置，充分实现社会资源的节约性，并同时实现物流业总体效率提高的效果。除此之外，还必须具有"共赢"意识和团队精神，在彼此之间建立起相互间的联系，并通过这种联系加强各省份之间的经济传送，从而形成多种物资运送模式相结合的合理组合。

（2）建立协调物流机制，进行资源有效整合

为了给"新丝绸之路"经济带运输合力提供安全保障，我们需要实现

第4章 "新丝绸之路"经济带物流基础设施的效率分析

现代物流运输方式的协调机制,从而发挥物流运输的整体效用。协调经济带所涉及的各省份以及各部门之间一起参与物流业物品运送所带来的问题的处理,针对主要方面采用有力的措施。针对以上问题,为达到现有资源合理配置和有效整合的目标措施,建议成立一个专门的协调机构或将任务下放至相对应的部门进行处理解决,避免出现管理混乱、责任不明确、各部门之间各自为政的现象。

(3) 继续加大物流基础设施建设力度

由于物流业的发展对物流基础设施建设的依赖程度非常大,我们必须对各类不同等级城市以及通商口岸进行有针对性地加大基础设施建设力度。随着重走"丝绸之路"等一系列的政治经济政策的颁布实施,"新丝绸之路"必将成为联通西北内陆各省份的重要的经济通道,所以,经济带内物流基础设施的完善日益重要。

(4) 加强物流专业人才的培养

人才问题在我国物流业发展中起着很大的制约效果,尤其在西北地区,而"新丝绸之路"经济带中的我国五省份均处于人才匮乏的西北内陆地区。因此,党和政府相关部门在物流的教育工作方面应加强关注力度。加强在人才培养方面的投资力度,建议在各高校建立物流专业并在此基础上制订行之有效的培养计划。

(5) 继续加大对"新丝绸之路"经济带物流基础设施的资金投入

大力推动"新丝绸之路"经济带的高速公路、铁路建设,对于物流运输网络体系较发达的城市(如西安市)而言,继续提高其物流基础设施存量的同时,加快推进物流基础设施质量的提升,建立完善的、可持续发展的、现代化程度高的、绿色的综合物流运输体系,以物流基础设施的一体化促进经济发展一体化的进程。由于西部物流基础设施规模仍然较小,政府要继续加强对西部地区物流基础设施发展的资金支持,继续加快对交通干线的投资,缩小经济发展差距。

第 5 章　陕西省物流产业集聚对区域创新的影响分析

5.1　陕西省区域创新能力分析

5.1.1　陕西省区域创新系统建设现状

陕西省不仅具有"一带一路"发展的深厚文化底蕴，而且集聚众多教育科技人才，这些无疑为区域的创新发展带来了先天优势与后天发展机遇。作为西部中枢的陕西，教育科技人才汇集，在高校密度和接受高等教育的人数上居全国前列。陕西省科技实力雄厚，创新力量强大，坐落在此有 63 所普通高等学校（2016），3000 多家各类科研技术机构，其中有 44 个国家级重点实验室以及 45 名院士。物流园区与信息产业园区、国际教育文化产业园区相互联系，其建立和发展将会吸纳更多国内外优秀人才汇聚陕西，创造更加开放的陕西。中国最大的内陆港口西安港务区，实现了沿海港口城市内移和无缝对接。西安市具有国际都市化的空间结构，使周边各地区地理、文化、经济、科技等多方面区位优势都能够被充分整合起来，再发挥出自身的优势。

陕西省根据传统着重发展以高新技术为基础的区域创新系统。以企业技术研发为主体，有效利用高校和科研院所的研发重点实验室，政府各分管部门作为执行主体，在多个组织系统的相互配合下，以科技创业中心为发展重点的创新服务体系的发展取得了明显的成效。依据《中国区域创新能力报告》，陕西省各地市的创新能力综合指数，如表 5-1 所示。

第 5 章　陕西省物流产业集聚对区域创新的影响分析

表 5-1　陕西省各地区创新能力综合指数

年份 城市	2011	2012	2013	2014	平均值
西安	88.973	87.812	90.278	88.892	88.989
宝鸡	34.605	33.989	35.336	37.132	35.266
咸阳	43.377	38.034	37.628	43.322	40.590
渭南	30.126	32.324	28.387	27.409	29.562
铜川	14.643	14.815	14.827	14.627	14.728
榆林	37.079	31.878	37.314	36.040	35.578
延安	26.268	17.786	22.413	23.035	22.357
汉中	25.766	20.788	17.406	18.735	20.671
安康	20.655	13.880	15.022	19.293	17.213
商洛	14.404	9.473	15.682	19.173	14.683

数据来源：2015 年《中国区域创新能力报告》。

从表 5-1 可以观察到，陕西省各地区创新能力差异较为显著，按照区域创新能力的强弱可以划分为 4 个等级，分别是省会西安，关中地区包括宝鸡、咸阳、渭南、铜川，陕北地区包括榆林、延安，陕南地区包括汉中、安康、商洛。创新能力尤为突出的是省会城市西安市区域。这是因为西安地区不仅拥有良好的创新环境和科研氛围，还体现了区域创新能力与传统、高技术产业经济效益之间的密切联系。二级、三级、四级城市由于空间距离较远，缺乏自身科技资源，创新辐射小，其自身产业结构，经济发展动力难以形成规模化的创新需求。

根据《中国区域创新能力报告》，当前我国区域创新能力稳步发展：东部地区排名普遍靠前，中部及西部地区仍较落后呈周期性波动，需要刺激区域创新活力。从陕西省区域创新能力的排名情况来看，近五年来基本保持了平稳发展。2015 年排位 13，在全国属于中等偏上水平，其中西安在全国城市竞争力排行上升至第三名。综合分析近年来的演化状况得出：从陕西省区域创新能力五项指标的分布来看，五个方面发展不太均衡，知识创造能力较强，创新环境较好，创新绩效一般，知识流动能力较弱，企业创新能力较低。充分说明了陕西省虽然拥有丰富的教育、科研资源优势，具有良好的知识创造能力，但在技术转化、企业技术创新等方面却存在着

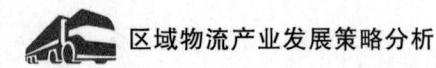

明显不足，较低的科技成果转化率并未给陕西省区域经济和创新能力的发展带来新的驱动。

5.1.2 影响陕西区域创新能力的因素分析

《中国区域创新能力报告》分别从五个方面对区域创新能力进行分析，即知识创造、知识获取、企业创新、创新环境和创新绩效。知识创造由研发资金投入、科研以及专利数量三项指标构成；知识获取指标分别是科技合作、外商直接投资金额、技术转移；企业创新指标涵盖企业研发投入能力、设计能力、制造和生产能力以及新产品销售能力；创新环境包括基础设施、市场环境、劳动者素质、金融环境、创业水平五项指标；创新绩效包含了宏观经济、产业结构、产业国际竞争力、就业、可持续发展与环保。以上众多指标共同影响区域创新能力的发展。本书总结了影响陕西区域创新能力的两大因素。

①知识作为企业创新不可或缺的资源，在集聚的物流企业间进行流通。丰富的知识流会带来大量的创新信息，这对物流企业及产业链上其他相关企业创新能力有重要的促进作用。创新知识的流通对相关的企业会产生很大的影响，对带动集群创新机制的发展发挥着重要意义。例如，如果国际港务区内某一物流企业所在的集聚区域内有丰富的知识流，那么港务区内各企业可以通过网络获得创新所需的信息，提高企业的创新效率，推动技术发明、工艺创新，加快企业发展。而创新所需要的知识的不停流动会影响整个集聚区内企业，因此有助于在物流产业集聚区域形成良好的创新氛围，提高整体创新意识。

②物流企业的创新发展离不开资金的支持，并受企业规模大小的影响。在与其他企业的合作互动中，资金得到不断的流动，本书认为资金的流动对网络中企业的创新会产生重要的影响，又由于整个网络存在连接，从而资金在集聚区内的流动对整个产业链的创新机制会产生影响。例如，如果国际港务区的某一物流企业要进行创新，势必会产生资金需求，通过集聚区域网络联系，该企业可与集聚区域内有意向投资的企业进行资金合作，从而获得资金流，使企业的创新行为成功运行，提高企业的创新能力；同时相互连接的企业也会得到这样的影响，不仅带动传统产业的价值增值，也会带动高技术产业的价值增值，在整体上更有利于形成良好的创

新氛围，促进物流产业集聚的创新机制的发展。

5.1.3 "一带一路"对陕西区域创新发展的新要求

"一带一路"背景下，必然会导致先进技术和外来资金的流入，对陕西省原有的生产技术和生产方式以及产品都是一个巨大的挑战，自身缺乏核心技术与支柱产业将在未来的发展中处于不利位置。先进技术的流入将会对本土的产业造成巨大的压力和冲击，如果没有自己的核心技术将会被人牵着走，就没有办法在竞争中掌握主动权，甚至会被市场淘汰。近年来陕西对外经济飞速发展，但放眼全国与其他省份相比发展仍然缓慢，自主创新的水平依然很低，创新型经济在全国处于落后地位。古语云："家有金钱万贯，不如薄艺在身"。要想获得长久的发展必须掌握先进核心的技术，才能为富民强国源源不断地注入动力。随着"一带一路"的振兴，交流不再仅限于商品，先进技术的交流也必将成为重要的组成部分。欧洲、中亚等区域国家先进技术以及资金的涌入必然会给陕西省经济的发展带来巨大的压力，没有过人之技很难在发展的大波大流中发挥优势，掌握主动权，也就很难在发展中谋取利益。

综上所述，在建设"一带一路"过程中，陕西创新能力的发展依然面临着很多挑战，李克强总理反复强调，改革是最大的红利，创新是最大的动力。"一带一路"倡议中要求陕西省的每个参与创新的个体一定要打破原有的、保守的思维定式，要有解放思想、实事求是、开拓进取的胆识，必须去除自给自足的小农思想，摆脱守旧观念的束缚，制定出创新的体制和机制，注重创新带来的长足发展，在各个方面要有所突破，有所超越。因此必须在挑战中找准定位，把握机遇，寻找适合自身发展的路径，才能在"丝绸之路经济带"的振兴浪潮中获取优势，实现真正的发展。

5.2 研究假设与概念模型

5.2.1 研究假设

物流产业集聚有助于提升区域发展的效率。例如，提高交易频率及数量，降低交易成本，建立与完善信任机制，加强监督约束作用，促进相关产业升级等。创新的定义中体现了创新过程并不是单一的发明创造，而是既包括发明创造还包括对此发明创造成果的市场转化过程。本书将创新分为研发阶段和产业化价值实现阶段两个部分。上游创新效应指研发阶段创新的影响，下游创新效应指产业化阶段创新的影响。本书的研究假设框架见图5-1。

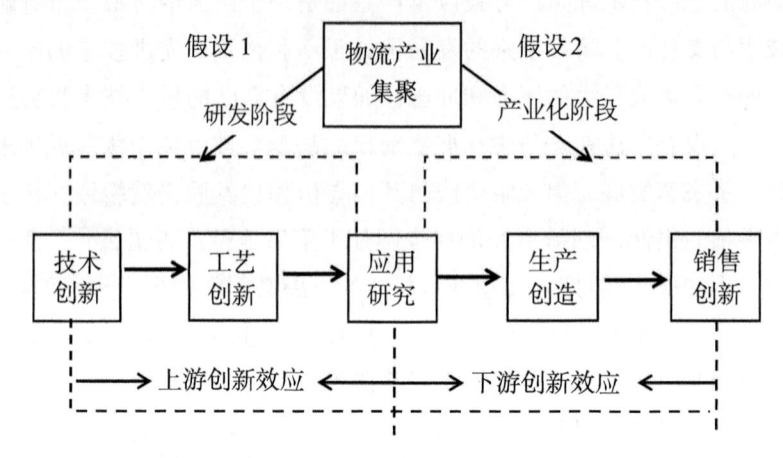

图5-1 物流产业集聚对区域创新产生影响的理论框架

（1）上游创新效应的假设

物流产业集聚对于研发阶段的技术发明以及工艺创新产生的影响，本书称其为上游创新效应，可通过两种方式实现：一是以区域物流企业为载体的"集聚学习"效应；二是以区域内从事物流产业创新人员为主体的"知识溢出"效应。

①物流业的集聚不仅是纵向相关联企业间进行互相学习，还发展了横向同类型企业相互学习，促进区域的知识再造，技术发明创新。物流企业的"集聚学习"不仅促进区域企业间相互学习，传播扩散知识文化，还可以使企业认识到自己创新能力的不足，并且走在创新前沿的企业对整个区域的创新能力发展具有拉动效应。

②知识溢出的过程具有模仿、交流、竞争、拉动、激励等作用，是对知识的再造。物流产业集聚式的发展模式有利于区域内隐性知识及经验的自由流动和传播，有效地提升区域内物流产业劳动者的素质、促进物流技术的进步和知识的创新。

为了实证检验物流产业集聚的上游创新效应，本书建立了以下假设：

假设1a：物流产业集聚对研发阶段的技术发明具有正向影响。

假设1b：物流产业集聚对研发阶段的工艺创新具有正向影响。

（2）下游创新效应的假设

物流产业集聚同时对产业化发展具有价值增值效应，表现为物流产业集聚不仅可以提高传统产业的创新水平，还以技术为支撑拉升了区域高技术产业的长足发展，本书称这一创新效应为下游创新效应。

①物流业作为第三产业服务于第一产业、第二产业，所以在物流园区内或周边地区通过集聚式发展具备了大量创新资源和要素，大多数传统企业都会借此创新来改造自身不足以提升竞争力，实现价值增值。

②创新能力和技术的发展息息相关，技术的进步支撑物流产业集聚。在整个价值链上通过集聚式模式的发展从而促进高技术产业的不断发展和进步。

为了实证检验物流产业集聚的下游创新效应，本书建立了以下假设：

假设2a：物流产业集聚有利于实现传统产业的价值增值。

假设2b：物流产业集聚有利于实现高技术产业的价值增值。

（3）假设小结

表5-2 假设小结

假设	假设内容
假设1a	物流产业集聚对研发阶段的技术发明具有正向影响
假设1b	物流产业集聚对研发阶段的工艺创新具有正向影响
假设2a	物流产业集聚有利于实现传统产业的价值增值
假设2b	物流产业集聚有利于实现高技术产业的价值增值

如表5-2所示，通过分析各自变量的特点和关系本书提出了四个假设。

5.2.2 实证研究方法

5.2.2.1 模型构建

物流产业集聚对区域创新的影响理论模型尚未成熟，本书参考诸多学者目前研究成果，基于动态空间面板数据模型实证分析陕西省物流产业集

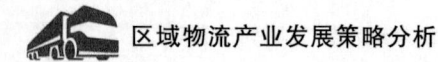

聚对区域创新的影响程度与经济效应。本书构建的对数形式的面板数据模型如下：

$$\text{Ln}(Z_{it}) = \lambda \text{Ln}(CIA_{it}) + a_1 \text{Ln}(FDI_{it}) + a_2 \text{Ln}(SCA_{it}) + a_3 \text{Ln}(RD_{it}) + \mu_{it} + C_{it}$$
公式（5-1）

在公式（5-1）中 i 表示某一地区，t 表示该地区的某一产业，就解释变量而言，Z_{it} 代表被解释变量区域创新。本书所提出的四个假设中，λ 表示物流产业集聚对区域创新的弹性系数，CIA_{it} 代表物流产业的集聚水平，其计算方法为：

$$CIA_{it} = \frac{R_i}{A_i}$$
公式（5-2）

其中 R_i 表示陕西省物流产业的就业人数，A_i 表示陕西省的土地面积，公式（5-2）表示每单位面积内拥有的省内物流业就业人数表征集聚程度。在不同的模型下，集聚指标的选取存在差异性，参考本书模型设定的意义及与其他变量一致性等因素，为了保持回归的一致性，采用公式（5-2）来衡量物流产业的集聚度具有一定意义。

对于本书中控制变量解释如下：a_1、a_2、a_3 表示 FDI、SCA、R&D 对于区域创新的弹性系数，FDI 表示外商投资水平，SCA 代表区域物流企业规模，RD 代表区域研发资金投入强度，μ_{it} 表示本模型中所忽略地随着截面数据和时期变化因素影响的随机误差，C_{it} 表示截距项。

5.2.2.2 变量说明

（1）被解释变量

模型中技术发明、工艺创新、传统产业价值增值、高技术产业价值增值（NII、EII、TII、HII）为区域创新变量，即因变量。本书用技术发明和工艺创新表征上游创新效应。本书利用区域内发明专利授权数量和区域就业人数的比率来刻画因变量技术发明的创新效应。用区域的实用新型和外观设计两种专利的授权数与区域就业人数的比率衡量工艺创新。本书采用产业价值增值来表示下游创新效应，采用工业新产品产值以及高技术产业新产品产值与区域就业人数的比率来表征传统产业和高技术产业的价值增值这一被解释变量。按照预期假设，陕西省物流产业集聚会存在显著的上下游创新效应。

(2) 解释变量

考虑到模型设定的意义，保持变量一致性等因素，本书选取集聚指标时考虑到被解释变量都是比率数据，为了保持回归一致性，解释变量物流产业集聚水平（CIA）也采用一个比率数据表示自变量。遵循预期假设，陕西省物流产业的集聚水平越高，区域的上下游创新效应越强。

陕西物流业的集聚水平与区域内技术发明、工艺创新以及传统产业和高技术产业价值增值这四个变量的相关关系散点图可直观描述陕西物流产业集聚的创新效应（见图5-2、图5-3、图5-4、图5-5）。

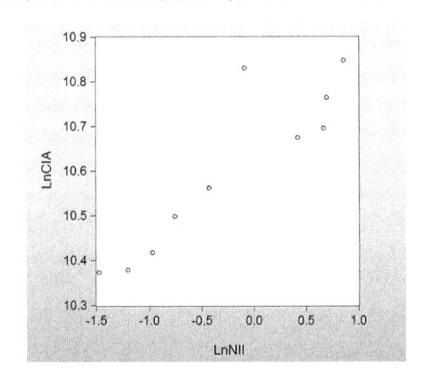

图5-2 陕西省 CIA 与技术发明散点图

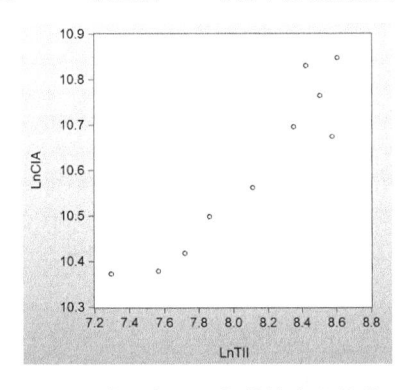

图5-3 陕西省 CIA 与工艺创新散点图

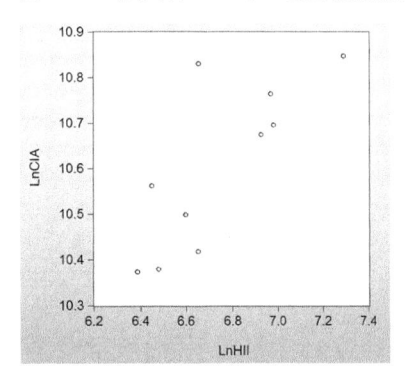

图5-4 陕西省 CIA 与传统产业价值增值散点图

图5-5 陕西省 CIA 与高技术产业价值增值散点图

注：横轴表示因变量（NII、EII、TII、HII）用以衡量区域创新力，纵轴 CIA 表示陕西省物流产业集聚指数，所有数据都是经过对数化处理后的值。

从图5-2到图5-5中可以看出，陕西省物流产业集聚与区域创新和其他产业的价值增值存在正相关关系。随着集聚水平的不断提升，区域技术发明和工艺创新能力就越强，带动省内传统产业和高技术产业的创造价值能力越来越强，高技术产业会出现井喷式的发展。在散点图中直观的认识和本书的4个假设具有一致性。

（3）控制变量

区域外商投资水平（FDI）、研发资金投入强度（R&D）、企业规模（SCA）等因素也直接对区域的研发阶段创新水平以及产业化阶段的价值增值实现产生影响。本书所描述的陕西省区域外商直接投资水平，是按照某年固定汇率将陕西省外商投资额转化为本国货币，并用该数值除以对应GDP当年数值来表示。采用工业总产值与规模以上工业企业数量的比率近似地衡量企业规模。为了控制研发资金投入强度对区域创新的影响，采用区域研发资金经费投入占GDP的比率来表示FDI强度。

（4）其他变量

为进行稳健性检验，增加实证研究的可信性，本书通过计算陕西省物流产业就业密度（LIELE，陕西省物流业就业人数与陕西省总就业人数之比），来代替被解释变量并依次进行回归。

表5-3 模型变量说明

变量	简称	定义	单位
技术发明	NII	人均发明专利数	件/万人
工艺创新	EII	人均外观设计与实用新型专利数	件/万人
传统产业创新价值	TII	人均工业新产品产值	万/万人
技术产业创新价值	HII	人均高新技术产业产品产值	万/万人
物流产业集聚水平	CIA	每公顷土地上的物流产业就业人数	人/万公顷
外商投资水平	FDI	外商投资占GDP的比率	%
研发资金投入强度	R&D	研发投入资金占GDP的比率	%
企业规模	SCA	平均每一个规模以上物流企业的产值规模	亿元/个
物流产业就业密度	LIELE	人均拥有物流产业就业人数	%

表5-3模型变量解释了模型中的各被解释变量、控制变量和其他变量。

5.2.2.3 数据来源

本书所采用的发明专利、实用新型专利和外观设计专利授权数量，物流产业就业人数、陕西省土地面积、实际利用外商投资额、陕西省生产总值均来自《陕西统计年鉴》(2006—2015)。工业新产品产值、高技术产业新产品产值、陕西省研发经费投入强度、企业个数均来自《中国科技统计年鉴》。由于2012—2014年乡村物流从业人员数量在《陕西统计年鉴》中缺失，为保持样本完整性，采用移动平均数的方法加以补全数据，得到陕西省物流从业人员数据。工业新产品产值2012—2014年数据缺失，选用新产品销售收入替代新产品产值。表5-4给出了各主要变量的描述性统计。

表5-4 主要变量的统计描述

	物流产业集聚	物流产业就业密度	研发阶段的技术创新	技术发明	工艺发明	产业价值增值	传统产业价值增值	高技术产业价值增值	R&D投入强度	外商直接投资水平	企业规模
均值	40923.10	4.118000	4.791000	1.078000	3.714000	0.435808	0.342799	0.093008	2.118000	1.280000	2.665000
中位数	40948.50	4.090000	3.895000	0.780000	3.115000	0.448828	0.368708	0.082817	2.115000	1.245000	2.285000
最大值	51362.00	5.110000	11.04000	2.360000	8.680000	0.701318	0.545121	0.156197	2.320000	1.530000	4.230000
最小值	32004.00	3.330000	0.960000	0.230000	0.730000	0.197058	0.137723	0.059335	1.960000	1.040000	1.130000
标准差	7425.083	0.690069	3.670097	0.806953	2.889180	0.171578	0.146251	0.028436	0.119889	0.146211	1.219838
偏度	0.124171	0.184040	0.606496	0.431801	0.676930	0.026429	-0.103726	1.039964	0.220638	0.297218	0.158769
峰度	1.540988	1.528562	1.966666	1.561712	2.095086	1.692297	1.533090	3.417172	1.918420	2.448522	1.347437
累加和	409231.0	41.18000	47.91000	10.78000	37.14000	4.358078	3.427994	0.930084	21.18000	12.80000	26.65000
样本容量	10	10	10	10	10	10	10	10	10	10	10

从表5-4中可得，陕西省物流产业集聚水平的均值为40923.10，标准差为7425.083，变动范围从32004.00到51362.00，结果反映其年份差异相对较大。物流产业就业密度均值为4.118。工艺创新中的专利授权数量高于上游创新效应中的发明专利授权数，而在下游创新效应中，传统产业价值增值与高技术产业价值增值差距较大，研发资金投入、外资投入水平以及企业规模逐年平稳增长且水平相当。

5.3 实证分析与讨论

本书用 Eviews 6.0 软件回归前对各个变量进行单位根检验,所有变量在做对数处理后均不存在单位根,表明模型中各变量均具有稳定性,消除了伪回归可能性。

5.3.1 上游创新效应的估计

利用 Eviews 6.0 软件对上游创新效应 LnNII、LnEII、Ln(NII + EII)为被解释变量时的固定效应模型进行估计,估计结果如表 5-5 所示。

表 5-5 上游创新效应的固定效应模型回归结果

变量	因变量:研发阶段创新		
	模型 1 (NII)	模型 2 (EII)	模型 3 (NII + EII)
RE/FE	RE	RE	RE
常数项	-9.969822*	-21.76625***	-18.57037***
	(-2.040680)	(-7.964548)	(-7.485977)
物流产业集聚水平	1.590809***	1.890172***	1.600591***
	(6.007597)	(6.625160)	(6.180536)
FDI 水平	0.167844	0.911178**	0.728224**
	(0.342202)	(3.321003)	(2.924029)
企业规模	1.659264***	1.114165***	1.241800***
	(6.425651)	(7.713314)	(9.470950)
R&D 强度	2.363062*	2.033874**	2.122837**
	(2.188643)	(3.367548)	(3.872191)
R^2	0.988948	0.996681	0.997228
Adj. R^2	0.980107	0.994025	0.995010
F - statistic	311.8525***	375.3245***	449.6687***
Prob (F - statistic)	0.000004	0.000002	0.000001

注:在回归过程中,对所有变量都进行了自然对数化处理;括号内数值代表 T 检验值,*、**、*** 分别表示在 10%、5%、1% 的显著水平内显著。

数据来源:根据《陕西省统计年鉴》和 Eviews 6.0 软件运行结果整理得到。

从回归结果上看，模型 1 以 LnNII 为被解释变量时的固定效应模型进行估计时的 R² 为 0.988948，F 统计量在 1% 的水平上显著，模型整体拟合较好，只有 LnFDI 没通过检验。模型 2 以 LnEII 为被解释变量时的固定效应模型进行估计时的 R² 为 0.996681，F 统计量在 1% 的水平上显著，模型整体拟合较好。模型 3 以 Ln（NII + EII）为因变量时的固定效应模型进行估计时的 R² 为 0.997228，F 统计量在 1% 的水平上高度显著，模型整体拟合较好。

5.3.2 下游创新效应的估计

利用 Eviews6.0 软件对下游创新效应 LnTII、LnHII、Ln（TII + HII）为被解释变量时的固定效应模型进行估计，估计结果如表 5-6 所示。

表 5-6 下游创新效应的固定效应模型回归结果

变量	因变量：研发阶段创新		
	模型 4（TII）	模型 5（HII）	模型 6（TII + HII）
RE/FE	RE	RE	RE
常数项	-13.79063**	-7.089733	-11.87365**
	(-3.031468)	(-1.778114)	(-3.390041)
物流产业集聚水平	1.052590**	0.434593**	0.926540**
	(2.676388)	(2.514072)	(2.63977)
FDI 水平	-0.084455	1.030658*	0.144378
	(-0.184920)	(2.374738)	(0.410592)
企业规模	0.701072**	0.203046	0.582062**
	(2.915717)	(0.963472)	(3.144155)
R&D 强度	1.155838*	0.478427*	0.792639*
	(2.149683)	(2.342947)	(2.324020)
R²	0.970439	0.953003	0.977686
Adj. R²	0.946789	0.899406	0.959835
F - statistic	41.03485***	37.40757***	54.76934***
Prob（F - statistic）	0.000515	0.000872	0.000256

注：在回归过程中，对所有变量都进行了自然对数化处理；括号内数值代表 T 检验值，*、**、*** 分别表示在 10%、5%、1% 的显著水平内显著。

资料来源：根据《陕西省统计年鉴》和 Eviews 6.0 软件运行结果整理得到。

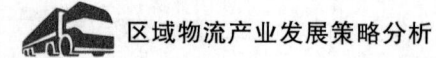

从回归结果上看，模型 4 以 LnTII 为被解释变量时的固定效应模型进行估计时的 R^2 为 0.970439，F 统计量在 1% 的水平上显著，LnFDI 未通过 T 检验。模型 5 以 LnHII 为被解释变量时的固定效应模型进行估计时的 R^2 为 0.953003，F 统计量在 1% 的水平上显著。模型 6 以 Ln（TII + HII）为被解释变量时的固定效应模型进行估计时的 R^2 为 0.977686，F 统计量在 1% 的水平上显著，LnFDI 未通过 T 检验，模型整体拟合较好。

5.3.3 稳健性检验

通常来说，第一，稳健性检验包括数据、变量以及计量模型三种类型，按照数据类型，根据不同标准对样本重新进行分类来观察检验结果；第二，按照变量类型用一个或者多个变量来替换自变量，观察检验结果是否依然稳健；第三，用多种模型进行回归，观察检验结果是否依然稳健。为了进一步增强研究结论的可信性，本部分将利用替代变量物流产业就业密度（LIELE）来替换自变量物流产业集聚水平（CIA），进行稳健性检验。

从变量替换的角度，运用了物流产业就业密度（LIELE）变量来替换物流产业集聚指数（CIA）并分别进行回归，回归结果见表 5 - 7 和表 5 - 8。模型 7 的被解释变量为技术发明创新，模型 8 的被解释变量为工艺创新。以总专利申请量的对数和发明专利申请量的对数以及实用新型专利和外观专利的对数为被解释变量的回归结果均显示一个地区物流业呈集聚性发展态势，对我国各省份的区域技术创新有明显的积极影响。模型 9 的被解释变量为模型 7 和模型 8 被解释变量的加和。模型 10 的因变量为当地传统产业的价值增值，模型 11 的因变量为当地高技术产业的价值增值，解释变量均为物流产业就业密度（LIELE）。从回归结果来看，用陕西省物流产业就业密度（LIELE）来替代物流产业集聚水平（CIA），也证实了陕西省物流产业集聚具有显著的上游和下游创新效应。

表 5 -7 和表 5 -8 分别说明了上游创新效应稳健性检验回归结果和下游创新效应稳健性检验回归结果。

表5-7 上游创新效应稳健性检验

变量	因变量：研发阶段创新		
	模型7（NII）	模型8（EII）	模型9（NII+EII）
RE/FE	RE	RE	RE
常数项	-4.420249***	-4.561879***	-4.004544***
	(-5.785362)	(-9.605229)	(-9.693303)
物流产业就业密度	1.667361***	1.976103***	1.681365***
	(5.248253)	(5.946094)	(5.816196)
FDI水平	0.157834	0.860850**	0.687347**
	(0.326922)	(2.868470)	(2.633014)
企业规模	1.661214***	1.125358***	1.273521***
	(6.683366)	(7.477673)	(9.475689)
R&D强度	2.352817**	2.092668**	2.164487**
	(2.209718)	(3.161762)	(3.759575)
R^2	0.989157	0.995978	0.996916
Adj. R^2	0.980482	0.992761	0.994448
F-statistic	254.0304***	309.5743***	404.0446***
Prob（F-statistic）	0.000007	0.000004	0.000002

注：在回归过程中，对所有变量都进行了自然对数化处理；括号内数值代表T检验值，*、**、***分别表示在10%、5%、1%的显著水平内显著。

资料来源：根据《陕西省统计年鉴》和Eviews 6.0软件运行结果整理得到。

从回归结果上看，模型7以LnNII为被解释变量时的固定效应模型进行估计时的R^2为0.989157，F统计量在1%的水平上显著，同样只有LnFDI没通过检验。模型8以LnEII为被解释变量时的固定效应模型进行估计时的R^2为0.995978，F统计量在1%的水平上显著，模型整体拟合较好。模型9以Ln（NII+EII）为被解释变量时的固定效应模型进行估计时的R^2为0.996916，F统计量在1%的水平上高度显著，模型整体拟合较好。

表 5-8 下游创新效应稳健性检验

变量	因变量：产业化阶段的价值增值		
	模型 10（TII）	模型 11（HII）	模型 12（TII+HII）
RE/FE	RE	RE	RE
常数项	5.272322***	6.504343***	6.010550***
	(6.003484)	(8.459868)	(9.046387)
物流产业就业密度	0.984526**	0.503318*	0.901301**
	(1.602090)	(0.935536)	(1.938603)
FDI 水平	-0.316744	1.053498*	0.066704
	(-0.570779)	(2.168466)	(0.158881)
企业规模	0.731696**	0.145092*	0.605930**
	(2.561049)	(2.058083)	(2.603299)
R&D 强度	1.177672*	1.140081*	0.726987*
	(2.162256)	(2.064047)	(2.035150)
R^2	0.951081	0.903948	0.965040
Adj. R^2	0.911947	0.827107	0.937072
F-statistic	24.30266***	21.76382***	34.50535***
Prob (F-statistic)	0.001788	0.002321	0.000780

注：在回归过程中，对所有变量都进行了自然对数化处理；括号内数值代表 T 检验值，*、**、*** 分别表示在 10%、5%、1% 的显著水平内显著。

资料来源：根据陕西省统计年鉴和 Eviews 6.0 软件运行结果整理得到。

从回归结果上看，模型 10 以 LnTII 为被解释变量时的固定效应模型进行估计时的 R^2 为 0.951081，F 统计量在 1% 的水平上显著，LnFDI 未通过 T 检验。模型 11 以 LnHII 为被解释变量时的固定效应模型进行估计时的 R^2 为 0.903948，F 统计量在 1% 的水平上显著。模型 12 以 Ln（TII+HII）为被解释变量时的固定效应模型进行估计时的 R^2 为 0.965040，F 统计量在 1% 的水平上显著，LnFDI 未通过 T 检验，模型整体拟合较好。

通过对模型的稳健性分析，对比上游和下游创新效应回归结果，基本证实了本书假设 1a、1b、2a、2b。至此可以得出：实证研究证实了物流产业集聚存在显著的溢出效应，也就是说陕西省物流产业集聚也产生了显著的创新效应。随着陕西省创新能力的提高，将吸引更多与物流产业相关参与者集聚于此。各参与方通过发挥学习效应，实现省内物流行业相关知识要素互相流动，在实现陕西省物流业技术发明和工艺创新的同时还可以促进区域相关产业的价值成长，进而推动全省创新发展，稳步地提升陕西省在全国的影响力。

5.3.4 模型估计结果的分析

表 5-5 显示了陕西省物流产业集聚的上游创新效应的估计结果。采用技术发明（NII）作为被解释变量回归验证假设 1a，结果见表 5-5 第二列。据回归结果显示其系数为 1.590809，表明物流产业集聚对研发阶段的技术发明具有显著的正向影响。为了检验假设 1b，采用工艺创新（EII）作为被解释变量进行回归，结果见表 5-5 第三列，其影响系数为 1.890172。据回归结果显示，陕西省物流产业集聚对研发阶段中的工艺创新存在正向影响。

通过比较，上游创新效应三个模型中，自变量物流产业集聚水平（CIA）T 检验的 P 值均在 1% 水平上显著，工艺创新效应系数为 1.890172，高于研发阶段的技术发明影响系数，说明物流产业集聚具有更强的工艺创新效应。为了从总体上验证上游创新效应，模型 3 采用研发创新作为因变量（即技术发明 NII 与工艺创新 EII 之和），回归结果见表 5-5 第四列，可以得出影响系数为 1.600591。T 检验 P<0.01，表明陕西省物流产业集聚的上游创新效应在 1% 的显著水平上具有显著的正向影响，得出物流产业的集聚发展对于陕西区域创新能力的建设具有显著的正向影响。

从三个模型中控制变量的回归结果来看，外商直接投资（FDI）对区域研发创新的影响系数相对较小，模型 1 中 LnFDI 未通过 T 检验。这是因为目前对外商直接投资是否存在技术溢出效应仍处于争议范畴，一些学者认为 FDI 对投资区域存在显著的技术溢出效应，并且会因不同区域的创新学习能力及行业属性不同存在差别。也有学者提出，由于 FDI 对区域的自主创新研发能力具有替代作用，进而会对区域内的创新发展产生负向作用，本书数据部分支持了外商直接投资对区域自主创新研发尤其是技术发明过程可能具有一定的替代作用。企业规模（SCA）对于技术发明和工艺创新具有正向影响，3 个模型的影响系数分别为 1.659264、1.114165、1.241800，系数均大于 1，且 T 检验 P 值都在 1% 水平上显著。这一结果能

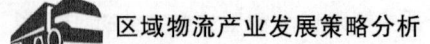

够得到现有研究的支持，物流企业的规模大小对技术发明及工艺创新的投资力度，以及集聚区内企业间知识溢出和学习效应具有显著的推动作用。控制变量研发资金投入强度（R&D）的回归结果显示其影响系数分别是 2.363062、2.033874、2.122837，都高于其他控制变量的作用，区域内研发投入具有明显的知识溢出效应，原因在于劳动力与资本的投入会为区域经济注入活力，推动区域创新的发展。

物流产业集聚式发展可以通过知识溢出和学习效应，促进区域内的技术发明和工艺创新的成长，模型1、模型2、模型3证实了陕西省物流产业集聚的上游创新效应，带动区域的技术发明和工艺创新。另外，随着本区域创新能力的提高，可能将吸引更多与物流产业相关参与者集聚到该区域。

表5-6报告了物流产业集聚的下游创新效应的估计结果。模型4的因变量为传统产业价值增值（EII）估计结果见表5-6第二列，用以检验假设2a，陕西省物流产业集聚对于区域传统产业的价值增值效应。从模型4的估计结果来看，物流产业集聚式的发展对传统产业的价值增值效应显著为正，影响系数为1.052590，即假设2a得以证实。模型5的因变量为高技术产业价值增值（HII），估计结果见表5-6第三列。模型5的估计结果显示，物流产业集聚对高技术产业的价值增值效应的影响系数为0.434593，在5%的显著水平上显著为正。这说明陕西省物流产业集聚有利于区域内高技术产业的价值实现，即假设2b得以证实。观其影响系数发现，陕西省物流产业集聚对区域内传统产业的提升带动作用要高于对高技术产业的影响作用。

对于控制变量来说，估计结果与下游创新效应的结果有一定出入。外商直接投资（FDI）对于传统产业的价值增值LnFDI未通过T检验，对于高技术产业的价值增值在10%水平上显著，其系数为1.030658，具有正向的影响。这也说明陕西省的高技术产业还在一定程度上依赖于外商投资，但是外商直接投资对传统产业具有明显的挤出作用。企业规模对传统产业的价值增值影响系数为0.701072，具有显著的正向影响，但是对高技术产业的价值增值作用不显著，说明陕西省的传统工业企业规模越大，其盈利能力越强，物流产业集聚导致的价值增值效应越强，而在高技术产业中，可能由于其企业规模正处在扩大的时期，企业规模对产业价值增值的作用还没有显现出来。最后，研发资金 R&D 投入对传统产业以及高技术产业的影响显著为正。表明研发资金的投入可以有效地促进区域内下游创新效应的发挥，带动相关产业升级。

为了从总体上验证下游创新效应，采用相关产业价值增值（工业产业价值增值）作为被解释变量（即传统产业价值增值 TII 与高技术产业价值增值 HII 之和），系数为 0.926540，模型 4、模型 5、模型 6 的实证研究结果支持这样的结论，即陕西省物流产业的集聚式发展可以促进其他产业价值增值效应，不仅推动传统产业进行有效的提升和改造，还可以对高技术产业进行支撑与补充，促进传统产业与高技术产业的价值增值。

5.3.5　对策建议

结合陕西省物流产业集聚水平分析结果以及集聚度发展对区域内知识流、资金流、信息流的创新机制影响分析，为满足"一带一路"倡议中对陕西省物流产业集聚的发展以及区域创新能力提升的要求，本章提出以下五点建议。

（1）以物流集聚服务平台为重点，加快知识共享，加强创新动力机制

在陕西省的各大物流产业集聚区建立鼓励创新机制，努力吸引更多的企业加入到创新知识共享平台，增大集聚的网络密度，缩短流通路径，加快知识在网络中的流通效率，并建立奖励机制，鼓励企业内外部自主创新和知识共享行为，带动区域内部的一体化创新。

（2）以物流产业服务创新为突破，推动科技与物流融合，完善创新运行机制

完善陕西物流产业集群的信用体系，培育技术核心企业，并发挥核心企业对创新资金支持的带动作用，推动技术和工艺创新的融合，推行上市奖励，加强科技风险保障，提高集群企业的资金筹集效率，为集聚创新活动"保驾护航"。

（3）发展以大型物流企业为引导的物流产业集聚的外向型物流集聚模式

在国家实施向西开放的经济发展战略中，依托陕西口岸建立的、以丰富的口岸资源为支撑的外向型物流体系，是保持陕西对外贸易高速增长，提高陕西对外经济开放度的基础，促进区域内创新要素流动。陕西是祖国

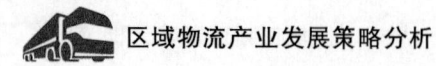

西部的"旱码头"和物流中心，以大型物流企业引导带动区域内中小企业，真正实现与"一带一路"倡议要求下相匹配的物流集聚化发展水平。

（4）推动集聚合作，加快企业创新发展机制

建立完善的集群创新发展机制，加强物流集群间的创新合作，以物流推动陕西省的制造业、农业发展，推动专业化物流的协同发展。在陕西省内定期开展创新交流大会及高峰论坛，提高物流企业把创新知识转为创新服务的效率，优化创新资金运作，密切企业间的关联性。在物流集聚区内大企业积极对外合作，引进新的知识和技术，中小企业加快吸收学习能力，不同类型的企业相互利用对方各自优势进行互补，实现创新链上的合作双赢。

（5）正确发挥政府的调控职能，积极吸引外商投资

"一带一路"倡议中多次提到重点支持西安、郑州等城市成为内陆开放型经济高地，为了更好地促进物流行业在陕西的发展，从宏观调控角度来讲，陕西省政府要根据因地制宜和整体发展的原则，遵循市场化规律，科学合理地对整个区域的物流业进行有效规划。彻底改变先前物流管理体制的落后观念与认识，解决各种本地化物流发展问题。加强"一带一路"涵盖范围内物流的相互合作，积极引入国外资金和先进物流技术，扩大陕西省物流市场份额比重，促进陕西省范围内产生更强的集聚力，提升区域创新效应。

第6章 陕西省物流效率及其影响因素的分析

6.1 物流效率的影响因素分析及评价指标的选取

影响物流效率的因素，学术界普遍认为有以下四个方面的内容：人力、财力、物力的投入以及基础设施的规模。本书具体细化为经济发展水平、物流资源利用率、市场化程度、对外开放程度、基础设施建设、物流专业人才、区位优势来进行评价。

（1）经济发展水平

当一个国家或地区经济水平发展较高时，就可以推动当地的物流发展，因此极易吸引到大量投资。与此同时，作为新兴行业，政府也给予了很大的政策倾斜。例如，政府除了对物流基础设施直接投资外，还优化、规范了物流制度与机制，促使物流业在我国经济行业中稳健发展，并不断提高物流效率，使得物流业成为发展较好的服务行业。本书选用陕西省2008—2015年的GDP数据来衡量陕西省的经济发展水平。

（2）物流资源利用率

衡量物流效率重要的标准之一是物流的投入是否与产出相对等，即在既定的投入量下获得的产出量达到最大。只有将投入量进行有效优化时才可能获得最大的产出。因此要想大幅度地提高物流效率，只有通过有效的规划、整合、共享不同区域之间的物流资源，使各个区域的物流资源被充分利用起来。此前，导致物流资源利用率低下的一个重大因素便是物流资源的浪费，区域间的物流资源没有经过规划、整合，造成物流信息的传递闭塞，物流资源得不到共享。因此提高物流资源利用率，不仅减少了很多环节不必要的资源投入，而且由于各个区域之间信息共享，及时传达物流信息，在很大幅度上减少了人员与物资的不必要投入。对于物流的效率提高有很大的助推作用。本书选取了单位铁路通过的货运量、单位公路通过的货运量、单位载货汽车的货运量、货运周转量与工业增加值之比等指标通过主成分分析法来提取物流资源利用率。

（3）市场化程度

市场化程度是指市场在资源配置过程中所达到的程度，市场化程度越高，说明市场在资源配置中起的作用越大，反之则小。在开放的环境下，没有了某一物流企业独大现象，为物流企业的公平竞争提供了良好的外部环境。因此，一个国家或地区的市场化程度对当地的物流企业有着很大的影响。樊纲、王小鲁（2011）采用市场化指数来衡量市场化程度，他们基于大量调查数据，将政府与市场的关系、非国有经济的发展、产品市场的发育、要素市场的发育、市场中介组织的发育、法律制度环境6个部分（每个部分又涵盖不同的指标），作为反映市场化程度的指标并利用主成分分析法计算出市场化指数，本书借鉴他们的方法来计算陕西省的市场化指数。

（4）对外开放程度

对外开放程度是指一个国家或地区经济的对外开放度。具体可用市场的开放程度来衡量。它主要反映一个国家或地区对外贸易的水平。一般对外开放都是从基本的商品交易开始，即相对稳定的外贸额。因此一国或地区对外开放的水平高低，将影响物流业的发展以及物流效率的高低。这主要体现在两方面：一是积极引进外资，加大优惠政策宣传，引导国际知名物流企业进驻，不仅可以借助外部资金投入我国的物流产业中，促进我国物流业的发展，而且国际知名物流企业的进入有利于提高我国物流企业的竞争意识，增强我国物流企业的竞争力，从而提高我国的物流效率；二是通过吸收借鉴别人的新技术来改善自身的不足，以此提高物流效率。本书通过陕西省引进外商投资物流业的总额、国外物流企业在陕西省所开设的企业数量来衡量对外开放程度。

（5）基础设施建设

基础设施（infrastructure）是指国家为保证人民正常生活，聚合全国的人力、财力、物力而进行的一系列大型工程建设，例如铁路、高铁、高速公路等。物流业的发展与基础设施的建设水平息息相关。与物流运输相配套的基础设施，主要有公路、铁路、高铁、配载设施、物流基础设备等。重点建设这些基础设施并及时对这些设施进行升级改造，才能达到改善物流基础条件、保证物流质量，进而提高物流效率的目的。本书通过陕西省的铁路及公路里程数、配送中心各类仓库（库房）数量、载货汽车数量、集装箱货运站数量等指标来衡量基础设施建设。

（6）物流专业人才

物流行业从最初到现在的发展，形成了一整套适用于物流业的基本规则。专业的物流人才，具备专业的知识，能够准确、快速地解决有关于物流业的问题。因此，对于物流业来讲，专业的物流人员可以在物流活动中充分运用自己的专业知识和判断力，对物流问题进行决策。因此专业物流人员的参与可以使物流企业节省劳动力、减少不必要的浪费、降低物流成本，进而提高物流效率。目前我国物流业从业人员数量较多，但是综合素质普遍较低，高等学历的人员寥寥无几，特别是在物流发展较快的地区，高素质物流管理人才的缺口更为明显。本书通过地区接受高等教育人数来衡量物流专业人才。

（7）区位优势

区位优势是指一个国家或地区所处的地理环境位置。也就是说可供投资地区是否在某些方面较其他地区具备明显的优势。影响投资区位选择的主要因素有：生产要素、市场的地理分布、运输成本和投资环境等。区位优势对于发展物流业来说是非常重要的。如果一国或地区具有良好的区位因素，优越的地理位置，良好的交通运输条件，则有利于以这个地区为中心建立一个较大的物流基地，从而辐射周围地区的物流业发展，这样可以在很大程度上提升物流效率。一个地区的区位优势在于它是否拥有优越的港口位置、是否处于铁路枢纽或大型公路枢纽附近。陕西省具有良好的地理位置及交通条件，所以在发展物流业方面具备了有利条件。本书中陕西省的区位优势选用区位熵来衡量。

6.2 基于 DEA 模型的陕西省物流效率评价

评价物流效率的方法很多，目前应用较多的有 ABC 成本法、成本差异分析法以及数据包络分析法等。下面是对各种评价方法的简单介绍。

(1) ABC 成本法

ABC 成本法，又称作业成本分析法，是以作业为基础，把企业消耗的资源按资源动因分配到作业，以及把收集的作业成本按作业动因分配到成本对象的核算方法。其原理基础是：生产导致作业的发生，作业消耗资源并导致成本的发生，产品消耗作业，因此，作业成本法下成本计算程序就是把各种资源库成本分配给各作业，再将各作业成本库的成本分配给最终产品或劳务。其成本核算思路是：将整个物流业务运作过程细分为多个作业，如运输作业或仓储运输作业等；根据运输资源的耗费和运输作业量计算单位作业成本；确定不同物流项目实际耗用不同作业的数量；根据单位作业成本和物流项目耗用的作业量即可得物流项目的作业成本。但作业成本法在实施过程中存在着以下几点不足：①单一计量生产能力无法测算出同类产品；②只是简单的计算企业在物流实施过程中的成本费用，缺少对投入和产出之间的衡量；③成本作业法在测量过程中对相关成本费用进行了折合计算改变了数据的原始性；④计算的因素较少，缺乏对某些因素的分析；⑤对资源数据的反映单一，体现不出数据之间的相互关系；⑥没有反映成本性态的变化；⑦没有提供完全负担的资源成本；⑧作业成本法能够满足高比重间接费用的物流企业，并能准确提供成本的信息要求，但实施极为复杂。

(2) 成本差异分析法

成本差异分析实际上是一种例外管理方法，即重点管理法，它把管理人员的精力有重点地放在差异较大的问题上。实际成本低于标准成本时的差异称为有利差异，即节约成本，用负数表示；反之，称为不利差异，即超支成本，用正数表示。各种差异都要设置会计科目：表示成本节约的差异，记在有关差异账户的贷方；反之成本超支的差异，记在有关差异账户的借方。不管差异是正值还是负值，只要超过了规定的允差，都应进行差异分析。有时出现负值不一定是好事，因为在某项差异上 T 出现负值可能导致另一项差异出现更大的正值。差异分析主要有材料差异，它是由采购运输等原因所引起的；人工差异，它是由工资变动、加班加点等原因引起的；制造费用差异，主要是由季节变化等原因引起的。

(3) 数据包络分析法（DEA）

数据包络分析法（DEA）是由 Charnes, Cooper 在 Fare 测度基础上发展起来的一种评价决策单元（Decisio Making Unit，DMU）相对绩效的非参数方法，是运筹学、管理科学、数理经济学交叉研究的一个新领域，是根据多项投入指标和产出指标计量分析的方法。目前广泛应用于各行各业，并且在分析处理问题上相对操作简单，选取的指标单位不需要统一。数据包络分析法经过一系列决策后，将投入一定数量生产要素，并产出一定数量产品的经济系统称为决策单元（DMU），因此用 DEA 模型结果对投入与产出要素分析更加明了，当需要对某一类型的部门或单位（决策单元）的优劣或绩效进行比较评价，评价的依据是所能观察到的决策单元"输入"数据与"输出"数据，它通过保持决策单元的输入或输出不变借助数学规划将 DMU 投影到 DEA 前沿面上，并通过比较决策单元偏离 DEA 前沿面的程度来评价它们的相对有效性，是估计多输入与多输出及多目标决策类问题的有力工具[15]。在此采用 DEA 模型中的 CCR 模型和 BCC 模型。CCR 模型用于评价决策单元规模有效和技术有效的总体有效性；BCC 模型用于评价决策单元的相对技术有效性。CRS 为综合效率是 VRS（纯技术率）与 SCA（规模效率）的乘积。在 DEA 模型中，CCR 是线性的，分析的是 DEA 的绝对有效，BCC 是分阶段线性的，分析的是 DEA 的相对有效。在这个过程中，获得 100% 效率的一些单位被称为相对有效率单位，而另外的效率评分低于 100% 的单位被称为无效率单位。这样，企业管理者就能运用 DEA 来比较一组服务单位，识别相对无效率单位，衡量无效率的严重性，并通过对无效率和有效率单位的比较，发现降低无效率的方法。

（4）物流效率评价模型的选择

上述三种物流效率评价方法各自具有其优缺点：作业成本分析法只适用于考察单个物流要素，如物流装备、仓储等，面对的物流企业生产工艺较为单一，不适合生产线较多的企业应用；成本差异法考察的因素较为细小，涵盖的考察范围较广，但不能提供给管理者明确的影响成本的因素，所分析的结果对于效率的提高作用比较缓慢；而 DEA 方法是在评价各决策单元时不需要事先假定输入和输出的函数关系，不需要对选取数据的单位进行统一，可以直接进行数据包络分析，得到的评价结果不受任何人为因素的干扰，具有较强的客观性。相比上述两种方法 DEA 方法更适合本书的研究模型，因此本书采用 DEA 方法，选用 DEA 模型中的 CCR 模型和 BCC 模型，对陕西省的物流效率进行实证分析。CCR 模型用于评价决策单元的规模有效和技术有效的总体有效性，BCC模型用于评价纯技术有效性。

6.3 陕西省物流效率评价指标体系的建立

投入指标的选取：人力方面本书选择了陕西省从事交通运输、仓储、邮政业的从业人员，指标代码：X1；财力方面本书选择了陕西省在交通运输、仓储、邮政业的投资总额，指标代码：X2；物力方面本书选择了通过换算陕西省铁路、公路的运输效率的比值来计算线路运输长度，指标代码：X3。

产出指标的选取：物流业产值，作为衡量物流业发展水平的首要指标，可以充分体现出物流效率的有效性，本书选用陕西省物流产业GDP，指标代码：Y1；交通运输货运量，包括各种交通运输方式的货运量的总和，可以充分体现出一个区域的交通运输水平，本书选取陕西省的货运量，指标代码：Y2；货运周转量，货物周转的次数与物流效率有着很大的正相关性，本书选取陕西省货运周转量，指标代码：Y3。具体如表6-1所示。

表6-1 物流业的投入与产出指标

指标类型	指标内容	指标代码
投入指标	交通运输、仓储和邮政从业人员（万人）	X1
	交通运输、仓储和邮政业投资总额（亿元）	X2
	换算后线路运输长度（万千米）	X3
产出指标	陕西省物流产业GDP（亿元）	Y1
	陕西省货运量（万吨）	Y2
	陕西省货运周转量（亿吨×千米）	Y3

6.3.1 数据收集与整理

在运用DEA模型进行效率评价时，选取的时间截面可以是一个时间点，也可以是一个时间段，本书将陕西省2008—2015年的每一年作为一个决策单元（即DMU1、DMU2…DMU8），对陕西省物流效率进行同比分析。

陕西省物流业发展的投入与产出指标选取中，从业人员数、投资额、物流业 GDP、货运量和货运周转量的取数来源为 2008—2015 年《陕西省统计年鉴》和《中国统计年鉴》，而换算后的线路运输长度则先计算陕西省铁路、公路的运输效率，得到这两个运输效率的比值，最后再换算成线路运输长度。经过数据收集与整理，陕西省 2008—2015 年的物流投入与产出数据如表 6-2 所示。

表 6-2　陕西省 2008—2015 年物流投入与产出

年份	从业人员（万人）	投资总额（亿元）	换算后线路运输长度（万千米）	物流产业 GDP（亿元）	货运量（万吨）	货运周转量（亿吨×千米）
2008	17.05	160.43	3.95	180.51	13672	345.12
2009	15.38	160.75	3.67	180.87	39056	400.32
2010	15.9	180.23	2.65	190.65	47890	188.21
2011	16.23	188.98	1.79	190.73	48321	167.56
2012	16.34	190.34	1.53	190.94	56731	154.32
2013	16.58	190.96	1.12	200.21	58324	190.47
2014	16.98	200.48	2.35	200.45	64320	434.39
2015	17.09	200.97	2.61	200.56	69839	389.43

数据来源：2008—2015 年《中国统计年鉴》和《陕西省统计年鉴》。

6.3.2　实证结果及分析

根据表 6-2 的数据，本书采用 DEAP2.1 软件用 CCR 和 BBC 模型对陕西省物流效率进行计算分析。结果评价标准为：如果投入因素可以由决策单元决定，而产出因素不能决定时，我们分析就可以考虑投入是否能减少，不管产出是否能增加（因为产出是决策单元不可控的因素）；如果产出因素可以由决策单元决定，而投入因素不能决定时，我们分析就可以考虑产出是否能增加，不管投入是否能减少（因为投入是决策单元不可控的因素）。以下是对各年份的数据分析结果。

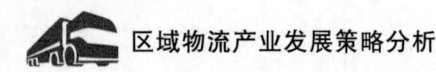

(1) 各年份数据分析

```
Results for firm (Firm):      1
Technical efficiency (Tech) = 1.000
Scale efficiency (Scale)    = 1.000    (Crs)
PROJECTION SUMMARY:
```

variable		original value	radial movement	slack movement	projected value
output	1	180.510	0.000	0.000	180.510
output	2	17.050	0.000	0.000	17.050
output	3	13672.000	0.000	0.000	13672.000
input	1	160.430	0.000	0.000	160.430
input	2	345.120	0.000	0.000	345.120
input	3	3.950	0.000	0.000	3.950

图 6-1 各年份数据分析

Firm 表示决策单元，Tech 表示纯技术率，Scale 表示规模效率，Crs 表示综合效率。如图 6-1 所示，2008 年的投入与产出指标计算结果表明在 2008 年纯技术效率与规模效率都达到 1.000 的水平，这说明 2008 年陕西省物流业投入与产出指标达到均衡，也就是说 2008 年陕西省在物流业所投入的资源被充分利用，又因为综合效率是纯技术效率与规模效率的乘积，所以在 2008 年，陕西省的物流综合水平也达到 DEA 有效水平。2009—2010 年、2012—2013 年、2015 年所得到的结果与 2008 年投入与产出结果相同，此处不再赘述。重点分析 DEA 无效的年份，即 2011 年、2014 年。具体结果如图 6-2 和图 6-3 所示。

```
Results for firm (Firm):      4
Technical efficiency (Tech) = 0.994
Scale efficiency (Scale)    = 0.997    (Irs)
PROJECTION SUMMARY:
```

variable		original value	radial movement	slack movement	projected value
output	1	190.730	0.000	0.000	190.730
output	2	16.230	0.000	0.067	16.297
output	3	48321.000	0.000	5650.507	53971.507
input	1	188.980	-1.199	0.000	187.781
input	2	167.560	-1.063	0.000	166.497
input	3	1.790	-0.011	0.000	1.779

图 6-2 2011 年 DEA 无效年份分析

Firm 表示决策单元，Tech 表示纯技术率，Scale 表示规模效率，Irs 表示规模效益递增。

2011 年具体分析如下：纯技术效率 = 0.994，规模效率 = 0.997，Irs：规模效益递增。2011 年的投入产出分析：在 2011 年出现了产出不足的情况，即第三个产出要素应比现在增加 5650.507，这说明陕西省在 2011 年的资源投入并没有获得足够的产出，又因为 DEA 无效是由纯技术效率与规模效率无效导致的，此时考虑扩大投入是不明智的，应根据具体问题进行分析，不能盲目对相关投入因素进行更改。

```
Results for firm (Firm):      7
Technical efficiency (Tech)  = 0.991
Scale efficiency (Scale)     = 0.989   (Drs)
PROJECTION SUMMARY:
```

variable		original value	radial movement	slack movement	projected value
output	1	200.450	0.000	0.000	200.450
output	2	16.980	0.000	0.000	16.980
output	3	64320.000	0.000	2940.123	67260.123
input	1	200.480	-1.738	0.000	198.742
input	2	434.390	-3.765	-84.158	346.468
input	3	2.350	-0.020	-0.038	2.291

图 6-3 2014 年 DEA 无效年份分析

Firm 表示决策单元，Tech 表示纯技术率，Scale 表示规模效率，Drs 表示规模效益递减。

2014 年具体分析如下：纯技术效率 = 0.991，规模效率 = 0.989，Drs：规模效益递减。2014 年的投入产出情况分析：第一个、第二个产出均没有冗余情况（因为其 radial movement 和 slack movement 均为零）；第一个投入要素有投入冗余 1.738；第二个投入要素有投入冗余 87.923 = 3.765 + 84.158；第三个投入要素有投入冗余 0.058 = 0.020 + 0.038。说明按 2014 年产出冗余第一个投入要素可以减少 1.738，第二个投入要素可以减少 87.923，第三个投入要素可以减少 0.058。

（2）2008—2015 年汇总结果分析

计算结果主要包括陕西省物流的总体效率 θ^*、纯技术效率 σ^*、规模效率 S^*，纯技术效率反映的是陕西省物流业在一定投入下所能达到的产出

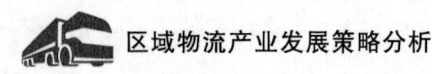

能力，规模效率反映了陕西省物流业的发展规模，如表6-3所示。

表6-3 陕西省2008—2015年物流效率评价结果

决策单元	总体效率 θ*	纯技术效率 σ*	规模效率 S*	规模效益
DMU1（2008年）	1.000	1.000	1.000	—
DMU2（2009年）	1.000	1.000	1.000	—
DMU3（2010年）	1.000	1.000	1.000	—
DMU4（2011年）	0.991	0.994	0.997	Irs
DMU5（2012年）	1.000	1.000	1.000	—
DMU6（2013年）	1.000	1.000	1.000	—
DMU7（2014年）	0.980	0.991	0.989	Drs
DMU8（2015年）	1.000	1.000	1.000	—
总体均值	0.996	0.998	0.998	

注："—"表示规模效益不变，"Irs"表示规模效益递增，"Drs"表示规模效益递减。

从表6-3的数据来看，2008年、2009年、2010年、2012年、2013年和2015年6年陕西省物流总体效率为1，达到DEA有效水平，这说明陕西省的物流投入与产出达到均衡，物流资源得到了充分利用。但2011年和2014年的物流总效率都小于1，是DEA的无效水平，说明这两年陕西省的物流产出与投入不均衡，物流效率低下。因为在DEA模型中，总效率是纯技术效率和规模效率的乘积，因此2011年的DEA无效，是由于规模效率与纯技术效率无效导致的。规模报酬处于递增阶段，反映当时物流业正处在发展中期，在技术与规模方面虽然取得了一定的发展，但是面临发展瓶颈（如技术、管理模式等有待改进）导致发展缓慢。2014年的DEA无效同样是由于规模效率与纯技术效率偏低导致，且处在规模效益递减阶段。说明此时技术方面再次面临突破难关（如信息化、物流设备的更新），而规模递减则说明物流企业的发展存在效益与质量下降问题，也就是在一定时刻投入与产出并不均衡，说明应当合理地配置物流资源，从而提高物流效率。

综合来看，陕西省物流业的总体效率为0.996，平均纯技术效率为

0.998，平均规模效率为 0.998，并且物流业规模报酬总体上处于规模报酬递增或者不变阶段，只在 2014 年出现递减，说明陕西省整体物流效率较好。虽然在 2011 年与 2014 年出现 DEA 无效，但也从侧面反映出陕西省物流效率一直在提高，在发展的过程中碰到的问题都是物流业成长阶段所必经的，从后面的年份来看是在找出问题之后积极进行解决，保持了陕西省物流效率的较快发展。

6.4 对策建议

通过对目前物流业研究成果的学习借鉴，结合我国与陕西省物流业发展现状，采用 DEA 模型对陕西省 2008—2015 年物流效率进行实证分析，经过对实际数据的对比分析得出陕西省物流业总体效率较高，但纯技术效率较低，整体规模报酬不稳定。这说明要提高陕西省的物流效率，一是要提高技术水平；二是在扩大物流业规模的同时要注重效益和质量。充分优化、整合资源并且能够合理地配置资源，从而使得投入与产出相平衡。具体相关措施有以下三点。

(1) 合理配置物流资源，提高物流资源利用率

从 DEA 模型分析可以看到，陕西省 2008—2010 年的物流效率达到了最优，即投入和产出相关性较高。根据实际数据，陕西省这 3 年的物流业状况逐年好转，但是依然存在很多问题，如主体薄弱，结构粗糙。陕西省各类物流企业数量众多，但企业质量良莠不齐。尤其是通过国家认证的 A 级物流企业和省重点物流企业凤毛麟角。另外，陕西省的七大物流园区建设时间短，发展还很不完善，相关物流资源分布不均造成大量资源浪费与成本的增加。因此，陕西省物流效率的提高可以通过优化、配置物流资源来实现，充分达到资源共享。通过对资源的有效利用，减少商品在物流运输过程中一些不必要的投资，可以使物流成本大幅度的下降。此举不仅提高了物流效率，物流企业也因此更具竞争力，收益也因此增长。

(2) 引进先进的现代物流技术与设施设备

目前，陕西省乃至我国物流设备、技术与发达国家相比差距很大。缺少自主研发，没有创新力，所用的设备跟不上时代的发展。大多数物流企业仍停留在人工分拣、人工搬卸等阶段。这样一来，一是投入的人力成本

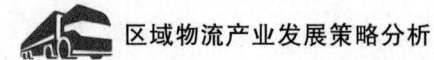

较高；二是人力出错的可能性较大，速度缓慢。这也是目前影响我国物流业效率低下的重要因素。为了提高物流业效率，首先物流业管理者要积极学习借鉴现代物流管理思想，充分与企业自身相结合，整合归纳出一套适合自身企业的物流管理系统；其次要大力引进国外高、精、尖技术和现代物流生产工艺，如仓储管理、自动化识别分拣机、自动化装车系统等。当然，引进技术及设备也不能盲目，应结合企业自身发展情况，规划引进符合自身实情的物流生产设备。因此，加快物流企业管理思想的转变，淘汰落后的技术与设备，形成一个现代化物流企业，降低物流成本，对提高物流业效率都有着极大的积极影响作用。

(3) 加大物流人才培养力度，培养多层次物流人才

在任何一个物流企业中，不管使用的技术与设备有多么先进，人才的质量与数量永远是决定物流企业发展好坏的一个重要指标。在当前形势下随着物流业的快速崛起，消费者对物流的时效性、服务水平的要求节节攀升。因此物流企业管理者也应当看到人才对于物流企业积极提高物流时效性与客户满意度的重要性。而高效的物流服务、科学的物流管理，都是通过吸纳大量高素质物流专业人才来实现的。陕西省虽然是一个教育大省，拥有的高校数量较多，但物流管理的专业课程开设历史并不悠久，师资力量比较匮乏，用于实现物流教学的资源少之又少。因此许多大学虽然开设了物流管理专业，目标在于培养稀缺的物流专业人才。但是，大学课程大多注重理论知识，仅仅是将关于现代物流管理的思想做一个简单的介绍，并没有告诉学生这些物流管理的思想与方法如何应用到实际企业中，实践能力较差。因此，培养出来的人才往往与企业的实际需要有很大的偏差。所以，陕西省的物流业人才培养计划，不应该只靠开设的物流专业学校的数量来衡量，更重要的是在向学生介绍现代物流管理理念与方法的同时，注重学生实践能力的培养。这一点可以通过定期组织学生去物流企业参观、学习和实际操作来锻炼学生的实践能力。只有通过与物流企业不断交流与学习，学校才能培养出与企业实际相结合的物流专业人才，这样不仅不会造成人才资源的浪费，而且对物流企业人才选用具有极大的现实意义。

第7章 陕西省物流产业成长分析

产业成长表示一个产业在其生命周期的一个过程，在其生命周期的不同时间段的不同状态。产业的成长外在表现为由不成熟到成熟，由诞生到发展，由小及大。内在表现为产业规模的不断扩大，企业内部的不断完善和成熟、企业功能的优化等。产业的成长过程包含了时间和空间的改变。产业成长的状态随着时间的变化而变化。从空间上来说，表现为产业规模的扩大，产业成长覆盖的区域面积的增多。产业成长也包含了量变与质变的过程，产业的不断成长，产业规模的不断扩大，产业内企业数量的不断增加，产业总值的增加，最终导致整个产业的升级，形成质变。产业成长的过程总的来说是产业规模不断扩大的过程，是产业升级的过程。在以往的研究中可以发现生态学理论可以应用于许多学术领域，其实，物流产业系统与生态系统也有诸多相似之处。

7.1 物流产业系统与生态系统组成类比

7.1.1 组成类比

生态系统主要由生物系统和非生物系统组成。非生物系统包括阳光、水分、空气、土壤等。生物系统又分为生产者、消费者、分解者三个部分，其中包括了绿色植物、动物和微生物。生物系统中各个子系统彼此制约，彼此制衡，相互影响，并形成一个稳定的循环。

物流产业系统主要由非生物系统与物流系统组成。物流产业周围的生态环境因子，包括物流产业所处的政策环境、资源环境、自然环境、交通环境、经济环境等，我们可将其视之为非生物系统。这些环境因子对物流产业能否健康成长与发展、物流产业系统能否正常运行有着极其深远且重要的影响。物流系统主要由物流生产者，即物流资源提供者；物流消费者，即物流资源的消耗者；物流分解者，即物流废弃资源的处理者组成。三者彼此影响，彼此平衡，最终形成了一个稳定的物流产业系统。

如表7-1所示，表中可以看出物流产业系统与生态系统在组成部分上具有高度的相似性。

表7-1 物流产业系统与生态系统组成类比

系统类别	生态系统	物流产业系统
组成	非生物环境	产业环境
	生产者	物流资源提供者
	消费者	物流资源消耗者
	分解者	物流废弃资源处理者

7.1.2 能量循环类比

自然界中生态系统的能量来自太阳。生态系统中的生产者吸收太阳能，转化为自身的能量，然后通过食物链逐级在消费者中传递，直至消费者死亡，这些能量又被自然界的分解者吸收消化，给生产者提供养分。自然界中生态系统的能量大体是以这样一种方式进行循环流动的。另外，能量的流动循环过程中，必然有消耗。美国著名的生态学家Lindeman认为自然界能量在食物链循环流动的过程中消耗巨大，损耗大约为百分之九十，只有百分之十的能量被下一级的消费者吸收，即十分之一定理。食物链的长度越长，那么其逐级传递的层级越多，能量的消耗越多，最终导致处于食物链顶层的消费者收获的能量越少。

物流产业系统中能量来源相对广泛。物流系统中的物流链的长度过长，环节越多，导致的能量消耗也越多。在物流系统的循环过程中物流能量的消耗主要由物流运输中能量的损耗体现。这种能量损耗的形式有很多种，如物流链环节过多导致的人力资源的浪费、尾气的排放、设备的损耗等。这些能量的损耗在现实中会在物流的运输过程中直接导致物流系统运行成本的增加和效率的降低。在物流的运输过程中,简化物流链间环节,减少能量的损耗,可以直接创造价值,增加物流产业的价值利润。

如表7-2所示,我们可以看到物流产业系统与生态系统在能量循环过程的各个方面具有很强的相似性。这为后续章节中应用生态位理论分析物流产业成长奠定了理论基础。

表7-2 物流产业系统与生态系统能量循环过程类比

系统类别	生态系统	物流产业系统
能量来源	太阳能	多种形式能量
能量损耗形式	热能	人力资源损耗,废弃物,废水等
能量流动途径	食物链	物流链
能量流动作用	系统运行动力	维护系统稳定有序运转
能量流动特点	逐级递减	损耗,价值增长

7.2 物流产业成长特性及规律

7.2.1 物流生态因子

(1) 资源生态因子

资源是物流产业系统的基础。各类资源如自然资源、人力资源、产业环境资源、技术资源、信息资源等是整个物流产业系统运行的基础,是物流产业系统的支撑者。这些资源的好坏优劣直接关系到整个物流产业系统能否高效有序运转。

(2) 市场生态因子

市场生态因子是连接整个物流产业系统与市场的重要纽带。市场的繁荣与否直接影响物流产业系统的成长与发展。经济指标与物流产业指标(如第三产业增加值、物流业增加值对整个GDP的贡献等)的关系直接反映了市场对物流产业的需求程度。

(3) 环境生态因子

物流产业系统所处的环境包括自然环境、社会环境、政策环境、经济环境等,对物流产业的成长与发展有着巨大的影响,起着至关重要的作用。拥有一个良好的环境是物流产业健康高速发展的必要条件。

因此本书认为在整个物流产业系统中，环境生态因子是物流产业健康成长的保障，市场生态因子是物流产业快速成长的助推器，资源生态因子是物流产业必不可少的核心。物流生态因子结构如图7-1所示。

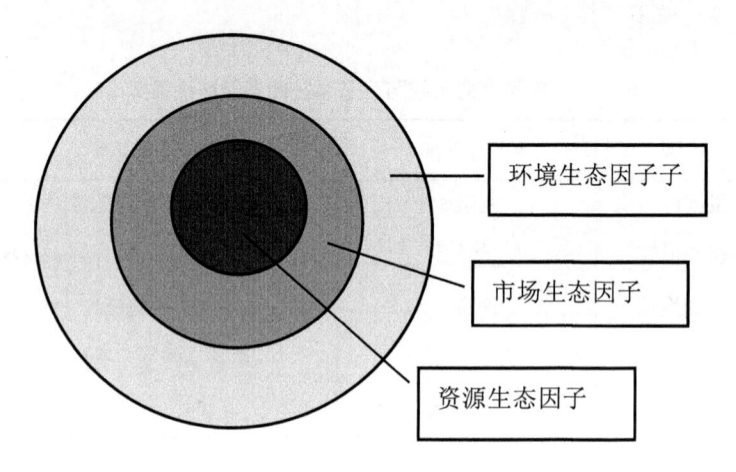

图7-1 物流生态因子结构

7.2.2 物流产业生态位

在整体产业发展的过程中，我们将一个产业与其他相关产业的竞争过程中所处的地位、产业价值、产业功能称为产业生态位。物流产业生态位立足于产业生态位理论，将单个的物流产业系统视之为整个经济产业系统的一部分，将物流产业中的各个子产业当作生态元。这些子产业的发展良好与否，直接关系到了整个物流产业与其他相关产业竞争过程中体现出来的产业价值。合理配置物流产业生态位有利于物流产业系统的健康高速发展，在与其他相关产业的竞争过程中体现出最大的产业价值，促进产业结构的调整与发展。

在生态位态势的理论基础上研究物流产业生态位的态势。"态"指的是物流产业成长的状态状况，在现实中具体表现为物流产业产值、产业环境、产业技术的成长发展。"势"指的是物流产业在现实成长发展过程中呈现的一种趋势。在现实中具体表现为物流产业增加值，对国民经济的贡献率等。

对物流产业成长发展的现状和趋势进行研究分析，计算现实中物流产业生态位的适宜度，再与理论上物流产业的最佳适宜度进行彼此验证比较，确保两者之间的贴近度，使物流产业能够高速健康成长与发展。

7.2.3 从生态学角度探寻物流产业成长规律

（1）竞争共生规律

本书的第二章简单地介绍了生态学理论中的共生理论，即自然界的生物体之间存在着高度相关的共生关系。从三维空间分布的角度来说，各生物种群共同生存在一定的区域范围内；从物种生存的角度来说，各生物物种之间，彼此协作，共同生存，从其他物种中获取便利或利益，使物种能够得到更好的繁衍。生物之间的共生性保证了自然生态系统中生物物种的多样性，提高了自然生态系统内物种的进化繁衍的能力。同时，在正常的自然界的生态系统中，物种之间无时无刻不存在着激烈的竞争。优胜劣汰，适者生存的法则同样适用于我国的物流产业系统。在我国的物流产业系统中，各物流企业之间存在着竞争，但同时，他们又彼此共生，在一定区域内彼此协作、共同生存，共同维持促进着物流产业的成长与发展。由此可见，竞争与共生将在相当长的一段时间伴随着我国物流产业的成长与发展。竞争是我国物流产业成长的动力，对物流产业的成长和发展有促进作用，而共生是物流产业逐渐走向成熟的具体体现。

（2）物流产业的创新规律

在自然界的生态系统中，物种在漫长的演变过程中会出现变异进化，以适应不断变化的生存环境。物流产业在成长发展的过程不是一蹴而就的，而21世纪以来全球的科技水平不断提高，变化日新月异。假如物流产业在成长的过程中未能跟紧世界发展的步伐，与时俱进，必然会落后于其他产业的发展，所以物流产业的革新十分重要。不仅要吸收新的技术和管理经验，还要将其应用在物流技术领域，在日常的物流链上体现出来。

（3）物流产业的进化规律

在自然生态环境中，物种随着生存环境的改变而发生整体物种的改变，我们将这种现象称之为物种进化。物种进化是自然生态环境的选择，同时也是物种适应环境的结果。在中国物流产业的成长过程中，企业如果不能适应不断变化的物流产业生态环境，那么就失去了立足之本，将会被

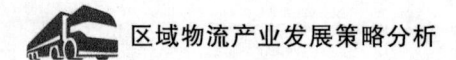

时代的洪流淹没，被客户所抛弃。物流产业成长的实质其实就是不断淘汰，不断创新而后不断进化的过程。

7.3 基于生态理论的陕西省物流产业生态位态势分析

物流产业生态位指的是物流产业中各产业化资源——运输业、仓储业、装卸业、包装业、加工配送业、物流信息业特征属性的表现，在信息交换、物质循环、能量转移、价值链增值等过程中起到关键作用，反映出物流业在与其他相关产业（工业、农业等）互动中体现出来的产业价值。对于陕西省物流产业来说，物流产业生态位态势是其在成长发展过程中反映出来的产业特征与产业价值。本节将应用生态位态势模型对陕西省物流产业在成长过程中生态位的变化进行测度，从而分析陕西省物流产业在国民经济中所处的位置。

（1）相关概念界定

绝对生态位：绝对生态位反映的是物流产业成长过程中表现出来的特征与状态，是生态位的"态"与"势"的绝对数值表现。"态"与"势"在第3章中有所介绍，这里不再重复叙述。物流产业生态位的"态"指存在状态，而"势"指变化状态。"态"的表现有很多种，如社会物流产值、物流业增加值、物流总费用、货运量、货物周转量等，一切反映物流产业存在状态的指标都可以称为物流产业生态位的"态"；同理，"势"的表现也有很多种，如增长率、变化速率等，一切反映物流产业变化状态的指标都可以称为物流产业生态位的"势"。

（2）指标选取依据

唐建荣（2010）在研究物流产业集聚体"生态位适宜度"时选取了资源生态位、制度生态位、市场生态位、技术生态位四个生态位要素。资源生态位包括测度物流产业从业人员、物流在岗职工平均工资、固定资产投资。市场生态位包括第三产业增加值、批发零售份额、交通运输总量。制度生态位包括货物进出口总额、财政支出总额、外商投资额。技术生态位将科研人员人数作为指标选取依据。针对陕西省物流产业的生态位研究，本书从市场生态位切入分析，以多个物流指标为基础进行研究。

本书以物流业增加值、社会物流总额、社会物流总费用及物流产业总产值作为物流产业生态位的"态"指标，以物流业增加值变化量、社会物流总额变化量、物流总费用变化量及物流产业总产值变化量作为物流产业生态位的"势"指标，构建物流产业生态位态势测度指标体系如表7-3所示。

表7-3 陕西省物流产业生态位态势测度指标体系

物流产业生态位"态"指标（S）	物流业增加值 S_1 社会物流总额 S_2 物流产业总产值 S_3 社会物流总费用 S_4
物流产业生态位"势"指标（P）	物流业增加值变化量 P_1 社会物流总额变化量 P_2 物流产业总产值变化量 P_3 物流总费用变化量 P_4

生态位态势测度指标选取主要考虑以下几个因素：一是指标的科学性，选取的指标要充分体现与物流产业成长的相关度。历年的《中国物流年鉴》《陕西省统计年鉴》都是以物流业增加值、社会物流总额、物流总费用及物流产业总产值为主要统计对象，因此这四个指标及四个指标的变化量能充分反映我国物流产业成长的水平与状态；二是数据的可得性，由于这几项指标的数据在《中国物流年鉴》和《陕西省统计年鉴》中较容易获得，而且可以获取超过十年的数据，故其能充分反映我国物流产业生态位的变化趋势；三是指标的综合性与全面性，这些测度指标能够全面反映物流产业成长的态势，并非是单纯测度某一个方面的指标，如货运量及货物周转量也是物流产业成长的测度指标之一，但其主要反映的是运输服务水平，并不能完全反映物流服务水平与状态，因此不能将其作为测度指标；四是指标的无量纲性及可度量性，由于选取的这些指标都以万亿元为单位，消除了其量纲性，能够准确反映原始数据包含的信息，保证综合测度结果的准确性。

(3) 指标释义

物流业增加值是反映物流业发展的重要指标之一，包括交通运输物流业增加值与仓储物流业增加值、批发物流业增加值、配送及加工和包装物流业增加值，以及邮政物流业增加值。社会物流总额是指在统计报告期内社会物流物品的价值总额，包括农产品物流总额、工业品物流总额、外部流入货物物流总额、进入需求领域的再生资源物流总额和单位与居民物品物流总额。它在很大程度上决定了社会物流产业活动的规模，其增长变化一定程度上反映出物流需求的增长变化。社会物流总费用是统计报告期内国民经济各方面用于社会物流活动的各项费用支出总和，包括支付给运输、储存、装卸搬运、包装、流通加工、配送、信息处理等各个物流环节的费用，应承担的物品在物流期间发生的损耗，因资金占用而应承担的利息支出及管理费用等，其占国民经济比重的大小反映了物流产业整体效益的高低。物流产业总产值表示区域物流产业在一定时期内从事社会物流活动总成果的货币表现，即物流产业在一定时期内物流活动的收入。物流产业总产值是从价值上衡量物流产业活动成果的一项综合性指标，也是计算物流产业增加值的基础。指标变化量的增加或减少可以表现各指标不同年份的变化趋势，其具体计算方法在下节再进行具体介绍。

(4) AHP 权重计算结果与过程

对客观事物的定义常会受到决策者的主观影响，为了克服主观性，尽量做到客观性描述，需要对判断矩阵做一致性检验，检验指标如下：

$$CI = \frac{\lambda \max - n}{n - 1}$$

为了度量不同阶数判断矩阵是否具有一致性，需要引入判断矩阵的平均随机一致性指标 RI 值，表 7-4 给出了 1-15 阶判断矩阵的 RI 值表。当阶数大于 2 时，判断矩阵的一致性比率 CR = CI/RI，若 CR 小于 0.10，即认为判断矩阵具有满意的一致性，否则需要调整判断矩阵，直到其具有满意的一致性。

表 7-4　平均随机一致性指标 RI 值

n	1	2	3	4	5	6	7	8	9	10	11	12	13	14	15
RI	0	0	0.52	0.89	1.12	1.26	1.36	1.41	1.46	1.49	1.52	1.54	1.56	1.58	1.59

表 7-5 判断矩阵 A

判断矩阵，权重系数（倒数第二列）和特征值（最后一列）					
1	2	2	2	0.3843	4.1877
0.5	1	0.5	0.25	0.1203	
0.5	2	1	1	0.2199	
0.5	4	1	1	0.2755	
CI =	0.0626	RI =	0.89	CR =	0.0695
通过！	一致性检验！				
判断矩阵 A 两两比较矩阵，权重系数（倒数第二列）和特征值（最后一列）					
1	2	2	2	0.3843	4.1877
0.5	1	0.5	0.25	0.1203	
0.5	2	1	1	0.2199	
0.5	4	1	1	0.2755	
按列求和					
2.5	9	4.5	4.25		
按列标准化矩阵					
0.4	0.2222	0.4444	0.4706		
0.2	0.1111	0.1111	0.0588		
0.2	0.2222	0.2222	0.2353		
0.2	0.4444	0.2222	0.2353		
计算特殊值矩阵和行加总（倒数第二列）行特征值（最后一列）					
0.3843	0.2405	0.4399	0.551	1.6157	4.2041
0.1922	0.1203	0.11	0.0689	0.4913	4.0849
0.1922	0.2405	0.2199	0.2755	0.9281	4.2199
0.1922	0.481	0.2199	0.2755	1.1686	4.242
CI =	0.0626	RI =	0.9	CR =	0.0695
通过！	一致性检验！				

由表 7-5 可得，CI = 0.0626，查表 7-4 可知，当 n = 4 时，RI = 0.89，所以 CR = CI/RI = 0.0626/0.89 约等于 0.07 小于 0.1，表明该判断矩阵通过一致性检验。

表 7-6 判断矩阵 B

判断矩阵，权重系数（倒数第二列）和特征值（最后一列）					
1	4	1	5	0.4444	4.2612
0.25	1	0.3333	1	0.1095	
1	3.0003	1	1	0.2916	
0.2	1	1	1	0.1544	
CI =	0.0871	RI =	0.89	CR =	0.0967
通过！	一致性检验！				
判断矩阵 B 两两比较矩阵，权重系数（倒数第二列）和特征值（最后一列）					
1	4	1	5	0.4444	4.2612
0.25	1	0.3333	1	0.1095	
1	3.0003	1	1	0.2916	
0.2	1	1	1	0.1544	
按列求和					
2.45	9.0003	3.3333	8		
按列标准化矩阵					
0.4082	0.4444	0.3	0.625		
0.102	0.1111	0.1	0.125		
0.4082	0.3334	0.3	0.125		
0.0816	0.1111	0.3	0.125		
计算特殊值矩阵和行加总（倒数第二列）行特征值（最后一列）					
0.4444	0.4381	0.2916	0.7722	1.9463	4.3797
0.1111	0.1095	0.0972	0.1544	0.4723	4.3116
0.4444	0.3286	0.2916	0.1544	1.2191	4.1803
0.0889	0.1095	0.2916	0.1544	0.6445	4.1731
CI =	0.0871	RI =	0.9	CR =	0.0967
通过！	一致性检验！				

由表 7-6 可得，CI = 0.0871，查表 7-4 可知，n = 4 时，RI = 0.89，所以 CR = CI/RI = 0.0871/0.89 约等于 0.09 小于 0.1，表明该判断矩阵通过一致性检验。

(5) 确定权重

本书采用层次分析法（AHP）确定权重，AHP 能够确定各决策要素对总目标的重要程度，并对其进行排序，是确定各评价指标权重大小最常用的方法之一。根据 AHP 的计算结果，得到物流产业生态位态势测度指标体系的各指标权重及权重总排序，指标权重均通过一致性检验，见表 7-7。

表 7-7 陕西省物流产业生态位态势测度指标体系

一级指标	一级权重	二级指标	二级权重	综合权重	总排序
物流产业生态位"态"指标	0.5	社会物流总额（亿元）S_1	0.3843	0.1922	2
		物流产业增加值（亿元）S_2	0.1203	0.0602	7
		物流产业总产值（亿元）S_3	0.2199	0.1100	5
		社会物流总费用（亿元）S_4	0.2755	0.1378	4
物流产业生态位"势"指标	0.5	社会物流总额变化量 P_1	0.4444	0.2222	1
		物流产业增加值变化量 P_2	0.1095	0.0548	8
		物流产业总产值变化量 P_3	0.2916	0.1458	3
		社会物流总费用变化量 P_4	0.1544	0.0772	6

计算结果显示社会物流总额的变化量权重最大。第二位是陕西省社会物流总额，社会物流总额代表了陕西社会物流物品价值总值，在相当大的程度上反映了陕西省物流需求的变化，也体现了陕西省物流产业的发展状况。第三位是陕西省物流产业总产值的变化量，物流产业作为第三产业的重要组成部分，物流产业的总产值增长的变化直接影响第三产业在国民经济中的占比，也从另一方面反映了陕西省物流产业未来的前景和机遇。第四位是陕西省社会物流总费用的变化量，社会物流总费用的变化量代表了在物流产业的发展过程中，物流总费用支出的增长速度，速度越快，则代表陕西省物流产业的效率越低下。反之，速度越慢，则代表陕西省物流效益越好。第五位是陕西省物流产业总产值，物流产业总产值直接反映了陕西省物流产业的成长状况，与国民经济息息相关。权重最小的是陕西省物流产业增加值和其变化量，物流产业的增加值及其变化量在一定程度上体现了陕西省物流产业的成长状况，但是社会物流总额的变化在对其现状分析中更加直观地体现出陕西省物流产业成长的需求变化，因此权重最小。

通过计算陕西省物流产业的生态位"态""势"，分析陕西省物流产业的成长状况计算结果如表7-8和表7-9所示。

表7-8 2006—2014年陕西省物流产业生态位态势测度数据（单位：亿元）

年份	S_2	S_1	S_3	S_4	P_2	P_1	P_3	P_4
2006	0.0000	0.0000	0.0000	0.0000	—	—	—	—
2007	0.0927	0.0544	0.0550	0.0745	0.3505	0.1068	0.1077	0.2004
2008	0.2148	0.1288	0.1289	0.2049	0.3423	0.1319	0.1305	0.2919
2009	0.2585	0.2743	0.2735	0.2723	0.0911	0.2280	0.2260	0.1169
2010	0.3973	0.3512	0.3503	0.4132	0.2654	0.0980	0.0980	0.2186
2011	0.5788	0.4925	0.4918	0.5984	0.2744	0.1642	0.1642	0.2360
2012	0.7057	0.6585	0.6557	0.7616	0.1505	0.1656	0.1635	0.1681
2013	0.9302	0.8910	0.8896	0.8990	0.2314	0.1991	0.2005	0.1212
2014	1.0000	1.0000	1.0000	1.0000	0.0585	0.0778	0.0789	0.0795

表7-9 2006—2014年陕西省物流产业生态位计算结果

年份	S_1	S_2	S_3	S_4	P_1	P_2	P_3	P_4	态值	势值	绝对生态位
2006	0.0000	0.0000	0.0000	0.0000	—	—	—	—	0.0000	—	—
2007	0.0178	0.0033	0.0060	0.0103	0.0779	0.0058	0.0157	0.0155	0.0374	0.1149	0.1523
2008	0.0413	0.0077	0.0142	0.0282	0.0761	0.0072	0.0190	0.0225	0.0914	0.1248	0.2163
2009	0.0497	0.0165	0.0301	0.0375	0.0202	0.0125	0.0329	0.0090	0.1338	0.0747	0.2085
2010	0.0763	0.0211	0.0385	0.0569	0.0590	0.0054	0.0143	0.0169	0.1929	0.0955	0.2884
2011	0.1112	0.0296	0.0541	0.0824	0.0610	0.0090	0.0239	0.0182	0.2773	0.1121	0.3895
2012	0.1356	0.0396	0.0721	0.1049	0.0334	0.0091	0.0238	0.0130	0.3522	0.0793	0.4315
2013	0.1787	0.0536	0.0978	0.1238	0.0514	0.0109	0.0292	0.0094	0.4540	0.1009	0.5549
2014	0.1922	0.0602	0.1100	0.1378	0.0130	0.0043	0.0115	0.0061	0.5000	0.0349	0.5349

图7-2反映了陕西省物流产业生态位的"态"值变化。在陕西省物流产业"态"值变化中社会物流总额数额最大，其权重也较高，所以社会物流总额在陕西省物流产业生态位中对"态"的贡献巨大。其次是物流产业总产值，这体现了物流产业总产值在陕西省物流产业生态位中处于较高位置。从图7-2可以看出陕西省物流产业的"态"值变化2006—2014年

呈稳步增长趋势，物流产业的增加值是稳定的。陕西省物流产业总费用数额在 2006—2014 年起伏不大，较为平稳，总体呈缓慢增长趋势且速度维持在 18% 左右。说明陕西省物流产业的总体物流效益不高、整体物流效率低下，是其物流产业健康快速成长的主要障碍。

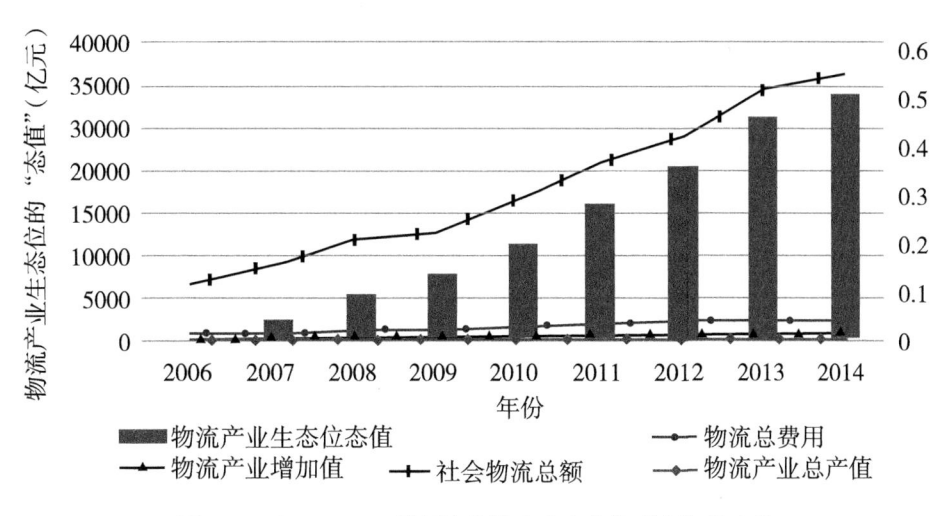

图 7-2 2006—2014 陕西省物流产业生态位"态"值变化

图 7-3 反映了陕西省物流产业生态位的"势"值变化。与稳步增长的"态"值相比，陕西省物流产业的"势"值总体呈不稳定的上下起伏的

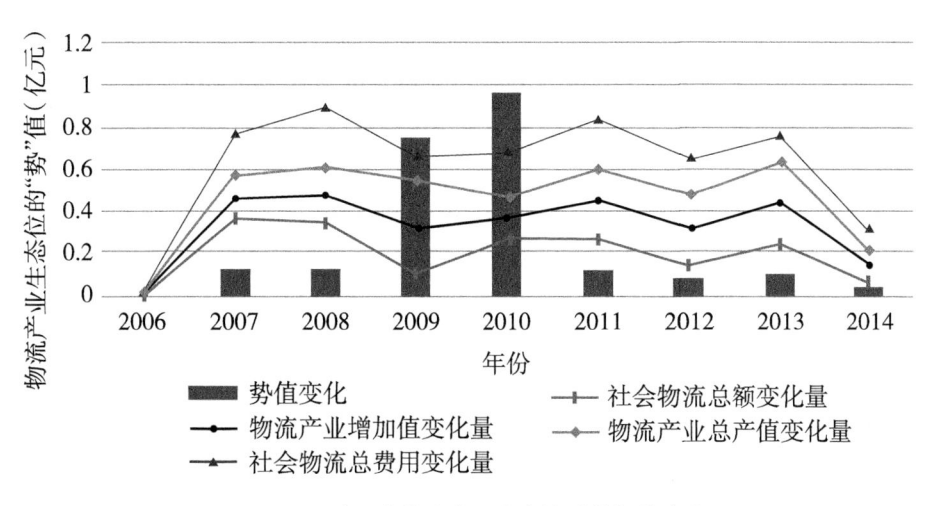

图 7-3 陕西省物流产业生态位"势"值变化

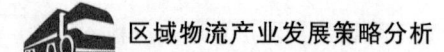

状态，可以看出2008年受金融危机影响，陕西省物流产业"势"值变化较快，增长速度波动较大。2011年以后陕西省物流产业的各个测度指标增长速率趋于平缓。通过对陕西省物流产业生态位"态""势"进行测度分析可看出陕西省物流产业已经形成了一定的规模，陕西省物流产业生态位的"态"和"势"正在逐年增加，其绝对生态位逐年增长，反映出陕西省物流产业正在不断成长、快速发展。

7.4 实现陕西省物流产业成长生态化

实现陕西省物流产业生态化是一个漫长而艰苦的过程，必须以转变现有物流观念为基础，依据前文提出的陕西省物流产业发展的理论障碍、技术障碍以及制度障碍，应采取针对性措施解决陕西省物流产业发展存在的问题，从而为实现陕西省物流产业生态化扫除障碍。

（1）理念层面

需要从观念上接受物流产业生态化这个概念，认识物流产业的成长对环境造成的各类影响。政府部门以及教育机构要鼓励学者多进行有关物流产业生态化的研究探讨，探索实现物流产业生态化的理论路径，为实现物流产业生态化提供理论基础；应设立相关期刊专栏，鼓励学者们对物流产业成长生态化领域进行深入探索。同时，要大力宣传建设资源节约型和环境友好型社会，在物流产业领域内通过科学普及的形式，使从业人员了解物流活动对环境造成的破坏和对资源的浪费，也要让人们意识到物流产业生态化对物流产业带来的巨大革新与潜在盈利空间。鼓励物流产业系统中各个子系统子产业进行产业转型。通过电视网络媒体加强宣传，提高全民的节能减排意识、保护环境意识，使保护环境、节约资源的观念贯彻到日常物流活动的每一个环节。

（2）技术层面

物流产业系统中各个子系统子产业在物流产业成长生态化过程中应与建设资源节约型社会和环境友好型社会理念相契合，做到科学发展、可持续发展、大力发展物流产业生态科技技术，在日常的物流活动中，做到物流资源的有效配置、提高物流效率、节约物流成本。科技是第一生产力，是在技术层面实现物流产业生态化的巨大推动力。在日常物流活动中最大的问题就是资源的浪费和对环境的破坏。为解决这些问题，就要找出其根源，从根源上解决问题。运输是物流活动中重要的一环，在运输过程中排放的尾气、造成的噪声污染等环境问题尤其严重。陕西的煤气资源丰富，许多出租、家用轿车都用油气资源来供能。因此，可以考虑研究生产油电混合供能或者油气混合供能的运输车，增设尾气处理装置，极大地缓解用汽油、柴油供能的运输车辆大量排放尾气、造成噪声污染的问题。在仓储过程中，可以使用大量清洁能源如太阳能与风能来作为仓储的基础能源，优化仓储管理系统，合理布局，确保物流物品进出库的安全性与高效性。在物流产品包装过程中采用绿色可降解的包装产品，杜绝一次性包装产品的使用。同时对废弃的包装产品进行回收利用，分类处理。

（3）制度层面

实现物流产业成长生态化需要完善物流产业生态化相关法律法规，在产业内部与政府部门建立有效的奖惩制度，帮助整个物流产业完成产业转型。本书在分析陕西省物流产业生态化的制度障碍时指出，与物流产业相关的法律法规在其他法律法规中虽有体现，但过于零散，缺乏系统性，在制度层面阻碍了物流产业生态化的发展。政府部门应当尽快系统性地出台一部有关物流产业生态化的相关法律法规，如规定物流产品包装材料的选用范围，杜绝一次性不可降解的包装材料的使用，监督控制物流运输车辆的尾气排放，对老旧的、排放量大的物流运输车辆进行淘汰处理、不允许其进行物流运输。把保护环境节约资源落实到日常的物流活动中，督促激励企业进行产业转型。明确实行责任与奖惩机制，对破坏环境的物流企业进行责任追究与惩戒，对保护环境的物流企业进行激励奖赏。同时政府可以建立试点进行物流产业生态化实践，包括建造物流园区，加强物流基础设施设备建设，对进行转型的物流企业提供大力的支持。激励更多的物流企业进入到转型的队伍中来。同时政府部门应该引导企业多应用第三方物流，支持和发展第三方物流，对物流资源进行合理配置，减少资源浪费。

陕西省作为全国物流交通运输的重要枢纽之一，其物流产业的发展有着得天独厚的优势，大力发展物流产业生态化，推动物流产业的转型，加快物流信息平台的构建，实现物流信息共享，帮助物流企业加强信息交流，对加快陕西省国民经济的发展具有极其重要的意义。

第8章 西安市现代物流服务业发展对策分析

8.1 现代物流服务业与西安区域经济协同发展模型分析

8.1.1 系统动力学方法

系统动力学（System Dynamics，SD）是系统科学理论与计算机仿真紧密结合、研究反馈结构与行为的一门科学，是系统科学与管理科学的一个重要分支。它是由美国麻省理工学院教授 Forrester 在 20 世纪 60 年代创立的，该方法注重系统内部结构和反馈机制，更为重视变量间的反馈关系是否合理，以及模型结构是否正确。如若结构流程图得以确定即可进行模拟分析，而对参数取值精确度并无严格要求，因此，在历史数据缺乏的情况下可应用系统动力学方法进行分析。系统动力学模型既有描述系统各要素之间因果关系的结构模型，又有用专门形式表现的数学模型，据此进行仿真试验和计算，以掌握系统未来的动态行为，是一种定性分析和定量分析相结合的仿真技术。SD 模型被誉为实际系统的"战略与决策实验室"，可以对系统进行不同情景及政策下的模拟，并可以此为基础优选政策或者提出调控方案。

本书运用 Vensim PLE 系统动力学仿真软件进行建模。该软件是一个基于视窗界面的系统动力学建模工具，提供了功能强大的图形编辑环境，具有以下特点：①利用图示化编程建立模型；②数据共享性强；③运用多种分析方法对模型进行分析；④真实性检验。

8.1.2 模型构建

(1) 系统分析

通过分析西安区域经济发展与现代物流发展水平之间的相互影响关系，建立第三方物流与西安区域经济协同发展的系统动力学模型[123]，其协调发展过程主要包括两个正反馈回路和一个负反馈回路，如图8-1所示。区域经济的发展必将引起物流需求的增加，若物流系统能力不足则会造成货物挤压，物流单位成本增加，从而制约经济的进一步发展；而随着经济的发展，物流投资又会增加，从而改善物流供给能力与供给水平，最终促进经济的进一步增长；因供给的增加，物流企业会完成更多的物流量，一方面促进其物流供给能力的增强，另一方面也将使企业增加物流外包，使第三方物流企业完成更多的物流量，增加其收入，完善其自我发展。

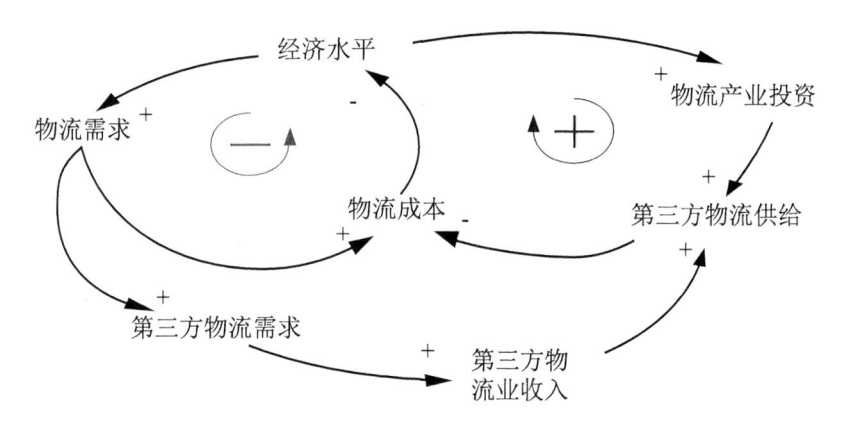

图8-1 现代物流与西安区域经济协同发展的因果关系

(2) 区域经济发展子系统

衡量经济发展的指标很多，此处根据系统要素分析结果，将GDP作为水平变量来衡量西安区域经济的发展水平。区域经济的发展受很多因素影响，为简化模型，在此系统中，把影响经济的因素分为两部分——经济增长率（以GDP增长率表示）和物流阻碍率（与物流差异和理想费用相关）。经济自然增长率主要受GDP增长率影响；物流阻碍率越低，GDP增长越快，相反，GDP增长越慢。

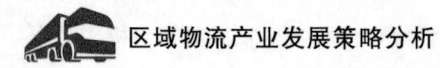

(3) 物流需求子系统

该子系统主要受以下因素影响：物流需求增长率（主要与社会经济发展水平、物流费用差异程度有关）；物流需求阻碍率（其一定程度上应该与第三方物流的服务水平及企业对第三方物流企业的信任程度有关，为简化模型，此处将其体现在第三方物流供需比上）。

(4) 物流供给子系统

该子系统主要受物流能力增长率和物流消耗率影响，前者体现在政府和物流企业对物流的投入与投资，既包括资金上的投资，更应包括物流服务水平上的投入；随着物流设施和物流工具等的老化，第三方物流供给能力必将受到影响，为此，必须要考虑物流消耗率对物流供给能力的阻碍作用。

该模型确定的状态变量主要包括：GDP、第三方物流需求、第三方物流供给。流率变量主要包括：经济自然增长率、物流阻碍率、物流需求阻碍率、物流需求增长率、消耗率等。另外，还包括若干流率变量和辅助变量。

系统流程图只能说明系统中各变量间的逻辑关系与系统构造，并不能显示其定量关系。在进行模拟之前，必须对模型中的所有常数、表函数及状态变量方程的初始值赋值。为参数取值的依据主要是：①依照西安市的实际发展状况；②类比其他城市的发展历程，参考西部其他城市及沿海已发展城市；③西安市政府所做的发展规划（如《西安市城市管理"十一五"规划》、2005—2010年《西安市统计年鉴》等）[124]。

8.1.3 系统流程

该系统动力学分析以VENSIM软件为平台，在对第三方物流与西安区域经济协同发展系统进行详细分析的基础上，建立了系统流程（见图8-2）。

8.1.4 模型方程

①差异延迟 = DELAY3（物流差异，延迟时间）。单位：亿元，差异延迟指物流费用的差异对经济发展而造成的延迟；

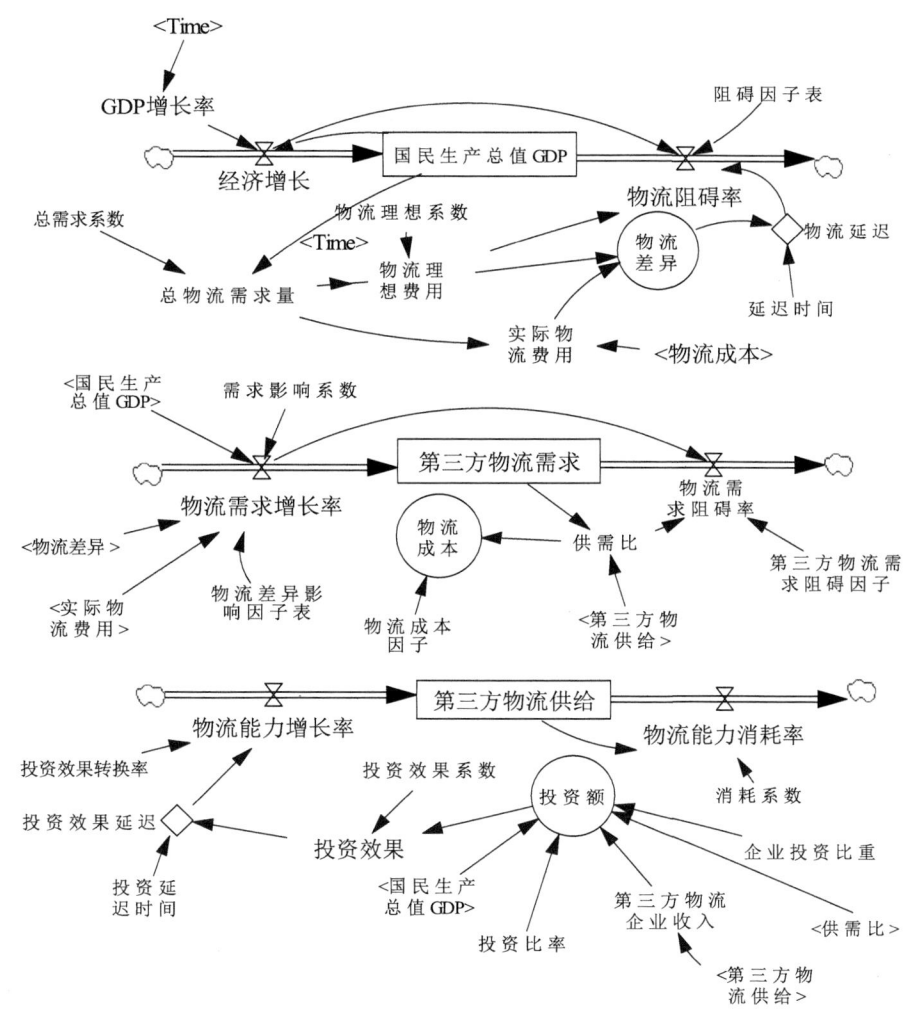

图8-2　第三方物流与西安区域经济协同发展流程

②第三方物流需求 = INTEG（物流需求增长率 - 物流需求阻碍率，初始值）。单位：亿元；

③第三方物流供给 = INTEG（物流能力增长率 - 物流能力消耗率，初始值）。单位：亿元，此供给主要是第三方物流企业供给值，代表供给水平，非单指供给量；

④供需比 = 第三方物流供给/第三方物流需求。单位：Dmnl（代表无纲量，下同）；

⑤经济增长率 = 国民生产总值GDP×总产值增长率。单位：亿元/年，

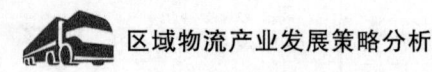

经济增长率指 GDP 每年增长量，它是时间的表函数，随着时间的不同，每年增长幅度不同；即 WITH LOOKUP {Time，[（2005，0.15）-（2015，0.18）]，（2005，0.15），（2006，0.17），（2007，0.21），（2008，0.25），（2009，0.18），（2010，0.19），（2013，0.15），（2015，0.14）}；

⑥理想物流费用 = 总物流需求量×物流理想系数；

⑦需求系数 = C GDP 相对于总物流需求量的比例关系，C 代表常数；

⑧投资额 = GDP×投资比率 + 第三方物流企业收入×企业投资比重（供需比）；

⑨投资效果 = 投资额×投资效果系数。单位：亿元/年；

⑩投资效果延迟 = DELAY（投资效果，投资延迟时间）。单位：亿元/年，它指在投资过程中，由于其他因素的存在对投资效果造成延迟；

⑪投资转换率 = C。单位：Dmnl，投资转换率主要与第三方物所处的环境有关，如政策等；

⑫物流差异 = 实际物流费用 - 理想物流费用；

⑬物流能力消耗率 = 消耗系数×第三方物流供给；

⑭物流需求阻碍率 = 物流需求增长率×第三方物流需求阻碍因子（供需比）；

⑮物流能力增长率 = 投资效果延迟×投资效果转换率；

⑯物流需求增长率 = GDP×物流差异影响因子（差异延迟/实际物流费用）；

⑰物流阻碍率 = 经济自然增长率×阻碍因子（差异延迟/理想物流费用）。

8.1.5 参数值确定

以西安市为研究单位，以该区域的数据进行系统仿真，仿真时间为 2005—2015 年。对于模型中的各参数，由于影响因素众多，很难得到精确数据。因此，对于这些数据，一般采取结合经验和数学计算的方法进行试验寻优。

1）初始值及常数确定

初始值的确定是以基础年的数据为基础，此模型中选用西安市 2005 年的基础资料作为模型基准年资料，见表 8-1。

第8章 西安市现代物流服务业发展对策分析

表 8-1 参数的取值及说明

初始值及常数	取值	取值说明
社会生产总值	1313.93 亿元	2005 年《西安市统计年鉴》
第三方物流需求	38.79 亿元	按照 2005 年第三方物流比重占总物流产值比重计算所得（取全国比重 18%）
第三方物流供给	4.85 亿元	按照 2005 年第三方物流供给占总物流供给量
需求系数	0.5	因缺乏相关数据，故取全国平均数值
物流理想系数	0.6	参考其他城市拟定为 0.6
投资转换率	0.5	投入资金转换为供给能力的因子，根据各地政策、管理水平的不同而不同初步设为 0.5
投资效果系数	0.7	影响投资效果的因子，时期不同，水平不同，因子也不同，初步设为 0.7
投资比率（GDP 分配比率）	0.036	根据统计年鉴数据作线性回归计算而得
消耗系数	0.02	根据一般设备的折旧估计而得

2）其他影响因子的确定

（1）经济增长率

根据《西安市统计年鉴》，2005 年西安市的国民经济增长率为 15% 左右。

（2）阻碍因子（估计）

见表 8-2。

表 8-2 阻碍因子表

物流差异/理想费用	-1	0	1	2
阻碍因子	-0.006	0	0.01	0.03

（3）物流成本因子（估计）

见表 8-3。

物流成本因子的确定，以 2005 年现代物流供需比数据进行拟定，按照物流费用在国民经济生产总值中的比例，算出物流成本约为 2.4 亿元。若供需比降低，说明物流供给不能满足现代物流的需求，物流成本升高；反之，物流成本降低。估算 2005 年物流供需比为 0.13。

表 8-3 物流成本因子表

供需比	0.1	0.5	1	2
成本因子	1.8	1.4	0.1	0.6

(4) 第三方物流需求阻碍因子（估计）

见表 8-4。

随着经济水平的不断发展，基于供需比的物流需求的阻碍因子会越来越小。

表 8-4 第三方物流需求阻碍因子表

供需比	0.1	0.5	1	3
物流需求阻碍因子	0.9	0.6	0.3	0.05

(5) 物流差异影响因子（估计）

见表 8-5。

当物流差异占实际费用的比例增大时，企业为了降低物流费用将进行物流外包。

表 8-5 物流差异影响因子表

物流实际/理想费用	0	0.3	0.55	0.6	0.7
物流差异影响因子	0.12	0.31	0.63	0.74	0.85

(6) 企业投资比重（估计）

见表 8-6。

当供需比较小时，企业则会增加投资比重，而随着其扩大，企业的投入也会减少；当供需平衡时，企业则会按照一定的比重投入，以维持企业的正常运转。

表 8-6 企业供需比

供需比	0.1	0.5	1	2
企业投资比重	0.6	0.4	0.2	-0.3

第8章 西安市现代物流服务业发展对策分析

8.1.6 仿真

(1) GDP 趋势

西安地区 GDP 呈不断增长态势,且年增长量逐年上升。如图 8-3 所示。

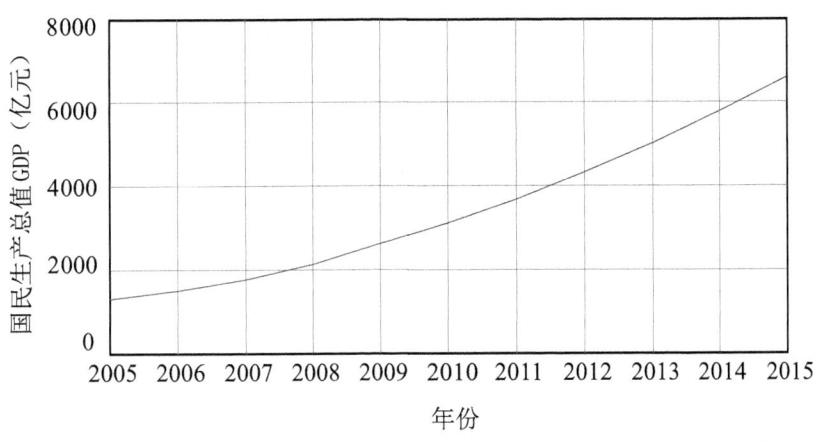

国民生产总值GDP:current ——————————————— 亿元

图 8-3 西安国民生产总值趋势图

(2) 现代物流需求趋势

西安地区第三方物流的需求会越来越大,这主要是由于经济的快速发展,使企业对物流的需求加大。同时,第三方物流供给水平的提高,也会促进企业选择物流外包。西安 2005—2015 年第三方物流需求变化趋势如图 8-4 所示。

第三方物流需求:current ——————————————— 亿元

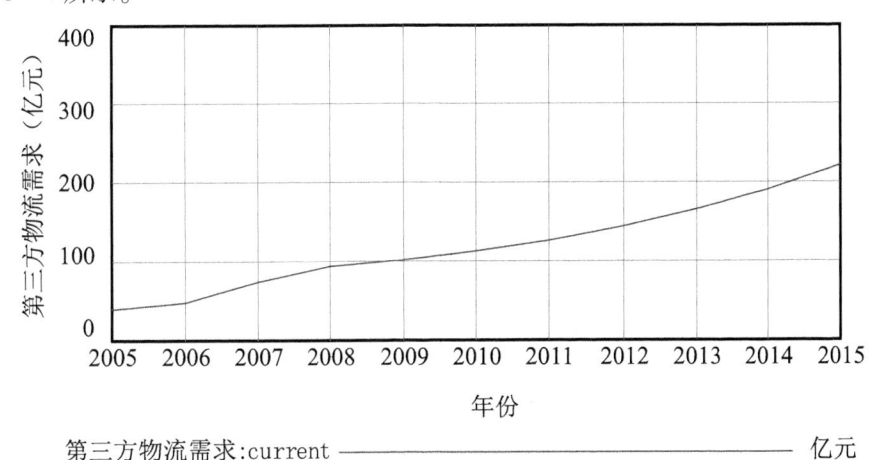

图 8-4 西安第三方物流需求趋势图

(3) 现代物流供给趋势

西安地区第三方物流供给能力将会不断提高。随着社会对物流需求的不断扩大，第三方物流供给能力必须不断提高，这样才能促进经济的发展而不是阻碍经济发展，西安 2005—2015 年第三方物流供给趋势，如图 8-5 所示。

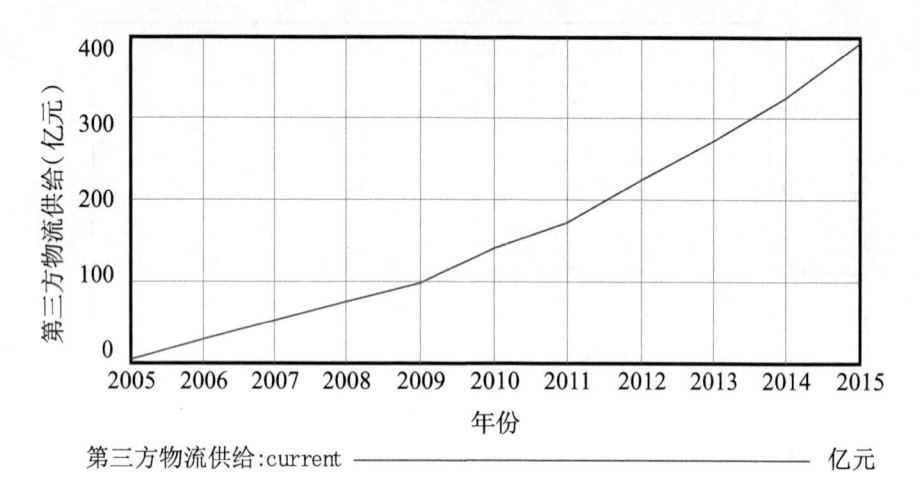

图 8-5 西安地区第三方物流供给趋势图

8.1.7 有效性检验

在系统动力学中，对模型真实性和有效性的检验有很多种类。主要包括：边界适当性检验、结构评价检验、纲量一致性检验、极端条件检验、参数灵敏度检验、历史数据检验等。本书采用历史数据检验和参数灵敏度检验来测试模型与现实的一致性和适合性。

(1) 历史数据检验

本书以实际的国民生产总值对该模型进行历史数据的检验，并根据《西安市统计年鉴》提供的数据和模拟结果制成表 8-7：

表 8-7 西安 2005—2014 年 GDP 实际与模拟数据对比

单位：亿元

	2005 年	2006 年	2007 年	2008 年	2009 年	2010 年
实际数据	1313.93	1538.94	1856.63	2318.14	2724.08	3241.49
模拟数据	1313.93	1501.17	1793.71	2198.19	2631.07	3107.03
误　　差	0%	-2.4%	-3.4%	-5.0%	-3.4%	-4.1%

第8章 西安市现代物流服务业发展对策分析

从表8-7中可看出,其误差的绝对值小于5.0%,说明该模型的拟合度较好,其预测度也会较高,模型是有效的。

(2) 参数灵敏度检验

灵敏度检验即研究中参数的变化对系统行为的影响程度。如参数方程的改变使模拟行为曲线有较大的改变,说明该参数是灵敏的;反之,则说明该参数不灵敏。

本书以投资转换率为例检验模型的灵敏度。将其设置为0.9(Current1),原来为0.5(Current),则其模拟结果如图8-6所示。

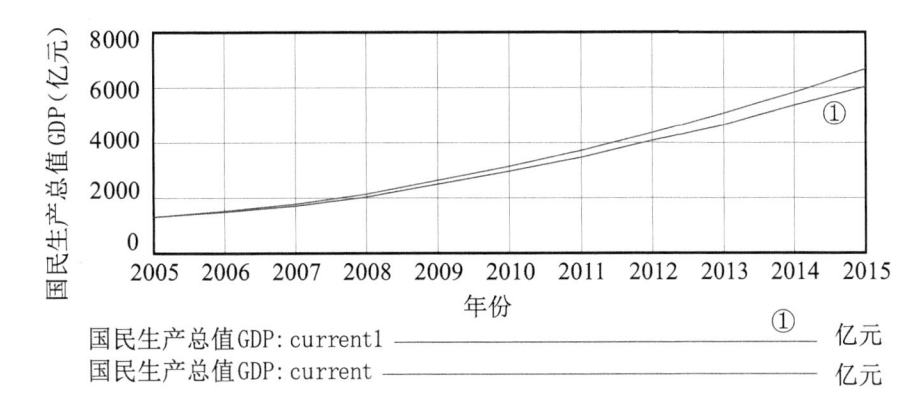

图8-6 GDP—投资转换率变化图

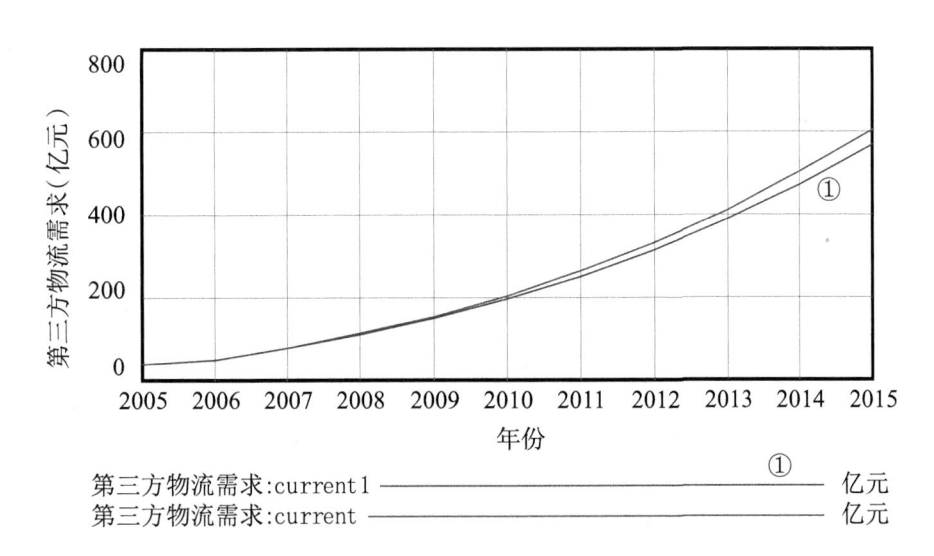

图8-7 物流需求—投资转换率变化图

从图 8-6 中可看出，投资转换率的改变虽使曲线的振幅有所差异，但模型整体趋势并未发生太大改变，说明该参数不灵敏，即模型对数据的要求不会很高，这将有利于模型的实际应用。

8.2 结果讨论

通过对第三方物流与西安区域经济协调发展的系统动力学模型的建立与分析，我们可以得出第三方物流发展与西安区域经济发展的主要影响因素及其影响效应。它对制定相关政策法规有重要意义。

（1）增加第三方物流需求

改变物流影响差异因子，将其提高到 [（0, 0.39），（0.3, 0.59），（0.55, 0.79），（0.6, 0.89），（0.7, 0.99）]（Current1）模拟结果如图 8-8 和图 8-9 所示。

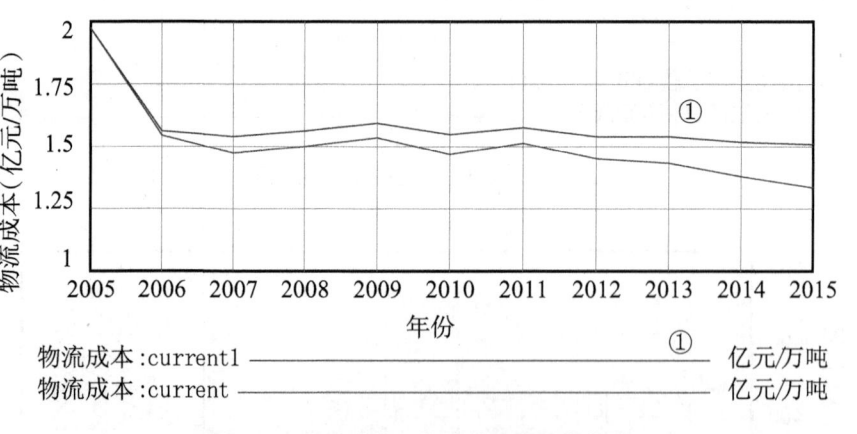

图 8-8　物流成本—物流差异因子变化图

由图 8-8 可知，仅通过提高物流需求来降低物流成本的做法结果并不理想，因为单纯的需求提高而供给能力未得到改善，只会使物流供需比更小，造成物流成本增加。

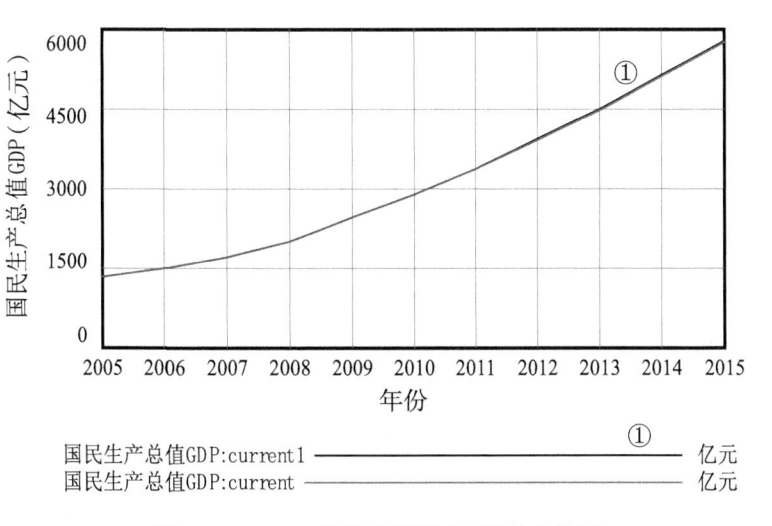

第8章 西安市现代物流服务业发展对策分析

图8-9 GDP—物流差异影响因子的变化图

（2）增加物流投资

①转变投资效果因子，将其由原来的0.7（Current）变为0.9（Current1），所得结果从图8-10、图8-11中可看出，加大对物流产业的投入可以降低物流成本，促进经济水平的提高。

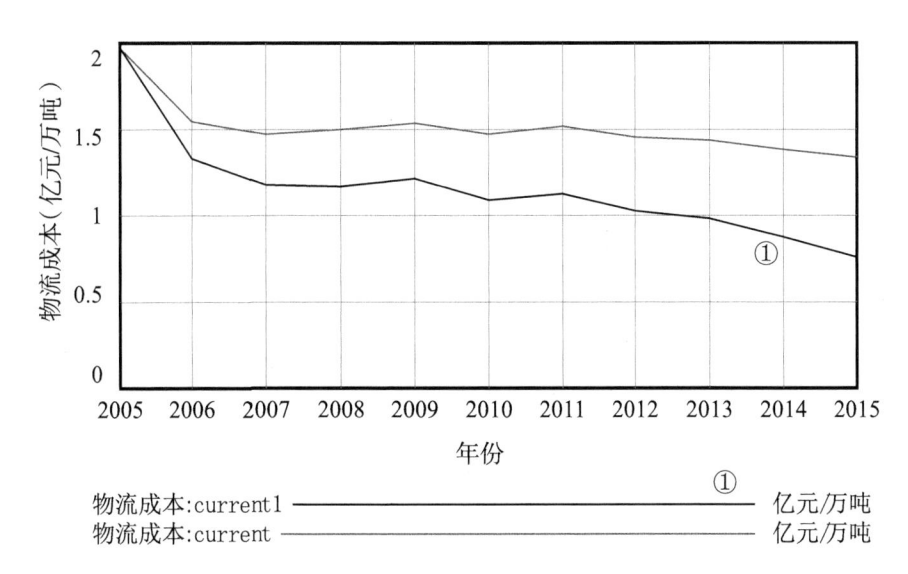

图8-10 物流成本—投资效果变化图

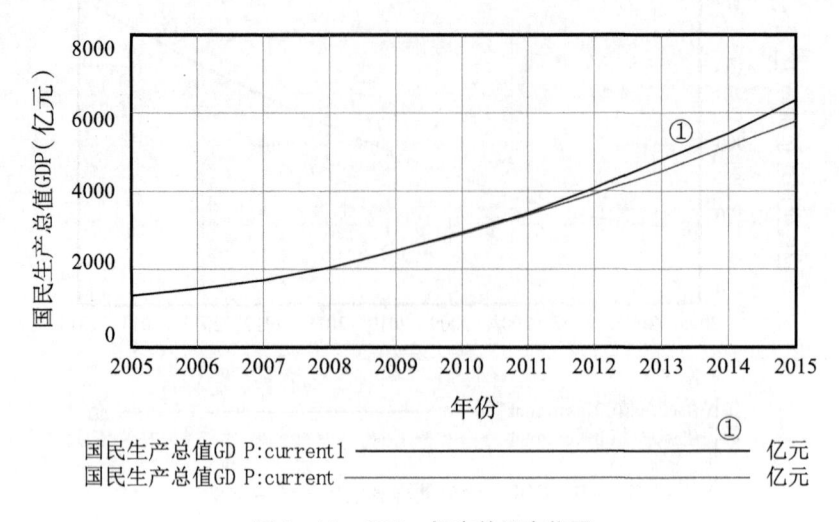

图 8-11 GDP—投资效果变化图

②转变企业投资系数，将投资系数表中投资系数增加 0.2（Current1），得到结果图，见图 8-12、图 8-13。

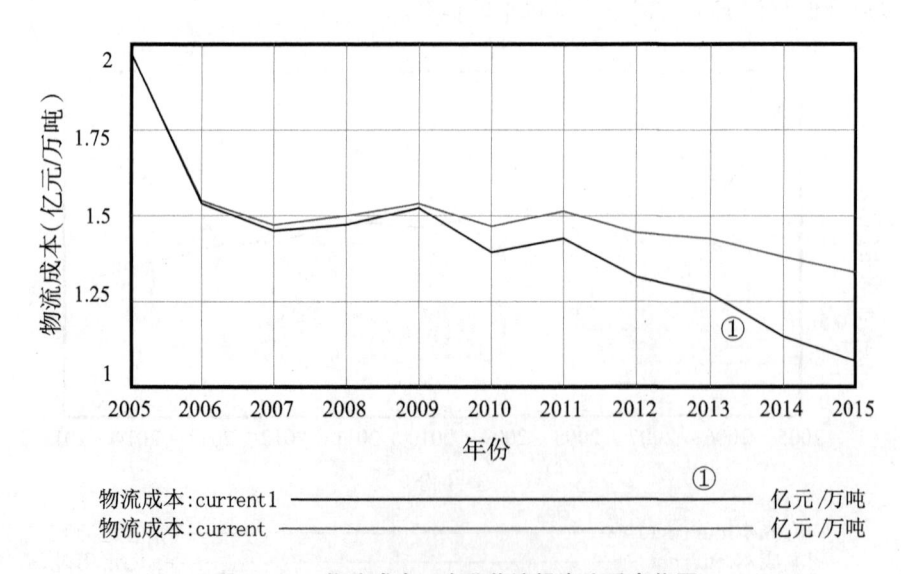

图 8-12 物流成本—企业物流投资比重变化图

第 8 章 西安市现代物流服务业发展对策分析

国民生产总值GDP

```
8000
6000                                        ①
4000
2000
   0
    2005 2006 2007 2008 2009 2010 2011 2012 2013 2014 2015
                           年份
```

国民生产总值 GDP:current 1 ——————————— ① 亿元
国民生产总值 GDP:current ——————————— 亿元

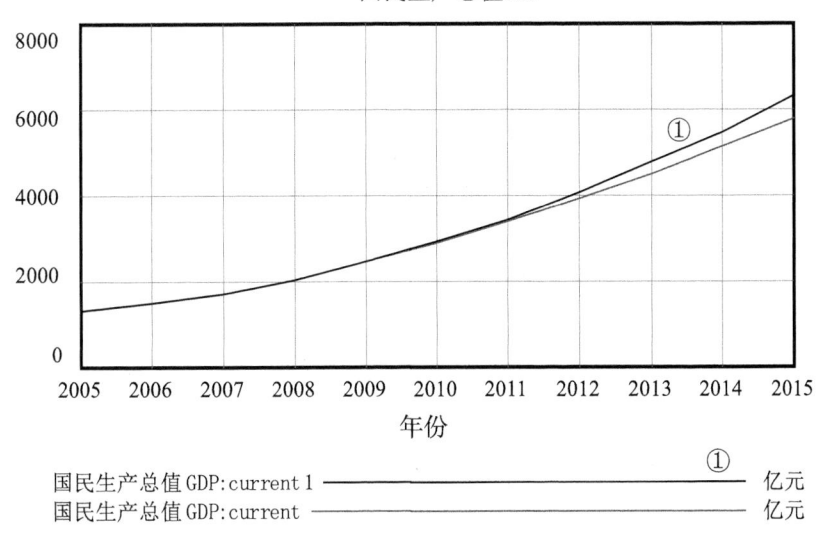

图 8-13　GDP—企业物流投资比重变化图

由图可看出，第三方物流企业加大对自身的投资，可以降低物流成本，促进经济的发展。

8.3　西安地区物流产业发展对策

(1) 西安地区现代物流产业建设的目标

西安物流业的发展要以培育和完善"结构合理、设施配套、技术先进、运转高效"的现代物流体系为目标，发挥区位中心优势，努力构筑以政府引导和宏观调控为主的政策平台，以提高物流基础设施、信息技术现代化水平为主的要素平台，具有较大规模、较强竞争力的企业主体平台，积极扶持和发展产、学、研一体化的第三方物流龙头企业，规划建设现代物流产业园区和功能性物流配送中心，使现代物流业发展速度高于全市GDP 增长速度[125]。

(2) 西安地区现代物流产业发展的对策

通过以上的模拟结果，我们可以得到提高第三方物流供给水平是促进现代物流业发展，进而推动区域经济发展的一种有效方法这一结论。根据研究结论，我们可以从投资效果因子、GDP（政府）和企业投资比重等方

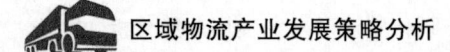

面着手提高第三方物流产业的供给能力。本书具体给出以下建议和对策：

第一，打破分割，对物流进行系统规划。

受长期计划经济的影响，西安物流业形成了条块分割的管理模式，该模式对物流产业发展产生了重要影响和制约。公路、铁道等部门经常按各自的规划，投入巨资建成了独立运行的物流中心，而未提前进行综合规划，一旦建成之后，就会进一步造成不同运输方式的分割，造成不同运输方式的有效衔接的困难。由以上的系统动力学分析，我们可知：物流产业正如国民经济一样是一项庞大的系统工程，其发展受众多因素的影响。不能任由各行各业自由发展，相关部门必须进行系统规划。因此，对于像建设综合物流中心这样的问题，政府应把物流作为一个系统，进行规划和研究，而不能仍按分割的计划体制将物流系统人为地割裂成单一功能的部门。所以，破除行业、地区的分割，对物流产业进行系统规划显得尤为重要。

第二，加大现代物流的宣传力度，促进物流企业经营理念的改变。

以上模型研究告诉我们，提高物流企业的供给能力是促进现代物流服务业发展的有效手段，而目前企业，甚至政府对提高企业物流供给能力的投资均较为有限。其中很重要的一部分原因是西安有很多物流企业受传统观念的束缚，经营理念和方式都很落后，严重制约了西安现代物流服务业的发展，因此，加大现代物流的宣传，促进物流企业的理念的转变是非常必要的。为此，可以通过举办讲座、开设专栏、短期培训等多种形式，积极介绍现代物流知识，形成发展现代物流业有利于社会、有利于企业的观念，从而树立和增强物流企业参与国际竞争的信心。

当然，就如何提高供给能力而言，物流企业自身的努力不可忽视。因此，物流企业本身也应积极努力接受先进的物流理念，转变经营方式，加大对现代化物流的投资比重，加快物流手段的信息化建设；企业应根据自身发展特点及规模，积极采用射频技术、自动化立体仓库、货物跟踪、集装单元化、自动分拣等先进技术，引进ERP等先进管理理念，降低企业的人工化比例，提高自动化程度，努力提升企业的运作效率。

第三，发挥政府的协调作用，加大对物流产业的投资。

从模型中得知，增大对物流产业的投资规模有利于降低物流成本，促进地区经济发展，而在此过程中，政府部门扮演着重要的角色。物流产业涉及社会经济的很多领域，要求必须从整体上协调发展，积极发挥政府各部门的组织协调作用，加快建设物流基础设施，组织制定并实施优惠的物流政策、物流相关技术标准、物流投资政策等，为现代物流服务业提供良好的发展空间。

①完善促进西安现代物流服务业发展的相关政策与法规。

西安市政府有关部门应该积极贯彻落实国家和陕西省关于加快现代服务业发展的若干意见，进一步废除影响物流业发展的相关规章制度，在市场准入、税收优惠、税费减免、财政扶持、价格调整、金融支持、规范管理、人才引进、建设用地、基础工作推进、中介组织发展等方面，制定配套的政策法规，完善西安市物流业发展的政策体系。建立健全物流业相关的考核体系，加强政策措施的贯彻落实力度，优化现代物流业发展的政策环境。

②加强物流基础设施和信息系统的投资与建设。

完善的基础设施是现代物流发展不可或缺的基础条件，现代物流需要交通运输系统和信息交换系统等的支持。尽管西安的交通网络已经较为发达，交通枢纽地位也日渐确立，但要想将西安建成立足本省、辐射全国、面向世界的现代化物流区域，交通基础设施还需要进一步的建设、修缮、升级，全面提升交通设施硬件水平，打造水陆空立体式的交通网络与世界相连。

此外，信息化建设也是现代物流发展的重要条件之一，可以说，没有信息化就没有物流的现代化。加强物流信息基础设施的建设，鼓励国有企业、民营企业、外资企业和个人等多元化投资主体参与，凭借高性能的信息网络传输平台，以完善信息建设的基础设施；鼓励各类企业建立现代物流信息系统，进一步推动企业资源计划（ERP）、供应链管理（SCM）、客户关系管理（CRM）以及电子商务（EC）等信息系统建设，积极推动条形码（BC）、无线射频技术（RFID）、电子数据交换（EDI）、智能运输系统（ITS）、地理信息系统（GIS）和全球定位（GPS）技术等在企业中的应用；要充分利用信息资源和网络，加快信息技术推广。

③制定并推行物流相关技术标准。

现代物流服务业可以说是一种标准化的服务，因此它需要一个规范化的市场。目前国内物流业的标准化程度还很低，尤其是在包装、运输、装

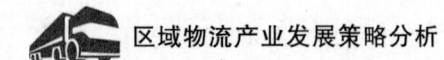

卸等流通环节欠缺必要的技术标准和行业规范，造成物流成本增加，严重制约了我国物流行业的发展和壮大，西安地区更是如此。因此，有关部门应加快物流用语、技术标准、计量标准、信息传输标准、物流作业等基础标准的制定工作。

④加大对物流项目的信贷支持，建立多种投融资机制。

加大对物流项目的信贷支持，努力建立多样化的投融资机制，积极引导社会资本、金融资本和外资的投入，支持物流业发展，发挥担保公司、信托投资等的作用，进一步解决物流企业发展壮大过程中的资金困难。

第四，加快专业人才培养，提高物流服务者的素质。

积极鼓励和引导企业、行业组织及大专院校参与现代物流人才的培养和教育工作。同时，采取切实可行的奖励、激励机制，吸引和引进国内外优秀物流人才，促进西安现代物流业的高起点发展；此外，鼓励学校、企业及科研机构中的知识分子加强对现代物流业的探索与研究，并做好科研成果投入实际生产的转化与衔接工作。

目前西安现代物流产业的发展水平还很低，但物流需求量会越来越大，需求的层次也越来越高。正因为如此，西安现代物流的发展空间是很大的。现在处于多数的小型物流企业应该本着优势互补、资源整合的原则，运用兼并、资产重组等形式，重新合理地配置资源和健全网络，把企业做大做强。现代物流企业只有具备了一定规模后，才有可能提供全方位的物流服务，才能降低成本，实现规模效益。西安的现代物流是一项系统工程，需要物流企业不断地自我完善，建立现代物流理念，借鉴国内外先进的物流运作模式，并根据西安的具体情况不断创新发展；另外，还需要得到政府的支持，积极发挥政府的作用，扫清西安现代物流发展的制度障碍。按照国内统一市场的要求，改革条块分割的物流管理体制，打破物流业务范围、行业、地域、所有制等方面的限制；维护物流市场秩序，促进物流市场的公平竞争；鼓励物流企业发展，提高物流企业的竞争力水平。这样，西安物流企业才有希望赶上国内物流的发展水平，从而使得信息流、资金流、商流、物流四流合一，促进西安经济的大力发展。

第 9 章　供应链管理体系分析

9.1　沃尔玛（Wal-Mart）供应商选择策略

为了适应瞬息多变的市场需求，企业越来越强调自身的核心能力，对非核心生产资源则通过供应链从供应商处获取。企业要重视对供应商的选择，综合考虑供应商在各个方面的表现。可见，供应商的选择直接关系到企业的生产与发展。本节以沃尔玛企业为例，对该企业的供应商进行分析，并建立和完善供应商选择激励机制。

9.1.1　沃尔玛企业概况及现状分析

沃尔玛成立于1962年，经过40多年的风风雨雨，如今已经成为世界上最优秀的连锁零售商之一。目前，沃尔玛在亚洲和美洲10个国家（美国、墨西哥、巴西、中国、韩国、德国等）开设了5000多家商场，拥有160多万员工。仅仅几十年的时间，沃尔玛从北美洲走向全球，从农村走向城市，由一家小商店发展成为人人皆知的零售企业，成为零售企业的领头羊。

沃尔玛始终秉承"顾客至上、服务胜人一筹"的原则，全心全意为每一位客户提供最佳的服务，针对不同的消费者，灵活采取不同的经营形式，以满足不同群体的个性化需求。奉行"帮顾客节省每一分钱"的宗旨，以最低的价格为客户提供优质的产品和高效的服务。沃尔玛还致力于社区服务和公益活动，投入大量的人力、物力，凭借其独特的创意增强了品牌的影响力，扩大了市场占有率。同时，沃尔玛拥有一套自己开发的卫星导航信息系统，能快速、及时地与供应商实现信息共享，为其赢得了竞争优势。沃尔玛还注重与供应商的合作，通过激励机制调动供应商的积极性，从而建立信任关系，实现二者的双赢。沃尔玛的销售收入增长幅度越来越大，连续多年被《财富》杂志评为"世界500强企业"。

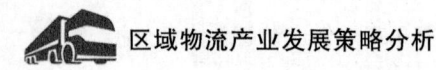

沃尔玛所处行业性质决定了正确供应商选择是其快速发展的关键之一。零售业要想快速提升自身的效益，必须将高质量的产品以最低的成本、最快的速度送达给最需要的顾客。供应商的综合实力对企业来说显得越来越重要，供应商的实力强弱直接影响企业的核心竞争力。因而，企业把供应商的选择问题看得特别重要，希望从众多的供应商中选择出优秀的供应商，并与之建立合作关系，满足不同群体的需求。

9.1.2 Wal-Mart 供应商选择指标

沃尔玛根据企业自身实际情况、产品定位、资源优势等特点，结合市场供求状况，有针对性地建立了一套包括九个方面的供应商选择指标，以求全面、客观地选择符合需求的最佳供应商，如表 9-1 所示。

表 9-1 Wal-Mart 供应商选择指标及描述

指标名称	指标含义描述
单位销售	供应商所提供的产品销售一天所得到的收入情况
资金回报比率	一定时期内收益占本金的比率
营业外收入	营业之外带给企业的收入
财务收益	账期天数和库存天数的差异产生的利息
促销支持频率	供应商愿意提供促销产品的数量
促销力度	产品促销时，供应商愿意提供的最低价格
产品质量投诉	客户对沃尔玛供应商所提供产品质量的投诉情况
送货少缺次数	供应商一段时间缺货次数的多少

目前，沃尔玛的供应商选择指标主要倾向于对产品价格、销售情况的考核，缺乏对供应商内部竞争力、服务能力、信息处理能力的考核。供应商的选择指标不够全面、比较单一，未能全面评估各个供应商的综合能力。由于供应商选择指标的单一，容易忽视供应商的实际能力，使得企业难以选择出最佳供应商，对企业来说是一种巨大的损失。

沃尔玛根据设计的指标，对供应商进行打分，最后汇总分数。根据不同的分数，对供应商进行不同的分类。目前，沃尔玛的供应商选择方法主要为直观判断法，属于定性选择方法，具体划分情况如表 9-2 所示。

表9-2　Wal-Mart供应商等级划分

总分数	供应商等级	业绩情况
>80	A类供应商	优秀
[60，80]	B类供应商	合格
[50，60]	C类供应商	需改进
<50	D类供应商	基本不合格

根据考核的分数划分等级之后，沃尔玛针对不同等级的供应商进行不同的绩效管理，采取不同的激励机制（见表9-3），以调动供应商的积极性，并增加危机意识。从而使得供应商不断提高业绩，不断提升自己的各种能力，有更好的自我发展。

表9-3　Wal-Mart供应商激励机制

供应商等级	激励机制
A类供应商	提供优惠的政策，激励供应商；优先考虑为其提供产品摆放位置；减免产品放置通道的费用；适当增加订单数量；收退换货优先考虑
B类供应商	按惯例进行
C类供应商	减少订单数量；加收通道费用；调整产品摆放位置；适当为这类供应商组织专门培训，提高业绩
D类供应商	可能被淘汰，面临被替代危险

9.1.3　Wal-Mart SWOT分析

本小节从优势、劣势、机会、威胁四个方面对沃尔玛进行分析，其中优势、劣势是从企业内部环境进行的分析，机会、威胁是从企业外部环境进行的分析。具体分析如下所述。

（1）优势因素分析

①企业品牌[126]：沃尔玛是世界著名的零售企业，具有品牌影响力，它以产品物美价廉、种类齐全而闻名。位于零售行业的前列，拥有广阔的市场占有率和品牌知名度，得到大家的一致好评，深受大众喜爱。

②与供应商信息共享[127]：沃尔玛长期保持零售业的巨头，主要得益

于其具备先进的信息技术所支持的国际化物流系统。在该系统支持下,沃尔玛的采购人员和供应商可以及时了解到产品的运输情况、销售情况及库存情况,并及时做出相应的调整。

③人力资源开发与管理:沃尔玛特别看重人员的管理与开发,这是其成功的关键之一。它经常对优秀员工进行培训,以此提高员工的综合素质,并建立员工的忠诚度。

(2) 劣势因素分析

①供应商选择指标不够全面:沃尔玛是一个零售企业,行业特征决定了它的供应商数量较多,使其在选择供应商方面面临巨大的难题。虽然拥有一套供应商选择指标,但选择指标主要偏向于对产品价格、销售情况的考虑,缺乏对供应商内部竞争力的考虑,存在一定的弊端,不能全面评价供应商的总体实力。

②供应商选择方法不科学:沃尔玛在供应商选择方面也采用了一些选择方法,主要是直观判断法,依靠专家打分然后得出结果。这种选择方法偏向于定性的选择,主观性太强,忽视了定量分析。选择供应商应该采用定性与定量相结合的选择方法。

③产品覆盖范围广,专业性差:尽管沃尔玛在信息技术上拥有独一无二的优势,但因为它不断进行业务扩展,易造成在某些方面不够专业,缺乏控制力。沃尔玛的商品涵盖了服装、食品等多个部门,面对专业竞争对手缺乏竞争力,具有潜在的劣势。

④缺乏供应商动力:沃尔玛为了能够采购到最低价格的产品,对供应商的要求十分苛刻。虽然对各类供应商采取了一定的绩效管理、激励机制,但主要是对优秀供应商提供一定的优惠政策,对其他供应商则很少涉及优惠政策。供应商只能被动地接受订单,对产品的效果缺乏深入的分析,缺乏动力。

(3) 机会因素分析

①开拓市场:沃尔玛的卖场当前只开设在少数几个国家,因此具有巨大的市场潜力,可通过拓展市场来增加大量的机会,从而扩大市场占有率,增加客户认知度。

②增加新的商场地点和形式:因为沃尔玛具有一定的市场影响力,可以开发新的商场和改变商场形式来赢得更多的开发机会。还可以改变经营

方式使其多样化，满足客户的多样化、个性化需求。

（4）威胁因素分析

①恶性价格竞争：沃尔玛是零售业的领头羊，它的地位为其引来了众多的竞争对手，这些都是潜在的威胁。随着制造成本的降低，多种消费品的成本将会下降，导致价格竞争，并在一些领域内造成了通货紧缩。恶性价格竞争对沃尔玛也是一个巨大的潜在威胁，沃尔玛应该对比给予高度重视。

②同类超市的增多：沃尔玛虽然是零售业的巨头，但零售企业数量较多，比如家乐福、麦德龙等，且都具有自己的优势，并拥有一定的客户群体。这对沃尔玛来说是潜在的威胁。

通过运用SWOT分析法从四个方面对沃尔玛的分析，我们可以看出沃尔玛在品牌知名度和信息技术方面具有明显的优势，但由于供应商众多，指标的不全面和选择方法的不科学，造成供应商选择存在一定的问题，所以供应商队伍存在不稳定性，影响供货质量和供货成本。因而，沃尔玛应该本着发挥长处、克服不足、把握机会和化解威胁的态度；坚持立足当前、考虑过去和着眼未来的原则，争取获得消费者和同行人士的信赖。

9.1.4　Wal-Mart 供应商选择问题分析

通过运用SWOT分析法对沃尔玛从优势、劣势、机会、威胁四个方面的全面分析，我们了解到沃尔玛在拥有独特优势的同时也存在问题，主要表现在以下三个方面。

（1）供应商选择指标缺乏全面性

目前，沃尔玛对供应商的选择仍然沿用传统的选择和评估方法，主要倾向于使用定性指标进行考核，很少运用到定量指标，对供应商的选择主观性太强。同时，供应商选择指标不全面，选择指标主要集中在产品价格、质量和交货能力等方面，缺少对供应商内部竞争力、服务能力方面的考核，选择指标过于简单、单一[128]，量化过程简单，没有形成一个全面系统的供应商选择综合指标体系。在选择供应商时，由于缺乏科学的选择指标体系，并且存在很多的人为因素，主观性太强，不能对供应商的实际情况做出客观、公正的评价，很难对供应商综合实力、实际水平进行正确的评估[129]。

供应商选择指标的不科学，使得沃尔玛在选择供应商的时候，偏重于定性选择，不能全面、客观地为公司选择最佳的供应商，以便满足客户多

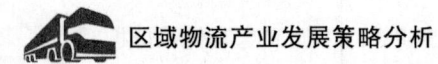

样化需求，扩大市场占有率，赢得客户喜爱。因此，沃尔玛在今后选择供应商时，应该不断完善选择指标，使得选择标准更加全面、系统。

（2）供应商选择方法不科学

根据前文对沃尔玛供应商选择现状的分析，我们可以了解到沃尔玛在供应商选择时，主要采用的是直观判断法，即根据征询和调查所得的资料，结合企业自身实际情况进行分析判断得出最佳选择。这种方法主要是根据自身的经验，采用主观判断的方法对供应商进行定性的选择。具有简单易行、直观易于理解的优势，但主观性太强，易存在人为因素。

直观判断法属于定性选择方法，存在不客观性，缺少定量指标的计算，缺乏说服力，等等。因而针对此现象，沃尔玛在选择供应商时应该改善自己的选择方法，注重定性选择与定量选择的结合，将主观判断与数据说明有效结合，选择出最符合条件的供应商。本章将以模糊层次分析法为沃尔玛构建选择最佳供应商的指标体系。

（3）缺乏供应商动力

据了解，一名沃尔玛的采购经理平均要负责2500~3500个单品，他们的任务繁重，无法跟踪所有供应商的具体经营现状。若无供应商的支持，采购人员只能发现特别严重的问题，对于一般性问题则很难发现。因而沃尔玛从自身利益出发，尽量减少自己的人力成本，由供应商来管理产品。在应用沃尔玛零售链系统基础上，供应商将会比沃尔玛采购人员更早发现问题。虽然部分供应商连接了沃尔玛的零售链系统，但他们并没有深入分析产品的经营效果。

同时，部分供应商团队虽然对零售链的数据进行了分析，但他们没有足够的权力控制自己的物流、财务、产品开发等部门，这使得供应商无法得到公司内部的支持。因此沃尔玛对供应商的管理工作不能形成良性的动力，这将给沃尔玛销售带来无法估计的损失。若某个单品销量太差，而供应商没有及时对销售情况进行分析，不能及时减少这个单品的库存，沃尔玛将面临库存过大的压力，而供应商为了清理库存，又不得不借助促销手段。因此对于企业和供应商来说，都将面临巨大的损失。建议沃尔玛选择更适合客户需求的产品。

虽然沃尔玛对各类供应商进行了一定的绩效管理，并采取一定的激励机制，但主要是对优秀供应商提供一定的优惠政策，对其他供应商则很少涉及优惠政策,在这方面没有完全调动各供应商的积极性,缺乏动力。

9.1.5 Wal-Mart 供应商选择对策

(1) Wal-Mart 供应商选择指标的完善

根据上文分析可得出,沃尔玛在供应商选择上运用了一些指标,但指标不够全面,未能全面反映供应商的综合实力。对于此问题,本书根据沃尔玛的采购特点及对供应商的要求,有针对性地为沃尔玛建立供应商选择指标体系。

本书采用问卷调查的方法,对沃尔玛采购小组专家(10人)发放问卷。整理汇总调查问卷,并对问卷调查结果进行汇总、分析,得出相应的结果。即:专家小组认为零售企业在选择供应商时应该从质量指标、价格指标、供应能力、服务能力、技术能力、内部竞争力六个方面综合评价供应商的整体实力和综合竞争力,将定量指标和定性指标有机结合,增强说服力,从而为企业选择出最符合要求的供应商,选择指标见表9-4。

表9-4 Wal-Mart 供应商选择指标

目标层	考核指标	衡量指标	说明
供应商选择指标(A)	质量指标(B_1)	产品合格率(B_{11})	定量
		产品生产经验(B_{12})	定性
		质量认证(B_{13})	定性
	价格指标(B_2)	价格是否合理(B_{21})	定量
		促销力度(B_{22})	定量
		订货批量处理折扣(B_{23})	定量
	供应能力(B_3)	交货期(B_{31})	定量
		柔性(B_{32})	定性
		交货能力(B_{33})	定量
	服务能力(B_4)	合作态度(B_{41})	定性
		准时交货率(B_{42})	定性
		售后服务(B_{43})	定性
	技术能力(B_5)	研发费用比率(B_{51})	定量
		新产品研发能力(B_{52})	定性
	内部竞争力(B_6)	财务状况(B_{61})	定量
		信息处理(B_{62})	定性
		科学管理(B_{63})	定性
		企业文化(B_{64})	定性

(2) Wal-Mart 供应商选择方法的完善——模糊层次分析法

沃尔玛对供应商的选择主要运用定性的选择方法，主观性太强，缺乏定量数据的支持。本节采取模糊层次分析法，将定性选择与定量选择有机结合，根据沃尔玛供应商选择指标，建立模糊层次结构模型，通过相关计算为沃尔玛选择出最佳供应商。

FAHP（模糊层次分析法）建立在层次分析法的理论基础之上，对其存在的缺陷进行了完善、补充，使其更加科学化、合理化。它的基本步骤、分析原理和层次分析法具有一致性，主要的不同点是模糊层次法需要构造模糊一致矩阵，而层次分析法需要构造判断矩阵。模糊层次法在很大程度上克服了传统供应商选择方法的缺陷，为企业更好选择最佳供应商提供了理论依据。还能有效地帮助企业处理那些抽象的数学模型问题，还可以解决完全依靠定性方法难以分析的抽象问题。它能够有效解决多方案决策问题，为其提供了一定的理论支持和数学支持。它的基本思想是：将一个抽象的多方案问题转化为具有递阶结构的评价对象和指标，通过对同一层次上的元素的重要程度进行比较，形成模糊判断矩阵。

建立沃尔玛供应商选择层次结构模型，最高层为目标层，即企业要实现的目标；中间层为准则层，即实现目标所需的各个指标；最下层为方案层，是对中间层（准则层）目标的具体划分，如图 9-1 所示。

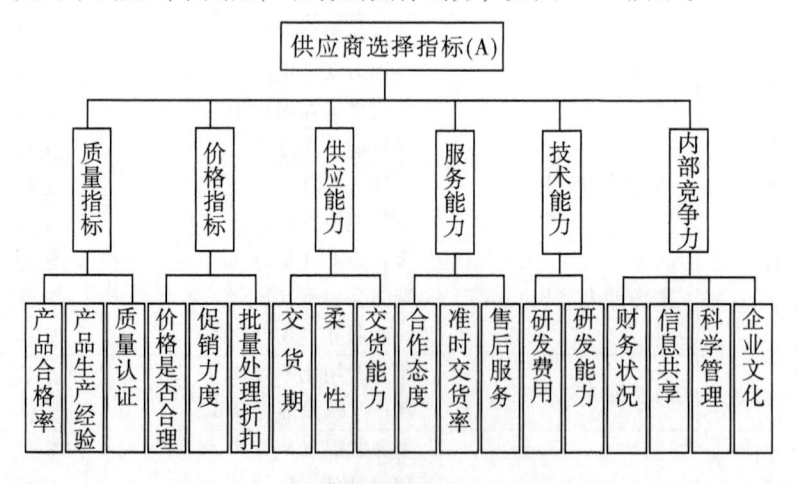

图 9-1　沃尔玛供应商选择层次结构模型

首先，由沃尔玛及家乐福国际采购领域的专家对各供应商选择指标依据表 9-5 进行相对重要程度排序；其次，由沃尔玛内部供应商专家根据公司的实际情况进行综合评价，建立模糊判断矩阵并进行验证，得到如下矩阵，见表 9-6 到表 9-13。

第一层，目标层：

表 9-5 目标层指标排序

供应商选择	质量指标	价格指标	供应能力	服务能力	技术能力	内部竞争力	权重
质量指标	0.5	0.6	0.7	0.8	0.6	0.6	0.2199
价格指标	0.4	0.5	0.4	0.6	0.7	0.5	0.1933
供应能力	0.3	0.6	0.5	0.7	0.6	0.7	0.1933
服务能力	0.2	0.4	0.3	0.5	0.3	0.6	0.1200
技术能力	0.4	0.3	0.4	0.7	0.5	0.7	0.1666
内部竞争力	0.4	0.5	0.3	0.4	0.3	0.5	0.1266

计算过程：$n = 6$ 且 $a = (n-1)/2 = (6-1)/2 = 2.5$

由公式：$w_i = 1/n - 1/2a + 1/na \times \sum_{k=1}^{n} r_{ik} (i \in \Omega)$ 公式(9-1)

可得：$w_1 = 1/6 - 1/5 + 1/15 \times (0.5 + 0.6 + 0.7 + 0.8 + 0.6 + 0.6) = 0.2199$

$w_2 = 1/6 - 1/5 + 1/15 \times (0.4 + 0.5 + 0.6 + 0.7 + 0.7 + 0.5) = 0.1933$

$w_3 = 1/6 - 1/5 + 1/15 \times (0.3 + 0.6 + 0.5 + 0.7 + 0.6 + 0.7) = 0.1933$

$w_4 = 1/6 - 1/5 + 1/15 \times (0.2 + 0.4 + 0.3 + 0.5 + 0.3 + 0.6) = 0.1200$

$w_5 = 1/6 - 1/5 + 1/15 \times (0.4 + 0.3 + 0.4 + 0.7 + 0.5 + 0.7) = 0.1666$

$w_6 = 1/6 - 1/5 + 1/15 \times (0.4 + 0.5 + 0.3 + 0.4 + 0.3 + 0.5) = 0.1266$

第二层，准则层：

表 9-6 B_1 准则层指标排序

质量指标（B_1）	产品合格率	产品生产经验	质量认证	权　重
产品合格率	0.5	0.6	0.4	0.3333
产品生产经验	0.4	0.5	0.6	0.3333
质量认证	0.6	0.4	0.5	0.3333

计算过程：$n = 3$ 且 $a = (n-1)/2 = (3-1)/2 = 1$

由公式:$w_i = 1/n - 1/2a + 1/nax \sum_{k=1}^{n} r_{ik}(i \in \Omega)$ 公式(9-2)

可得:$w_1 = 0.3333$;$w_2 = 0.3333$;$w_3 = 0.3333$

根据此方法,同理可得出表9-7、表9-8、表9-9、表9-10相应准则层的权重。

表9-7 B_2 准则层指标排序

价格指标（B_2）	价格是否合理	促销力度	批量处理折扣	权 重
价格是否合理	0.5	0.6	0.5	0.3666
促销力度	0.4	0.5	0.6	0.3333
批量处理折扣	0.4	0.4	0.5	0.2666

表9-8 B_3 准则层指标排序

供应能力（B_3）	交货周期	柔 性	交货能力	权 重
交货周期	0.5	0.3	0.6	0.2999
柔 性	0.7	0.5	0.4	0.3666
交货能力	0.4	0.6	0.5	0.3333

表9-9 B_4 准则层指标排序

服务能力（B_4）	合作态度	准时交货率	售后服务	权 重
合作态度	0.5	0.3	0.4	0.2333
准时交货率	0.7	0.5	0.6	0.4333
售后服务	0.6	0.4	0.5	0.3333

表9-10 B_5 准则层指标排序

技术能力（B_5）	研发费用	研发能力	权 重
研发费用	0.5	0.7	0.7000
研发能力	0.3	0.5	0.3000

计算过程:$n = 2$ 且 $a = (n-1)/2 = (2-1)/2 = 0.5$

由公式:$w_i = 1/n - 1/2a + 1/nax \sum_{k=1}^{n} r_{ik}(i \in \Omega)$ 公式(9-3)

可得:$w_1 = 1/2 - 1 + (0.5 + 0.7) = 0.7$

$w_2 = 1/2 - 1 + (0.3 + 0.5) = 0.3$

表9-11　B₆准则层指标排序

内部竞争力（B₆）	财务状况	信息共享	科学管理	企业文化	权重
财务状况	0.5	0.6	0.6	0.6	0.3000
信息共享	0.4	0.5	0.3	0.4	0.1834
科学管理	0.4	0.7	0.5	0.4	0.2500
企业文化	0.4	0.6	0.6	0.5	0.2667

计算过程：$n = 4$ 且 $a = (n-1)/2 = (4-1)/2 = 1.5$

由公式：$w_i = 1/n - 1/2a + 1/na \sum_{k=1}^{n} r_{ik} (i \in \Omega)$ 公式(9-4)

可得：$w_1 = 0.3000; w_2 = 0.1834; w_3 = 0.2500; w_4 = 0.2667$

（3）层次总排序

根据上面的计算和分析，我们得到了各个指标的层次单排序结果，并对其进行了一致性检验。然后根据层次单排序计算各个指标相对于总目标的权重，根据公式（9-4）可以得到层次总排序，如表9-12所示。

表9-12　指标权重合成表

目标层	准则层	指标层及权重		综合权重
供应商选择指标（A）	质量指标（B₁）（0.2199）	产品合格率（B₁₁）	0.3333	0.0733
		产品生产经验（B₁₂）	0.3333	0.0733
		质量认证（B₁₃）	0.3333	0.0733
	价格指标（B₂）（0.1933）	价格是否合理（B₂₁）	0.3666	0.0709
		促销力度（B₂₂）	0.3333	0.0644
		批量处理折扣（B₂₃）	0.2666	0.0515
	供应能力（B₃）（0.1933）	交货期（B₃₁）	0.2999	0.0579
		柔性（B₃₂）	0.3666	0.0709
		交货能力（B₃₃）	0.3333	0.0644
	服务能力（B₄）（0.1200）	合作态度（B₄₁）	0.2333	0.0279
		准时交货率（B₄₂）	0.4333	0.0519
		售后服务（B₄₃）	0.3333	0.0399
	技术能力（B₅）（0.1666）	研发费用（B₅₁）	0.7000	0.1166
		研发能力（B₅₂）	0.3000	0.0499
	内部竞争力（B₆）（0.1266）	财务状况（B₆₁）	0.3000	0.0379
		信息共享（B₆₂）	0.1834	0.0232
		科学管理（B₆₃）	0.2500	0.0316
		企业文化（B₆₄）	0.2667	0.0337

（4）指标量化处理

本章从沃尔玛合作的供应商中选择出几家比较有实力的供应商，然后根据表 9-12 沃尔玛供应商选择指标，搜集相关数据，并对其进行无量纲化处理，以方便供应商数据的比较，帮助企业选择出最佳供应商。

定量指标是将计算得来的原始数据转化为 0~1 的数值，例如对产品质量中的产品合格率指标进行定量处理：产品合格率为定量指标，满足其最小值为 0，最大值为 1，假设供应商 A 的产品合格率为 0.833，对其进行定量处理结果如下，即：

产品合格率 = 1/2 + 1/2sin｛［π/（1-0）］×［0.833-（1+0）］/2｝= 0.9301

通过上述对定性指标和定量指标的处理，可以得到无量纲化处理的结果，如表 9-13 所示。

表 9-13 供应商选择综合评价表

指标名称	类　型	综合权重	供应商 E	供应商 F	供应商 G	供应商 H
产品合格率（B_{11}）	正指标	0.0733	0.9310	0.9453	0.9321	0.9222
产品生产经验（B_{12}）	定　性	0.0733	0.6178	0.6554	0.6325	0.6238
质量认证（B_{13}）	定　性	0.0733	0.5480	0.6021	0.5890	0.5785
价格是否合理（B_{21}）	正指标	0.0709	0.8235	0.8099	0.7988	0.8432
促销力度（B_{22}）	正指标	0.0644	0.7234	0.7058	0.7547	0.7156
批量处理折扣（B_{23}）	正指标	0.0515	0.5655	0.5872	0.6034	0.5958
交货期（B_{31}）	负指标	0.0579	0.4489	0.4983	0.4759	0.4369
柔性（B_{32}）	定　性	0.0709	0.5598	0.5973	0.5612	0.5738
交货能力（B_{33}）	正指标	0.0644	0.6545	0.6879	0.6320	0.6078
合作态度（B_{41}）	定　性	0.0279	0.7578	0.7982	0.7230	0.7678
准时交货率（B_{42}）	定　性	0.0519	0.8043	0.8678	0.8346	0.8278
售后服务（B_{43}）	正指标	0.0399	0.9091	0.9567	0.9132	0.9345
研发费用（B_{51}）	正指标	0.1166	0.7753	0.7981	0.6754	0.7022
研发能力（B_{52}）	定　性	0.0499	0.6198	0.7189	0.6023	0.6789
财务状况（B_{61}）	正指标	0.0379	0.8123	0.8874	0.8345	0.8567
信息共享（B_{62}）	定　性	0.0232	0.5467	0.6045	0.5398	0.5876

续表

指标名称	类型	综合权重	供应商 E	供应商 F	供应商 G	供应商 H
科学管理（B_{63}）	定性	0.0316	0.4980	0.5234	0.4793	0.5043
企业文化（B_{64}）	定性	0.0337	0.6378	0.7000	0.6543	0.6075
综合评价值：$Y = (W_n^1)^T X = \sum_{i=1}^{n} w_1 x_1$			0.6940	0.7296	0.6858	0.6973
综合排名			3	1	4	2

（5）综合结果及分析

根据上述供应商选择综合评价表，可以得出沃尔玛4个供应商的综合选择结果，如表9-14所示。

表9-14 供应商选择结果

供应商	供应商 E	供应商 F	供应商 G	供应商 H
评价结果	0.6940	0.7296	0.6858	0.6973
名次排序	3	1	4	2

从表9-14结果可以看出，供应商F是最佳供应商，最满足沃尔玛需求。这类供应商可以作为企业的长期战略合作伙伴，与之长期保持合作关系。接下来，分别是供应商H、供应商E，较差的是供应商G。根据比较结果，沃尔玛在选择供应商的时候，应该首选供应商F和供应商H，并将其作为主要合作伙伴。同时沃尔玛在选择供应商时，也可以依据某个单指标进行选择，从而满足某一类消费者的特殊需求，有利于其更深层次的发展。

9.1.6 建立供应商选择激励机制

为了充分调动供应商的积极性，建立供应商激励机制[130]是必要的，建立激励机制能够鼓舞供应商队伍的士气，可以激发合作双方参与到关系体系具体实施中的热情，让供应商成员能看到改善供应商关系所带来收益，而且能吸引越来越多的供应商愿意加入。沃尔玛应该在原有供应商激

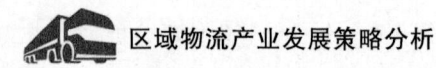

励模式的基础上,加强激励程度,充分调动供应商积极性,选择最优的供应商,为企业获取最佳收益。为此,要具体做到以下四点。

(1) 价格激励

价格是供应链上各个企业分配利益的一种形式。企业在进行采购中不能仅仅追求低价,选择那些报价较低的供应商作为合作伙伴,而将那些综合实力强的供应商排除在外。这样企业不但很难选择优秀的供应商,而且还会影响到产品的质量、交货时间,很难满足客户的需求。以前,沃尔玛为了降低成本甚至压缩供应商的利益来寻求低成本,以满足自身利益。这样很难调动供应商的积极性,容易使供应商偷工减料,甚至有可能影响产品质量,导致企业采购的产品不能满足市场需求,从而造成潜在客户的流失。因此,沃尔玛应从长远利益考虑,综合考虑供应商所提供产品的质量、供应商的管理能力和发展潜力,从而选择最佳供应商,实现双赢。

(2) 订单激励

沃尔玛可以通过对供应商的评估,选择最能满足要求的供应商进行合作,建立合作关系,利用订单激励这些供应商,鼓励供应商更好地为企业提供高品质的产品和优质的服务,从而实现供应商和企业的双赢。

(3) 商誉激励

商誉属于企业的一种无形资产,对企业的发展具有非常重要的作用。商誉主要是企业所在行业供应链上其他企业对其自身的评价。从长远利益考虑,供应商都会珍惜自己的声誉,为自己赢得优势。同时沃尔玛在零售行业中处于引领地位,成为沃尔玛的供应商也是对供应商的一种证明和肯定,因而沃尔玛的供应商特别在意自己的声誉。同时沃尔玛每年可以通过供应商年度大会评选出一批优秀供应商,并给予优秀供应商一定的奖励。

(4) 淘汰激励

输家通盘,赢家通吃,淘汰弱者是市场发展的规律。在供应商管理中应该建立淘汰机制。供应商应该承担产品成本、质量、交货期等方面责任。在供应商管理中,应建立淘汰机制,淘汰互相比较后不能满足市场需求的供应商。这样可以有效增加供应商的危机意识,从而为企业提供优质、高效的产品。

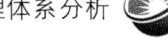

9.2 供应链分析

9.2.1 煤炭企业供应链分析

根据供应链中企业地位的不同，可以将供应链分成盟主型供应链和非盟主型供应链。盟主型供应链是指供应链中某一成员的节点企业在整个供应链中占据主导地位，对其他成员具有很强的吸引能力和辐射能力，通常称该企业为主导企业或核心企业。例如，以中间商为核心的供应链、以生产商为核心的供应链、以零售商为核心的供应链。而非盟主型供应链是指供应链中各企业的地位彼此差距不大，对供应链的重要程度相同。经过多年市场经济的实践，中国煤炭行业及下游产业的营销方式由最初的销售、施工份额的竞争转变为战略联盟，并逐渐形成了稳定的供应链网络系统。本章所说的煤炭供应链是以生产商为核心的盟主型供应链，煤炭供应链的主要功能是进行煤炭产品的销售。

9.2.1.1 中国神华神东公司简介

中国神华神东公司隶属于神华集团，是1998年8月神府公司和东胜公司合并后建立的，同时将下属单位重组为煤业、物业、多经（多种经营）、电厂等专业公司，初步形成专业化、层次化的企业。

神东公司拥有15个矿井，其中在内蒙古有9个，山西有1个，陕西有5个。在矿井规模上，达到1500万吨级以上的有3个，有6个矿井被中国煤炭工业协会命名为"全国特级安全高效矿井"。公司累计生产煤炭超过24亿吨，历年百万吨死亡率始终控制在0.03以下。

神东公司横跨榆林市和延安市，位于陕西省的最北方。延安市位于陕北南半部，"延安"以境内延水及安宁之意得名。延安交通便利，西（安）延（安）铁路已开通营运，延（安）榆（林）铁路正在建设；西（安）、包（头）、兰（州）、宜（川）公路贯通全境；西（安）铜（川）一级公路已通到黄陵；延安机场有直达西安、太原和北京的航班。榆林市因古代边关广种榆树而得名。东隔黄河与山西相望，西与宁夏、甘肃为邻，南接陕西延安，北靠内蒙古伊克昭盟（现为鄂尔多斯市）。榆林市通信等基础设施有了较大改善，包神铁路、神朔铁路分别于1989年和1996年6月开

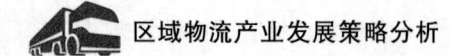

通运营。全区公路总里程达 6134.87 公里，其中等级公路 5148.46 公里。榆林机场开通了榆林—西安、榆林—包头航班。通信已开通数字微波线路，青（岛）—银（川）光缆榆林段已经建成投运。全区 12 个县市实现无线寻呼联网和市内程控电话。

公司依托神华集团矿产运销一条龙、电路港一体化运营模式，坚持"高起点、高技术、高效率、高质量、高效益"的建设方针，依靠管理和技术创新，形成了以"生产规模化、队伍专业化、技术现代化、管理信息化"为特征的新型集约化安全高效千万吨矿井群生产模式。从 1998 年开始，公司煤炭产量以每年千万吨的速度递增，2005 年率先建成中国第一个亿吨煤炭生产基地，至 2009 年，连续 5 年原煤生产过亿吨。矿区开建以来百万吨死亡率控制在 0.02 以下。企业安全、技术、生产、经济等主要指标均达到国内、国际一流水平。

公司紧紧抓住国家西部大开发、能源战略西移的历史机遇，立足世界前沿水平，创新采煤技术，形成了千万吨矿井的核心技术体系。先后建成了全国第一个年产 800 万吨综采队、第一个年产千万吨的矿井、第一个年产 1200 万吨综采队；相继创建了第一个 300 米、360 米、400 米加长工作面；首创了世界上第一个 5.5 米、6.3 米、7 米大采高重型工作面和中厚偏薄煤层自动化工作面。党和国家领导人江泽民、胡锦涛、吴邦国、温家宝等先后视察矿区，对神东矿区的生产建设成果给予了高度评价。

9.2.1.2 神东公司供应链体系现状

（1）神东公司供应链系统分析

神东公司供应链系统是一个依托整个大物流战略背景的，贯穿整个煤炭生产、运输、销售三阶段的体系，包括企业内部供应链和各联盟企业的外部供应链，涉及煤炭的生产、仓储、运销等诸多环节。神东公司作为供应链上的中心企业，它的联盟企业是各层级客户。

神东公司是这个供应链体系的核心企业，然后通过物流、信息流、资金流和商流这四大要素，把神东公司内部管理和上下游战略企业紧密连接，使该供应链体系既有内部凝聚力，又有向外扩张能力。以市场为导向，树立神东煤品牌，开拓国内外市场。神东公司要以优质的煤炭产品为基础，建立物资供应基地和煤炭运销基地，适应煤炭市场需要，赢得理想的市场占有率，就要在公司内部实现采购、仓储、装卸加工、运输、销售、服务和信息处理等基本功能实施有机结合，在企业外部将各环节紧密衔接，形成以市场为主导的供应链体系。目前，神东公司的供应链体系需在大物流战略背景下进行改造和完善，从而实现企业内部供应链和外部供应链一体化。

(2) 神东公司供应链管理分析

自神东公司建立以来，作为生产、经营、建设重要组成部分的供应链管理工作，就一直被作为工作重点来推进。随着经济体制的转型和供应链的发展，神东公司逐步进行了一些应用技术和供应链管理的尝试，供应链管理工作逐渐转向现代物流。

第一，神东公司成立后，立即对物资系统进行改革。在1998年底，公司将神华集团的矿物物资库和原神府、东胜公司的物资供应处进行合并，组建成立神东公司物资供应处，并负责国产物资的管理与供应。而公司设备租赁中心则负责引进配件、设备。通过此次改制，杜绝了物资系统的重复建设，落实了物资供应的责任者和主要渠道。

第二，从1999年5月开始，公司将供应管理工作统一划归物资供应部门，实行"集中统一计划管理、统一仓储配送、统一采购供应、统一调剂利用"的"四统一"管理。通过这次改革，初步发挥了集中管理的优势，进一步解决了分散管理的弊端。

第三，随着公司管理体制的改革，2002年1月，神东公司按照新的优化和再造组织机构与管理流程的思路，组建成立了物资供应中心，统一了国产物资与进口的供应与管理职能，并实施扁平化管理，使用 EAM 系统。与此同时，神东公司初步用信息技术将公司的设备购置、维修、跟踪、处置等全过程管理以及物资的计划、采购、仓储等主要业务整合在一起，初步建立起了适合公司的统一的信息技术平台。

在供应商管理方面，由于煤炭的生产特性，使得公司对提供设备和材料的供应商必须严格把关。神东公司采购的物资主要是作为生产辅助性材料使用，而煤炭生产的安全标准和地下环境，对这些物资提出了较高的质量要求，即采购的物资必须满足井下生产所必需的防爆、防腐、抗压等特殊要求，所以公司依据现代物流的供应链管理理论，逐步建立了供应商管理体系，并与供应商建立了互惠互利的合作关系，使得供应商结构逐渐合理。

9.2.1.3 神东公司煤炭供应链的挑战分析

当转变发展方式成为上下共识和必走之路时,它就变成陕北发展中面临的最大挑战。如何改变卖资源、初加工、高能耗的发展模式,走可持续发展之路,是陕北发展的关键。神东公司要构建煤炭供应链,必须面对以下五个方面的挑战。

(1) 资源浪费严重,易发生安全事故

在局部利益和地方保护主义的驱使下,小煤矿产业规模小,产权不清,资金有限,普遍存在短期行为,环境破坏和资源浪费问题严重。另外,部分煤矿为了攫取短期利益,非法开采问题突出,像超层越界开采、争抢资源、滥采乱挖等,加上企业安全设施不够、安全意识不足,不仅扰乱了正常的生产经营秩序,还给煤炭供应链的稳健运行带来巨大的威胁。

(2) 煤炭供应链专业人员的增长相对不足,人才争夺现象十分突出

另外,煤炭物流供应链的上下游成员形成国企、民企、外企三足鼎立的竞争格局。由于中国煤炭市场发展潜力巨大,促使外资企业加快了进军中国市场的步伐,并通过合作或直接投资的方式争夺中国市场。

相对而言,外企对人才的吸引力更强,占有较强的优势,而对于国内供应链成员企业来说,由于起步较晚,在人力资源的争夺方面将经受严峻挑战。

(3) 物流节点多

物流节点又称物流节点,是物流网络中连接物流线路的结节之处。一般指配送站、仓库等。除运输以外的物流功能都是在节点上完成的,如装卸、包装、保管、配货、分货、流通加工等。在煤炭企业中,物流节点不仅数量多,类型也多,这就使得物流管理变得更加复杂。

(4) 物流路线长

煤炭企业普遍远离城镇和交通干线,多是按照矿井所在地设立,由若干个分布于一定范围的生产矿井所组成。要实现物料的移动,往往要通过多种运输工具、多种运输方式进行长距离运输。

(5) 物流呈现多样化

大多工业企业,物流方式、物流节点一般是固定不变的。而在煤炭企业中,施工现场及采掘工作面是随着采掘的推进和施工的进展而不断变化

的。另外，矿井地理条件、岩石状况的差别，也导致了物流的多样化。物流节点、运输方式、搬运工具等都会随着生产方式、采掘现场以及自然条件的变化而变化。

9.2.1.4 神东公司煤炭供应链的组合战略分析

（1）正确认识供应链及其实质

供应链管理的实践与应用，能有效地实现企业物流、资金流、信息流、工作流和服务流的高度集成。企业持续发展的关键是通过供应链整合提升核心竞争力，提高供应链运作效率，赢得用户满意。因此，神东公司应该打破陈旧的观念，运用供应链管理战略将供应链管理纳入到企业的总体经营战略中加以规划，建立供应、生产、运输、需求集成的供应链联盟模式，以实现资源的优化配置和企业效益的最大化。

（2）创新管理观念和管理机制

神东公司要提高管理水平，先决条件是观念的转变。要改变观念，就必须加强有关供应链管理知识的培训，克服短期行为，并注重培养与相关企业的战略合作伙伴关系。同时，还要提高供应链企业之间的合作效率与信任程度，在管理机制上进行创新。一方面，在供应链企业间建立激励机制，通过激励措施使企业积极参与供应链的运作，增加实施供应链管理的动力；另一方面，神东公司应将其交易行为规范化，通过确定交易规则等方式建立企业之间的信任机制，使其保持良好的合作伙伴关系，实现"共赢"的目的。

（3）设计特色鲜明的煤炭供应链

"以顾客需求为中心"的供应链理念就是建立一条以煤炭用户需求为起点向上游企业延伸的"拉动式"供应链，链上涉及供应商的供应商以及客户的客户。考虑到安全对煤矿生产过程的重要性，因而将煤炭安全监管部门加入到煤炭供应链的设计中，它主要对供应链上各环节的运行起预警和监督作用，并同煤炭供应链管理委员会一道，对整个供应链的安全运行进行管理与协调。

（4）建立与煤炭供应链管理相适应的组织结构平台

基于职能分工的"金字塔型"组织结构是现行的一种煤炭企业的组织结构，这种组织领导决策慢、对外界的反应也慢，追求部门利益严重，不

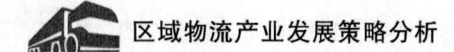

适应于讲求牺牲局部利益来保证整体利益最优的供应链管理。因而神东公司应以供应链管理中快速反应的要求为根据进行组织重构，逐步完成由阶梯式向扁平化的组织结构乃至小型化、以人为中心的网络化结构的转变。

（5）构建供应链信息管理平台，培养管理人才

构建信息管理平台是企业实施供应链管理所必需的，所以要加快信息化建设进程，建立满足供应链管理要求的基于 Internet/Intranet、EDI 的管理信息系统。神东公司在加快信息化进程时，一方面应对企业内部业务环节实行计算机管理，引进 JIT、ERP 和 MRPⅡ等管理方式，使企业内部管理明细化；另一方面，还应建立与上下游企业互联的企业外部网，对链上所有企业的关键数据信息，如订货需求、库存状态、生产计划、缺货情况、运输安排、在途物资等数据进行高度的集成和共享，只有这样才能有效地控制供应链。对人才严重缺乏的问题，煤炭企业应该适应时代发展的需要，通过各种途径引进和培养人才，建立一支高素质的供应链管理者队伍。

9.2.1.5 神东公司煤炭供应链的外部、内部要素评价

首先是外部因素，主要有以下四点：

①随着经济全球化深入发展，世界将进入新一轮工业化时期。国际市场和全球资源发展的空间日益扩大，区域经济与全球经济的联系日趋紧密，将为陕北利用国际市场和全球资源创造越来越广阔的发展空间提供机会。中国市场容量巨大，经济发展迅速，发展战略性新兴产业的潜力很大，未来会有更多的高端产业向中国转移。神东公司依托丰富的资源，有可能成为石油化工等行业的重要投资地；②随着国家现代化的推进，国内需求的增长为陕北的发展创造了十年左右的黄金机遇期。未来我国的城镇化和工业化仍会加速推进，仍会对能源化工产品产生巨大的需求，即便过了十年黄金机遇期，我国对能源化工产品的需求趋于平缓，但是在一段时间内还会保持在较高水平上。从中国能源的消费水平看，我国对煤的依赖远大于世界其他国家，原煤占一次能源的比重超过了 70%，尽管新能源的发展很迅猛，但这种格局在相当长的时期内难以改变；③国家高度重视建设能源重化工基地，包括陕北化工基地。榆林煤炭资源丰富，具有建设大型和特大型煤矿和发展煤化工的条件，国家发改委也明确指出榆林是陕北

能源基地的重要组成部分；④国家继续实施西部大开发战略，陕北将会得到更多的支持。

其次是内部因素，主要有以下三点：

①煤炭等不可再生资源储量大；②风力、光电等可再生资源储量大；③神东公司煤炭供应链建设处于初步发展阶段，具有实现跨越发展的后发优势。

9.2.1.6 神东公司构建供应链的思路

（1）制定科学合理的供应链发展战略规划

构建煤炭供应链之前应对本企业的现状和供应环境进行分析。首先要了解企业的信息化程度、管理现状、煤炭的市场需求预测、煤炭产品的销售情况、煤炭生产所需的材料设备供应情况、企业的技术力量、经济实力及合作伙伴的资信、实力等，这些都是影响供应链管理的重要因素。煤炭企业的采购、仓储、制造、运输和销售都有鲜明的特点，只有综合考虑，才能制定一个高效合理的供应链发展战略规划。

（2）整合企业内部资源

根据煤炭生产的工序和工艺特点，打破原有的以行政单位为标准的业务分工模式，通过组织变革和资源整合，把辅助性专业中可以独立操作的生产环节、工序等业务委托给外部专业化公司专门运作，以提高专业化管理水平。其目标是通过分工协作，达到节省费用、降低成本、实现资源优化配置、追求规模经济利益、提高企业的竞争力和生命力的目的。煤炭生产是辅助生产专业化和工艺专业化两种方式的结合，要以流程再造原则为指导，对原有的煤炭生产的业务分工情况进行再分析，同时要打破原有建制，以业务为中心，实现组织结构的重新设计。

（3）组织机构变革

在组织机构架构上，按照市场细化的划分和筛选，将已有的"煤、路"产业链建设作为基础，采取强强联合、优势互补、求同存异等多种方式，加快区域化供应链管理。为了做强供应链管理，需对非物流的资源进行必要的剥离。完成陆运、铁运等多制式物流配送一体化，选择最佳路径，打破条块分割的物流管理现状，实行物流的快捷配送流程，达到低成本、高效率、优质、安全的服务要求，实现规模化的供应链管理。

(4) 建设销售渠道

根据煤炭企业的特殊性，对神东公司销售渠道的完善和调整主要应该从选择合适的渠道成员、控制渠道成员和激发渠道成员的积极性等方面来进行。①渠道成员应该选择有一定资金实力和管理体系健全的分销渠道成员；②渠道成员的控制手段主要有沟通、库存控制、利润控制等几个方面；③激发渠道成员的积极性则有直接和间接激励法。

(5) 加快供应链信息系统网络化

围绕构建现代供应链管理体系，按照"规模采购最优化、资源要素集成化、采购与供应分离化、物流服务增值化"的运作方式，建立与之匹配的供应链管理系统，实现采购、供应商和客户的集成。

神东公司要以集团信息管理系统平台为依托，建立与供应链管理发展相匹配的供应链信息系统与网上交易，并与遍布全国乃至全球的采购网和用户服务网对接，建立资源共享、功能齐全、服务便捷的供应链服务网络，以客户订单信息流带动煤炭配送物流的实现。

(6) 加快供应链人才队伍的建设

提高煤炭供应链管理专业技术水平要以专业人才培养为突破口，降低交易成本，缩短资金的周转周期，加强卖方与买方的关系，提升终端用户服务水平，通过先进管理技术和信息技术，突破土地、能耗、运输等资源瓶颈，引进物流专业人才，提高资源利用率，以信息代替库存、以服务创新代替资源不足，创新煤炭供应管理的企业运营模式和发展模式。

9.2.2 基于大物流战略的煤炭企业供应链组织体系研究

大物流战略管理是对企业的物流过程实行全局性的管理，是企业物流战略的形成、运行、监控和评估的一系列管理策略与行动，其关键问题是使企业的物流与环境相协调，以实现物流的可持续性发展。

大物流战略的目标一般都是减少物流成本、加快反应速度和提高服务质量三个方面。规划方式由企业内部自行制定、委托第三方（比如咨询机构、专家）和企业与第三方共同制定。在实施过程中受到企业员工、现有组织结构两方面的影响。所以，在实施新的大物流战略的同时，企业员工的技能、思想观念和组织结构都应进行相应的改善和整合。

9.2.2.1 神东公司大物流战略背景

神东公司的大物流体系是上游基本完整和下游相对分散并存。在供应链的上游，系统结构基本完整。神东公司对原物资供应管理推行集成的策划、采购、仓储、配送和协调利用统一管理，使用了企业资产管理（EAM）系统和仓储作业管理（WMS）系统，使神东公司的供应物流管理水平不断提高。其采用的 EAM 系统的信息化管理，比如，物资计划主要是储备定额方法；物资采购主要是招标采购和供应链建设；物资验收方式主要是专业化统一检验；物资仓储采用自动化、单元化和标准化管理；在操作环节引入了条形码技术和 WMS 仓库作业系统；物资领用主要是实行集中配送模式，负责整个神东公司煤炭物资的供应，统一调配、运营。在神东公司供应链下游是分散和不完整的。各个生产单位独立运行，企业与企业之间缺乏沟通。整个公司的煤炭销售系统没有完全做到统一管理，各个生产单位都有独立地进行煤炭销售，这样完全不能实现神东公司产业供应链的价值最大化，只会造成神东公司人力、物力等资源浪费和价值打折。所以，神东公司需要建立一体化大物流体系来避免这种缺陷。

以神华集团公司发展战略思想为指导，整合公司内外部物流资源，实现煤炭生产、仓储、运输、销售一体化的"大物流"战略。神华集团是以煤炭生产、销售为主业，还包括电力、热力生产和供应，煤炭冶炼油以及煤炭化工，并且以公路、铁路、码头等运输服务平台为主的综合性能源企业。神华集团一直从多方面实施可持续发展的战略，矿、路、电、港集成化开发，采用生产、运输和销售一条龙的经营理念。而作为神华集团分公司的神东公司，更应该在神华集团现有的大物流基础上具体问题具体分析，根据实际情况实施神东公司的大物流发展战略。坚持围绕"信息分享、发货及时、反应灵敏、服务到位"的工作要求，以信息技术为主，分流程推进。

神东公司整体发展目标是要将神东公司构建成一个统一对外而且又能整合内部物流资源的主体，对外具有竞争优势，对内集成优化物资，从而提高整体效益。神东公司是所有矿井大物流体系的唯一负责单位，承担整个神东公司煤炭统一仓储、统一运输、统一销售的任务，以及提供统一的组织监管与服务。

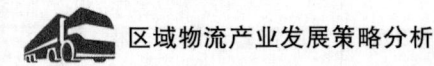

大物流战略可以从公司职能部门和上游供应商以及下游客户两方面实施战略：对内以"生产为核心，物流为依托"为目标；对外以"市场为导向，蒙、陕、晋三地区物流基地合理设置"为目标。上游供应商以及下游客户的战略主要是合作伙伴的协作和销售物流系统的设计两方面。

9.2.2.2　神东公司组织结构分析

神东公司组织结构是基于职能分工的金字塔型组织结构，这种组织对外界的响应慢、领导做决策慢，各部门追求私利严重，已经不适应供应链管理。供应链管理主张的是牺牲局部利益保全整体利益，因而煤炭企业在适应供应链管理的快速响应要求下进行重建，逐步由金字塔型组织结构向扁平化组织结构甚至小型化、以人为中心的理念结构转变。

如图9-2所示，神东公司目前的组织体系是典型的直线结构，权力集中在组织高层，下属机构仅仅按照高层的行政命令执行，缺乏主动和积极性。公司没有专门的运销中心，缺少专业化的销售物流中心。各单位相对孤立，直属上级不明确，各中心分工不明确，急需整合。

9.2.2.3　神东公司业务流程运作现状

神东公司提出夯实管理基础、实现公司流程型经营的理念，以及神东公司供应链一体化体系的再造也需要公司内部业务流程和组织架构的同步重组，以符合供应链的要求。因此，业务流程管理就是要实现流程的标准化、电子化，利用信息化技术和相关手段，规范操作程序，由以前的沟通壁垒组织转变成协作、双赢的流程型组织，实现高效率、顺利运转的流程，最终实现企业业务系统的顺利运行。

9.2.2.4　神东公司业务流程目前存在的问题

由于各部门不按规定流程执行，导致其效果参差不齐。许多决策过程都通过手工传递和会审方式完成，缺乏有效的业务信息沟通和利用，成为目前工作的短板。利益主体过多、运销分散是神东公司最主要的问题。

9.2.2.5　神东公司业务流程优化的必要性

流程再造和管理就是将参与公司业务流程的单位，如采购、仓储、计

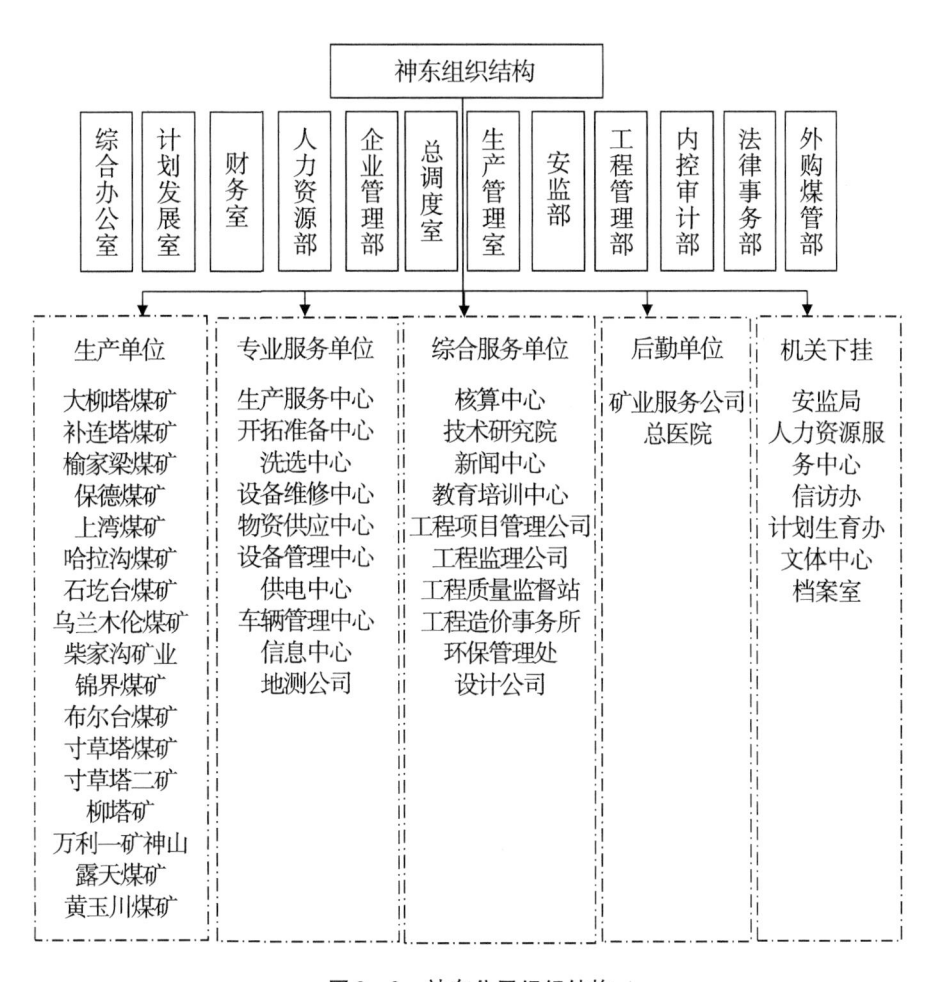

```
                          神东组织结构
  综  计  财  人  企  总  生  安  工  内  法  外
  合  划  务  力  业  调  产  监  程  控  律  购
  办  发  室  资  管  度  管  部  管  审  事  煤
  公  展      源  理  室  理      理  计  务  管
  室  室      部  部      室      部  部  部  理
                                              部

┌─────────────┬─────────────┬─────────────┬─────────┬─────────────┐
│  生产单位   │ 专业服务单位│ 综合服务单位│ 后勤单位│  机关下挂   │
│             │             │             │         │             │
│ 大柳塔煤矿  │ 生产服务中心│ 核算中心    │矿业服务 │ 安监局      │
│ 补连塔煤矿  │ 开拓准备中心│ 技术研究院  │公司     │ 人力资源服  │
│ 榆家梁煤矿  │ 洗选中心    │ 新闻中心    │总医院   │ 务中心      │
│ 保德煤矿    │ 设备维修中心│ 教育培训中心│         │ 信访办      │
│ 上湾煤矿    │ 物资供应中心│ 工程项目管理│         │ 计划生育办  │
│ 哈拉沟煤矿  │ 设备管理中心│ 公司        │         │ 文体中心    │
│ 石圪台煤矿  │ 供电中心    │ 工程监理公司│         │ 档案室      │
│ 乌兰木伦煤矿│ 车辆管理中心│ 工程质量监督│         │             │
│ 柴家沟矿业  │ 信息中心    │ 站          │         │             │
│ 锦界煤矿    │ 地测公司    │ 工程造价事务│         │             │
│ 布尔台煤矿  │             │ 所          │         │             │
│ 寸草塔煤矿  │             │ 环保管理处  │         │             │
│ 寸草塔二矿  │             │ 设计公司    │         │             │
│ 柳塔矿      │             │             │         │             │
│ 万利一矿神山│             │             │         │             │
│ 露天煤矿    │             │             │         │             │
│ 黄玉川煤矿  │             │             │         │             │
└─────────────┴─────────────┴─────────────┴─────────┴─────────────┘
```

图 9-2 神东公司组织结构

划、生产、配送、监督、运输、销售等和相应的财务、后勤、人事，全部纳入到同一条供应链内进行调控管理，对神东公司的物流进行科学的战略规划和监管，统一采购、仓储、配送，实现资源和信息的共享，实现有效的供应链管理，通过加强集权，在采购、信息上逐步实现由公司内部统一管理，使公司内部物流管理由"多头"变"一头"。贯穿企业各阶段和层面的业务管理，特别是业务流程在整条产业链中不再是孤立的，将会和其他业务之间进行交涉、产生关联。对于神东公司而言，为了响应企业发展和供应链发展的要求，急需进行供应链业务流程重组。

9.2.2.6 神东公司大物流战略发展实施

先整合企业内部后延伸到外部发展的战略：整合企业内部主要是针对神东公司物流的内部问题，包括内部管理方式落后、供应链组织体系不完整、物资供应管理不完善、信息化程度低（实现内部信息的共享）等问题进行整改，为神东公司大物流体系构建做好充足准备；向外部发展主要是进行运输系统、销售渠道和信息系统建设，目的是减少成本、满足客户要求。

整合企业内部资源，并对各机构及部门进行重组整合，形成适合大物流系统构建的组织架构。主要是重新分离出专业化煤炭及煤化工产品运销中心，负责运销业务，以及对现有的物资供应中心进行进一步完善。因此，集团需进行业务流程重组、组织经营结构再调整。

开辟运输线路和销售路径。根据物流和货物特征，对于煤炭企业来讲需具备以下三点条件。

①有良好的交通条件和长期稳固的合作伙伴，关键在于系统各节点企业之间的连接和合作。因此，正确选择和维护长期稳固的合作伙伴非常重要。

②煤炭属于散货、大体积运输，因此，一般采用铁路运输和水运并用的方式运输。对于华北、东北采用铁路运输方式，对于华东、华南以及出口则采用铁路和水运并运方式。当然距离较近、运量不大的可以直接采用公路运输，这样也可以减少时间的浪费，以此补充铁路运力的不足。神东公司可以进一步采取铁路、港口的联合、控股等手段，不断参与及渗透，建立战略联盟伙伴关系，完善销售和运输体系，以此改善公司运输能力，降低整体成本。然后，在省内外建立一定数量和一定规模的公路集散点和煤炭市场交易中心。在整个过程中，除了运用集团内部专业的运输车队，还可以和运输企业合作，利用社会运输能力，为公司物流提供运输保障，逐步构建由企业专业运输车队，外部运输企业和社会运力三个运输主体组成的运输体系。

③建立电子商务信息平台，提供煤炭交易、信息查询和快速反应的一体化物流服务，便其成为采购、配送、运输、销售与服务一体化的煤炭电子商务信息平台。

大物流系统构建需要涉及的模块包括采购、库存控制、仓储、输入输出运输、订单处理、进度日程安排和客户咨询服务，等等。

9.2.2.7　基于大物流战略神东公司的供应链整合

总体目标：企业内部、外部供应链一体化，产运销各环节紧密衔接。

（1）内部供应链运行具体思路

实行物资供应精益化管理，建立企业销售运输体系，进行业务流程再造。首先，具体的物资供应精益化管理是推行集团物资标准化分类体系，加强基建、专项计划系统管理，做到需求与实用并重，提高效率，增加效益，实现效用最大化；其次，运输作为物流的重要组成部分是因为其在产品销售中创造最大化的时间和空间附加值，企业通过运输位移产品的位置，运到目的地进行销售。因此，应加大对运输销售环节的重视；最后，进行业务流程重组，细化流程环节。

（2）外部供应链运行具体思路

主要是通过电子商务加强信息交流，目的是巩固合作伙伴之间的战略联盟关系，维持现有市场，开辟新的市场空间；做到供应链上的各环节紧密连接以便保证采购、运输、销售等过程的顺畅和有效运行，减少库存和运行成本。

9.2.2.8　基于大物流战略神东公司的供应链业务流程重组

（1）运销的专业化

改变现有企业运作机制，产销分离，在专业化分工的基础上，做到生产、营销一条线，不再分散管理。煤炭销售全部交给专业化的运销中心。这样不仅降低了占煤炭价格比例较大的运销成本，也降低了生产商和煤炭客户之间的交易成本。将运输交由专业公司完成，生产企业可以减轻负担，提高生产质量，更好地保证煤炭生产安全。这两点是神东公司以及下属各生产单位的生存之根本。只有煤炭的质量提高，才得以赢得更多的市场份额，良好的企业信誉和品牌形象。

（2）实现物流过程的集成化和专业化

物流活动必须进行集成化运行，以此提高效率、降低成本、增加效益。以神东公司的运销中心为业务实施主体的专业化物流服务中心、运销

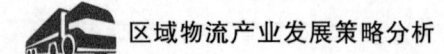

中心,必须由公司总部授权获得一定的独立性,并具有掌控煤炭运输的权力,成为公司唯一的物流服务中心。神东公司进行专业物流中心的管理,专注于物流系统的建设和完善,开放交通渠道,开拓销售渠道,扩大市场空间,增加煤炭流通过程中的附加值。鉴于煤炭运输的特殊性,大部分煤炭只有通过铁路和公路运输。神东公司的物流中心在整个公司中发展成为具有强势地位的独立分支后,会有自己稳定的铁路和公路的运输资源。在此基础上,可以集成其他中小煤炭生产企业,使神东公司获得进一步发展。

综上所述,将神东公司的企业物流活动和运销体系剥离出去,成立一个独立的专业物流企业"神东煤炭物流公司",以获取物流利润为目的,实现物流集成化和社会化。

9.2.2.9　基于大物流战略神东公司的供应链组织体系重建

神东公司的外部环境、内部文化和煤炭行业特点,以及要建立的大物流,决定了其必须要有一个不同于其他企业的供应链,所以神东公司的供应链组织体系就需要依据其供应链的特征来重建。神东公司的供应链体系定位为一体化供应链体系。企业产品生产运作模式是围绕一个核心企业——神东公司,各企业包括供应商、制造商、销售商以及第三方服务组织等都采用战略联盟,整个业务流程中的商流、物流、信息流和资金流形成一个整体,这就形成了供应链一体化组织体系。

(1) 神东公司供应链组织体系框架

按功能划分部门,神东公司内部框架需要由金字塔型到扁平化过渡,消除冗余管理,提高管理水平,使各部分的管理人员主要任务是处理战略问题,而不是处理琐事。在神东煤炭企业外部,从整个供应链组织系统延伸到包括交通运输企业、存储企业和港口站的主要客户,整个供应链合作企业也将精益、多能、灵活的公司煤炭供应链的组织调整主要集中于两个子系统:企业内部组织体系和企业外部供应链一体化,如合作伙伴的战略联盟合作协议、合资合同或渠道流程团队的竞争战略取决于供应链组织,如图9-3所示。

第 9 章 供应链管理体系分析

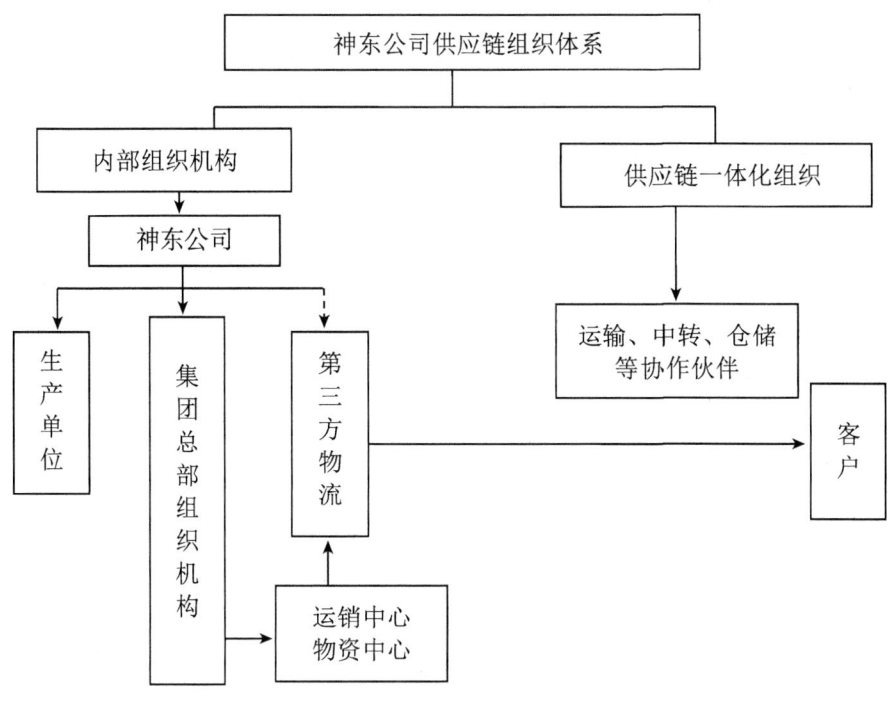

图 9-3 神东公司内部供应链组织结构框架

改变现在的企业组织结构，根据供应链管理重建适合神东公司发展的结构，做到"整体运行，物流配送，利益共享，协作发展"。供应和运销实行专业化运行，生产资源管理权力全部授予物资供应中心，运输销售权力全部授予运销中心。公司实行战略方式管理，实现神东公司总体战略的形成、实施、控制和评估，保证神东公司总资产的增长。生产单位在本集团产业发展战略的指导下，负责本公司的生产经营管理，实现公司效益最大化以及稳定发展。各生产企业负责把煤炭交给运销中心，其负责以各生产单位确定的煤炭价格进行煤炭运输和销售。而物资供应中心职责主要是辅助生产和销售。改革后神东公司的组织结构如图 9-4 所示。

①综合部：负责行政管理，起草材料，建立公司章程制度；承担资料文档、后勤、资产管理，审计和公务接待；协调监督集团部门和生产单位的工作。

②信息部：收集相关的信息来构建神东公司整个信息系统，并对其进行改进和维护，实现集团内部的信息开放；连接同一条供应链中其他企业

的信息系统，使企业外部供应链实现信息共享。

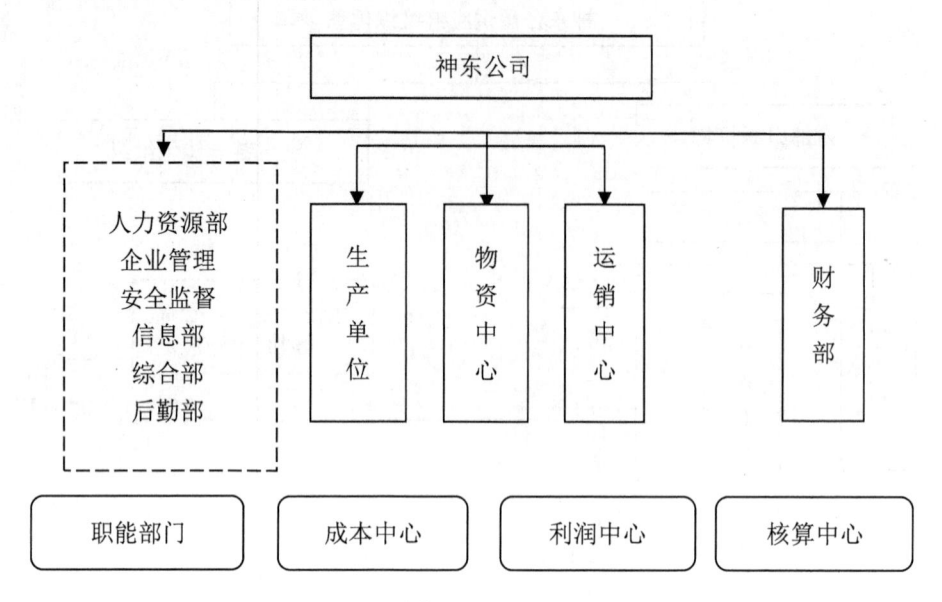

图 9-4　神东公司的组织结构框架

③企业管理部：负责分析企业内部和外部环境，神东公司旗下各子公司的战略目标和企业战略目标的实现流程，以及分步实施的具体步骤；制定公司发展的长远性计划，并具体到近期计划；根据计划安排生产和销售，做到资源的合理配置，协调下属生产单位和部门，分配任务。

④安全监督管理部：指挥和监管生产，以确保安全，避免事故的发生；进行例行检查，及时发现并解决安全问题；将事故内容、事故处理近况、事故次生灾害防护情况等，及时报告公司总部。

⑤财务部：负责确定内部交易价格，煤炭和煤化工产品的生产企业和贷款结算，资金监管、资金移交、财务账目管理。

⑥人力资源部：负责公司的人力管理，公司员工的工资及福利、劳动合同关系、合同纠纷、绩效考核等。

⑦运销中心：主要负责生产单位的煤炭销售，具体有煤炭营销，客户管理，制定运输计划，包括运输设备、运输线路和运输人员，组织煤炭发运流程，处理商务纠纷，等等。

(2) 神东公司供应链一体化组织体系构建

神东公司的供应链一体化组织体系主要是通过与合作伙伴建立战略联

盟构建起来的，如图 9-5 所示。

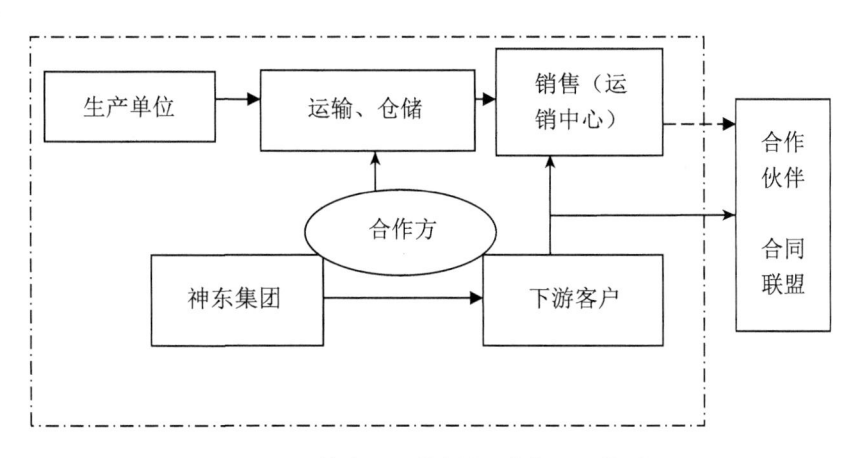

图 9-5　神东公司供应链一体化组织模型

神东公司供应链一体化组织管理包括：信息共享、战略协调和企业关系管理。

①信息共享管理。供应链一体化组织构建成功后就是管理，建立电子商务信息平台以便实现信息有效共享，以及信息顺畅流通，如图 9-6 所示。

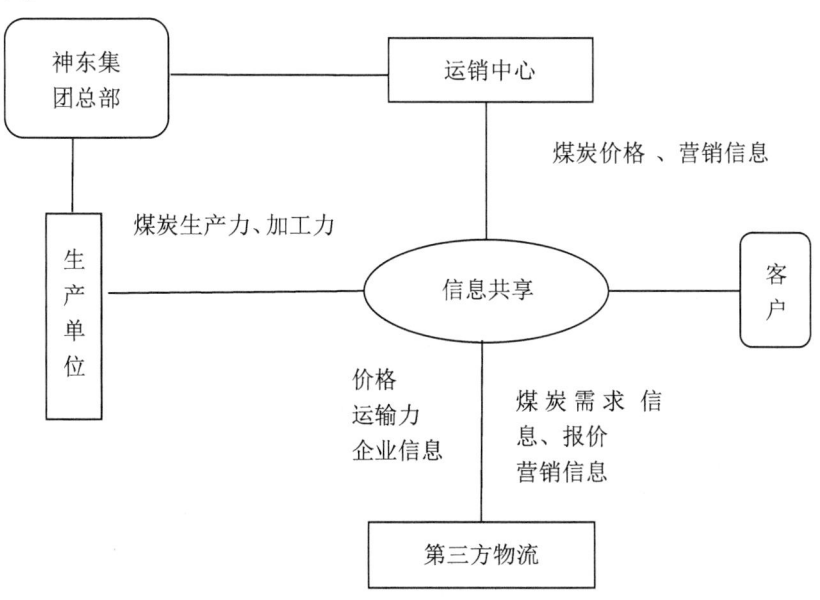

图 9-6　供应链一体化组织信息共享模型

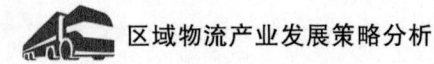

②战略协调管理。在整个供应链中,神东公司是核心企业,所以其战略目标便决定整个供应链的战略目标,又因为在整条供应链中,有多个利益中心,所以只有不断地调整战略才能达到共赢的效果。

③企业关系管理。神东公司供应链一体化组织,企业关系管理负责维护、协调企业之间的关系:包括企业关系的分析和协调、企业之间契约的形成和修改及监督企业间存在的信息缺失的现象,在进行供应链一体化组织的关系管理时要留意企业间的诚信和公平问题,建立各种形式的合作关系,并在契约的约束下进行供应链一体化的运作与监管。

9.2.3 绿色供应链分析

传统的煤炭企业普遍存在资源利用程度低、资源浪费等现象,该种生产模式不仅仅造成资源的浪费,更重要的是对环境的污染严重。随着全球气候变暖,各国政府也相继出台一些环境措施,越来越多的学者也在思考该问题,由此提出一种新型的供应链模式,即绿色供应链。绿色供应链于20世纪90年代提出,目前,其概念和内涵还在不断地发展和完善,尚无统一的定义。

9.2.3.1 绿色供应链概念模型

概念模型指利用符号和图表等描述客观事物的性质、联系及逻辑关系的模型。华盛顿大学的 Benita M. Beamon 博士,在其研究中提出了有关绿色供应链的概念模型,其思想是在原来一般供应链概念模型的基础上增加了活动流,即再制造(再利用)、回收、再循环,同时也描述了在供应、制造、销售、消费等过程中产生的废物的运动方向。Tina Karlberg 等研究者在瑞典科学与技术部的支持下对电子工业的绿色供应链管理研究提出了有关绿色供应链的概念模型,其研究成果的主要贡献是将绿色供应链的组成成员在原来的供应商、制造商、分销商、顾客、运输商等的基础上增加了回收商。英国的 Cranfield 管理学院的 Remko Ivan Hoek 也提出了有关绿色供应链的概念模型,其主要贡献是在绿色供应链中分析了各个环节中如何管理的问题,在绿色供应链的组成成员中增加了服务机构。西安交通大学的汪应洛和王能民从系统的观点出发分析绿色供应链的组成要素,进一步将绿色供应链细分为生产系统、消费系统、社会系统与环境系统四个子系统。

9.2.3.2 绿色供应链管理体系结构

根据前述对概念的分析，可以从管理目标、管理内容、参与者、技术支持四个方面构建绿色供应链的管理体系结构，如图9-7所示。

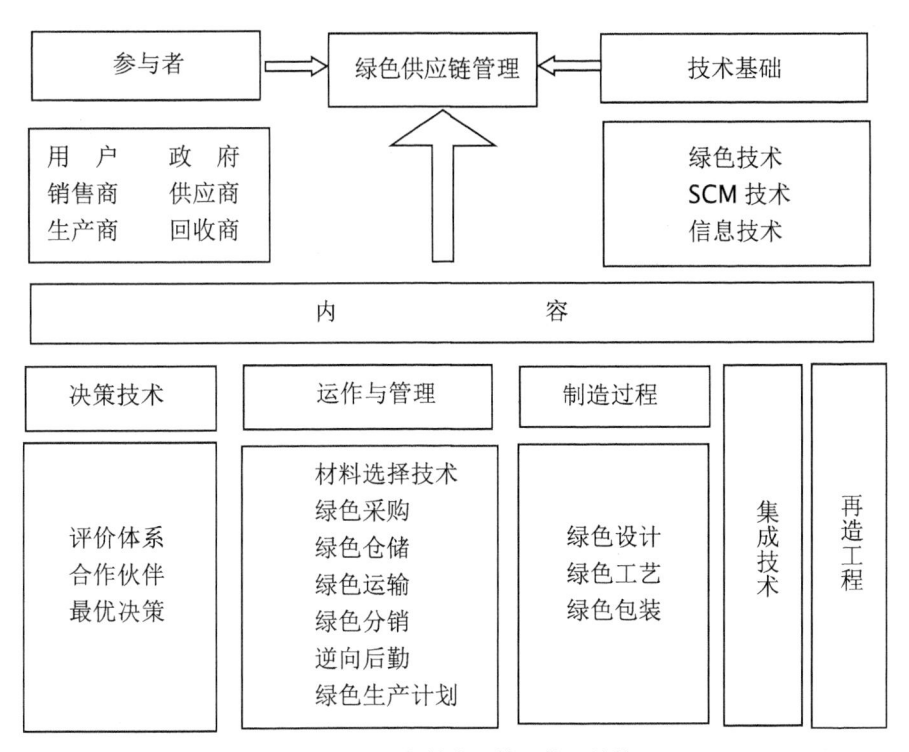

图9-7 绿色供应链管理体系结构

9.2.3.3 绿色供应链下供应商管理

绿色供应链下供应商管理的内容包括图9-8所示的五个方面，见图9-8。

图9-8 供应链管理内容

（1）绿色供应商调查

通过适当的渠道、采用适当的方法，了解供应商的信息，发现潜在的供应商。内容通常包括：供应商的材料供应、专业技术、品质控制、人员水平、设备情况、财务情况、管理制度等。

（2）绿色供应商评价与选择

在广泛收集潜在的供应商资料的基础上，对不同类型供应商建立评价指标体系，选择合适的评价方法进行评价。当一个或者多个潜在的供应商获得评价之后，邀请潜在的供应商发出竞标和提案，进行决策，选择合适供应商。

绿色供应链下的供应商选择，除了一般供应链环境下供应商的衡量标准以外，还要考虑供应商的生态及环保水平。

①合作开发与改进。近年来，随着功能经济思想的产生和生产者责任的延伸，供应商与其客户之间的关系发生了变化：以前企业与供应商之间以产品为中心的供求关系逐渐被服务关系所替代；以前供应商只关心向下游企业提供原料，而不管下游企业是否有能力用环保的方式去生产和回收处理，现在上游供应商越来越关注其产品对下游产生的环境影响，并在环保方面与下游企业积极合作。鉴于此，产品的生态设计和环境改善不再只是企业的事，而是成了制造企业和供应商共同的责任。供应商参与下游企业的产品设计和工艺改进，核心企业协助供应商改进其产品与包装。

②技术援助和培训。培训和技术支持是合作成功的重要保障。通常核心制造企业的供应商中有众多中小公司，这些小公司缺少足够的资源和能力来改进环境绩效，因此对中小供应商提供技术和资金等方面的援助对提升整个供应链的环境绩效非常重要。这样，一方面核心制造商可以得到其供应商有力的配合；另一方面中小型供应商可以获得环境改善的能力。

（3）绿色供应商运作与管理

包括对供应商的环境管理、运营控制和定期审核。绿色供应链管理要求企业将供应商纳入到自身的环境管理体系当中，不但要有对供应产品的绿色度的要求，也要关注产品生产、供应、使用及回收的整个生命周期内对环境可能的影响。这就要求企业建立和保持一个符合要求的环境管理体系，合理评价供应商的环境表现。并通过定期审核推进这个体系有效运行及持续改进，保障企业的经营活动与环境协调一致和持续发展。

(4) 绿色供应商定期审核

定期审核是一种对供应商进行持续监督的方法。如果审核发现问题，企业可以在引发严重后果之前把它们提出来，要求供应商限期整改或者更换供应商。ISO14000 和 EMAS 等环境认证对于进行供应商评价和审核意义重大，它可以免除大半甚至全部的检查监督工作，提高环境管理的效率，这对建立长期供应关系尤为重要，目前美国三大汽车公司均要求其主要供应商通过 ISO14000 认证。

(5) 绿色供应商激励和持续改进

要保持长期的合作伙伴关系，需要对供应商进行激励，并及时反馈激励效果，改进激励策略，持续改进合作关系。在激励机制的设计上，要体现公平、一致的原则。首先采购企业和供应商应分担整个供应链环境性能的相关成本，分享因此而带来的收益，其中包括对环保产品支付更高的溢价和对新的环保技术提供订单等；其次制造企业对环境行为良好的供应商应给予增加进货量、价格优惠和媒体关注等奖励，以提高供应商的积极性。美国和欧洲的汽车工业已经形成了给予环境表现好的供应商以奖励和认可的传统。

9.2.3.4 榆阳区企业绿色供应链管理体系构建

由供应关系分析，榆阳区大部分企业是煤矿企业，属于煤炭行业的上游企业。地方企业的发展变化都依赖于上下游企业的共同努力，同时又会牵动整个供应关系的变化，而榆阳区所生产的主要产品——矿产，生产过程中有大量伴生的废水、废气和固体废物分别被排入水域、大气和土壤中，造成对环境的严重污染和资源的巨大浪费。随着国家环境保护政策的日趋完善，人们对环境保护的要求也越来越高，针对这种情况，榆阳区要想在市场上获得更大的竞争优势，就急需拥有一套科学合理的绿色供应链管理体系，企业的绿色管理不应再停留在运用各种手段控制其污染源的传统管理上，而是应该更多的实现运营消耗的降低、资源的高效可持续利用和产品的回收再使用，在此基础上形成企业竞争优势和增加企业盈利。

榆阳区企业面临的环境有以下几个方面的特点：第一，榆阳区企业生产产品比较单一。虽然大量的矿产资源给榆阳区的经济发展奠定了稳定基础，主要以煤资源为主，但是对于环境的负面影响越来越明显。应加快供应链的反应速度，提高供应链的敏捷性，实现成本和风险的均衡；第二，技术进步越来越快，新技术、新产品的不断涌现使企业面临前所未有的压力；第三，产品开发的难度越来越大，越来越多的企业认识到开发产品对企业创造收益的重要性，因此许多企业不惜工本予以投入，但是资金利用率和投入产出比往往不尽如人意；第四，人类只有一个地球，维持生态平衡和环境保护的呼声越来越高。一位销售经理曾说："过去生产经理常问我该生产什么，现在是我问他能生产什么。"原材料、技术工人、能源、淡水资源、资金及其他资源越来越少，各种资源的短缺对企业的生产形成很大的制约，而且这种影响在将来会越加严重。在市场需求变化莫测、制造资源日益短缺的情况下，企业如何取得长久的经济效益，是企业制定战略时必须考虑的问题。

榆阳区依据绿色供应链管理的理论，制定和实施了一系列以清洁生产为主线的绿色管理措施，其基本内涵是以可持续发展为管理理念，以清洁生产为主要手段，通过整个企业供应链的协调运作，将生产过程中产生的废弃物减量化、资源化、无害化，实现资源综合开发利用与生态环境系统的良性循环，使企业发展目标与社会发展、环境改善协调同步，实现地区可持续发展。

1）榆阳区企业绿色供应链管理体系基本框架

根据绿色供应链的定义，榆阳区绿色供应链主要是由生产、消费、物流和环境组成，可以把环境看成是整个供应链管理系统所处的基本环境，对于绿色供应链管理的体系结构而言，要将"环境保护、清洁生产、节能减排、综合利用"等理念贯穿其中。因此，可以把绿色供应链管理的体系结构分为三大主要模块：生产模块、消费模块和物流模块，其中，财务分析模块与人力资源模块作为这三大主要模块的重要支撑，贯穿整个供应链始终。生产模块包括绿色供应过程的选择阶段，绿色设计阶段和绿色生产阶段；消费模块包括绿色销售和绿色消费阶段（可以统一为绿色营销）；物流模块包括正向物流和逆向物流，如图9-9所示。

2）榆阳区企业绿色供应链管理系统功能分析

根据上文所述，对于榆阳区而言，绿色供应链管理就是在供应链管理的各个环节中充分考虑生产经营行为对环境的影响。以下结合榆阳区实际情况，对在供应链上几个重要环节的环境保护实施的典型做法予以设计，并就该公司绿色供应链管理进行简单分析。

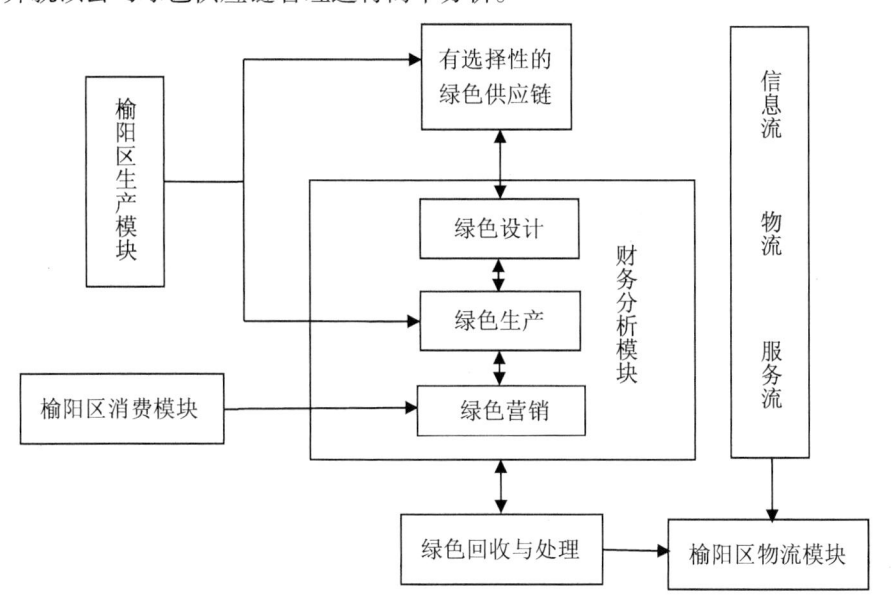

图 9-9　榆阳区企业绿色供应链管理体系基本框架

（1）生产模块功能分析

榆阳区在供应链的生产模块中应着重关注环境保护的环节，该环节有绿色采购，包括对原材料的选择和对供应商的选择及管理；绿色设计、环境导向设计将越来越受到重视；清洁生产、节能减排等应贯穿整个生产环节，主要包括使用的设备要求环保、生产中的排放尽可能减少、能源节约以及对污染的妥善处理等。

①绿色采购。采购过程的改变可以很大程度地降低成本和减少废物的产生，供应端绿色化的处理比末端处理的效率要高。因此，榆阳区企业在采购原料时应通过源头控制，考虑材料是否为再循环、再利用的环境友好材料，避免材料与燃料使用时和回收处理后的环境污染能耗浪费。

同时，绿色采购涉及原材料的获取及与供应商的关系。绿色材料是指制造和生产过程中能耗低、噪声小、无毒性，易降解、并对环境无害的材料和材料制成品。榆阳区采购原材料主要以设备为主，有些是现成品，也有一些则是需要供应商提供成品、半成品和服务共同实现的。对于煤炭行业来说，机械质量是重中之重，对国内的企业来说尤其是煤炭行业对环境的保护要求越来越高，这为企业实施供应链管理提供一个良好的动力，因此在公司采购原材料的管理环节设立监管部门是十分重要的，公司应通过采购流程的质量控制（原材料的质量控制、评审活动的质量控制、采购合同与验收使用的质量控制等），实现采购原材料的物有所值，采购到质量过硬的绿色原材料来满足公司实际要求。

在制酒行业有句俗话："七分葡萄，三分做酒"，可见在酿造葡萄酒的过程中，原材料的选择是一个关键性的问题，相应地，上游材料的供应商选择在榆阳区发展战略中，占有十分重要的地位。

②绿色设计。绿色设计又称生态设计、环境设计，它是绿色供应链的前提和基础，指在产品及其生命周期全过程设计中，充分考虑其环境资源和环境属性（可拆卸性、可回收性等），并借助产品生命周期与产品相关的各类信息（技术信息、环境协调性信息、经济信息），利用各种先进的设计理论，即在考虑产品的功能、质量、开发周期和成本的同时，优化各有关设计因素，使产品及其制造过程对环境的总体影响减少到最小，使最终设计出的产品具有先进的技术性、良好的环境协调性以及合理的经济性的一种系统设计方法。榆阳区主要考虑绿色产品的设计——产品原料和能源的无公害和低消耗；绿色工艺设计——生产中采用能源和资源利用率高，废弃物和有害物排放量少的高效加工工艺，它主要包括以下几个方面：闭路循环生产的发展、开发新的工艺、原料的循环利用等。除此之外，还有绿色营销、包装、运输等。

③清洁生产。榆阳区是经济发展主要的地区，同时也是环境破坏严重的地区。领导层重视环境保护问题，努力提高全厂职工环保意识，在生产过程中积极推行清洁生产。

榆阳区生产中产生的废弃物主要有：大量的煤矸石，工作面设备更换下的润滑油，废水，等等。上述所谓的"废弃物"，其实都是被浪费的资源，它们原本是在一定条件下能够被利用的物质，只是被遗弃在不恰当的位置，以有害的方式存在，未被人们充分且恰当地利用。

尽量减少生产过程中的各种危险性因素，如地陷、高压、低温、瓦斯爆炸、强噪声、强震动等，采用少废、无废的工艺和高效的设备，采用可靠和简单的生产操作和控制方法，对物料进行内部循环利用。通过实施清洁生产，使生产自动化提高，管理水平提升，产品质量好了，企业的动力也足了。

（2）消费模块功能分析

绿色供应链管理中的消费模块包括绿色销售和绿色消费，可以统一称为绿色营销阶段。在这一阶段企业将绿色环保思想贯穿于整个营销环节，不仅向社会公众提供绿色产品，在促销时考虑环境保护的因素，运输过程中尽量减少对环境造成的负面影响，从而扩大企业的绿色影响，优化在公众心目中的形象，而且更要宣传企业的绿色理念，让公众了解企业所进行的环境努力，也可以让企业的顾客共同参与到绿色活动中来。企业通过"绿色理念"的传达来影响消费者，促使消费者在购买产品或服务以后主动进行绿色消费。

绿色销售是绿色供应链中的一个重要环节，通过销售活动达到协调人类、环境与发展三者之间的关系，改善生态环境，提高人们的生活质量。企业要为消费者提供绿色产品，以提高消费者的满意度为目的，同时引入社会责任要求，因此企业在满足消费者需要的同时，其行为必须符合环境保护的要求和社会有序发展的要求。

绿色消费又称为可持续消费，主要指消费无污染的产品，消费过程中尽量避免对环境造成污染，自觉抵制和不消费那些破坏环境的产品。公司在推广并引领绿色消费方面主要有两种方式，一种是通过在促销绿色产品过程中向消费者传递环境保护的理念，如设计人性化的消费模式、包装或者广告之类。通过传递绿色信息，倡导绿色消费，启发引导消费者的绿色需求，最终促成购买行为。如一般的绿色促销手段主要有绿色广告，通过广告对产品的绿色功能定位，引导消费者理解并接受广告诉求；绿色推广，通过绿色营销人员的绿色推销和营业推广，从销售现场到推销实地，直接向消费者宣传、推广产品绿色信息，宣讲绿色营销的各种环境现状和发展趋势，激励消费者的消费欲望。

（3）物流模块功能分析

物流模块主要包括正向物流、逆向物流以及两者与环境的相容。

正向物流是指以降低对环境的污染、减少资源消耗为目标，利用先进物流信息系统自动化和集成化技术规划和实施的运输、储存、包装、装卸、流通、加工等物流活动。在生产模块和消费模块中都包含着正向绿色物流。

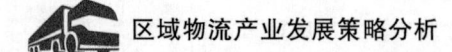

榆阳区主要的正向物流为：包装物的绿色化，它是实施绿色供应链管理的重要组成部分。榆阳区在产品包装上遵循"减量化、再利用、再循环和可降解"理念，即当今世界公认的发展绿色包装的3R1D原则。

具体来说，在实施绿色供应链管理过程中应从以下两方面进行管理。

①选择绿色包装材料。第一，尽可能地选择绿色、环保、可降解的包装材料，从再循环的角度来看，包装物的材料品种越少越好；第二，适度包装。与下游客户在减少产品包装上进行协商，适度的包装不仅有助于供应商降低成本，也减少了采购商的拆装和处理包装物垃圾的费用；第三，绿色标识。包装物的标识图案和文字应体现绿色化，注明包装物的材料、用法及回收处理方法，使包装物的使用和处理变得简单易行；第四，包装回收。供应商收回残次品（0.1%）、内包材料（塑料）、外包材料，每天由固定的废品回收企业进行回收处理。

通过合理的信息系统进行配送布局，实现合理运输，避免货物迂回运输，减少总罩程和车辆空驶率，进而提高运输效率；与供应商及销售商合作，选择环境管理较好的承运商，采用节能运输工具和清洁燃料，减少运输燃油污染；通过设计合理存货策略，适当加大商品运输批量，进而提高运输效率等。

②实行绿色仓储。绿色仓储也是企业实施绿色供应链管理当中关键的一环。对于榆阳区来说，仓储设计要符合以下两点：首先，仓库布局合理，以节约运输成本。布局过于密集，会增加运输的次数，从而增加资源消耗。布局过于松散，则会降低运输的效率，增加空载率；其次，仓库建设前，应当进行相应的环境影响评价，充分考虑仓库建设对所在地环境的影响。

逆向物流是指在企业物流过程中，由于某些物质失去了明显的使用价值，将当作废弃物被抛弃。但在这些物资中还存在潜在使用价值可以再利用，企业应为这部分物资设计一个回流系统，使具有再用价值的物品回归到正规的企业物流中来。广义的逆向物流涉及企业生产与销售、产品售后服务等各个方面，如生产加工过程中的原材料节约、废料的重新利用、包装物的重新利用、次品的改造，以及产品消费后的回收等，这些是物流活动从用户到制造商和供应商的过程。因此，企业在绿色回收，即逆向物流这一阶段可以通过再循环、再使用和减少物料使用的数量来使企业更环保。

榆阳区的逆向物流主要侧重于绿色回收。它主要包括以下两个方面的内容。

①回收重用和处理。榆阳区大部分煤炭企业开展逆向物流可以对大部分生产过程中消耗的非产品材料资源进行回收处理以获得它们的使用价值，实现资源循环利用和物资订货的减量化。重视企业内部废旧产品及其物料的有效利用，提高物料利用率，盘活煤炭企业大量可使用的闲置资源，可以使煤炭企业进一步降低成本，提高效益。同时，通过将物资逆向物流的回收信息不断地反馈给管理层，使管理层事前加强物资管理，根除由于物资质量问题造成的煤炭生产安全隐患。

②废弃物的处理。榆阳区企业主要废弃物包括污水、废气、粉煤灰、矸石以及煤焦炭等。对于这些废弃物榆阳区企业应拓宽处理思路，综合开发，形成将它们变废为宝的逆向流动过程。

（4）财务模块功能分析

榆阳区企业的生产经营活动离不开财务活动，绿色管理要涉及环境资源成本等，因此，财务分析是绿色供应链管理系统中重要的支撑部分。实施绿色供应链管理过程，需在原有财务体系基础上加以完善，主要包括绿色会计、绿色审计和绿色投资。

①环境资源损耗。主要反映企业在生产经营活动中，消耗自然资源给环境带来的损失。具体包括：环境污染与破坏损失，即由于资源消耗失控、重大事故、三废排放等所造成的环境污染与破坏的损失。

②环境保护支出。反映榆阳区企业对环境保护所付出的代价。包括"三废"处理、控制、补救和减少自然资源耗费、美化社会环境的各项支出。具体包括以下三方面内容：一是企业为减少和防治环境污染及恢复环境而发生的各种成本、费用，如环保投资、补救措施费用等；二是企业设置的环保机构所发生的各项费用和支出，如环保人员工资、环保行政与规划费用，环境研究、开发费用等；三是企业定期向国家交纳的排污费及环境保护税，以及可能发生的环境损害赔偿费或罚金支出。

③环境资源收益。这是反映榆阳区企业开发和利用环境资源以及从环保中所得到的收益，是衡量企业环境经营效益的重要指标。主要包括以下四个方面：一是企业利用"三废"生产的产品及对这些产品减免税收所取得的收益；二是环保业绩卓著的企业收到国家发放的奖金以及由此产生的

社会信誉收益与股票价格上升收益；三是其他单位或个人缴来的环境损害赔偿费或罚金收入；四是企业实施环保措施后带来的一系列社会效益或机会收益。对于上述收益中难以计量的隐性收益，可适当估计测算。

④环境资源效益。主要核算榆阳区企业由于依靠环境资源所获取的净收益。其计算公式为：环境资源效益＝环境资源收益－环境保护支出－环境资源损耗，综合反映了企业依靠环境资源获得超额收益的经营能力。

企业对现行的运作经营，从绿色管理角度进行系统完整的评估。包括危险品的存放、生态责任的归属、污染的估计、政府环境政策的影响、绿色运动对企业的冲击、企业绿色形象的优劣等。审计能发现薄弱环节，为进行的绿色管理决策提供依据。这样既可降低潜在危险系数，又能比较准确测量绿色管理的投入，更重要的是有助于企业发现市场中的新机会。

（5）人力资源模块功能分析

无论多么强大的系统，最终都是由"人"这个自然的生态体来完成实施。企业及其员工协同合作，才能逐渐完成具有本企业特色的、节约资源并保护环境的绿色企业文化。因此人力资源系统功能设计是榆阳区绿色供应链管理系统中又一重要的支撑部分。榆阳区人力资源管理的内容包括以下六个方面。

①人力资源规划：通过制定这一规划，一方面，保证人力资源管理活动与企业的战略方向和目标一致；另一方面，保证人力资源管理活动的各个环节相互协调，避免互相冲突。

②招聘计划：就企业所需招聘的人员数量和质量做出计划，如果企业现有员工大于所需数，企业可制定出裁员计划，反之，则制订招聘计划。在这个过程中，企业挑选最合适的求职者，并录用安排在一定职位上，这是企业补充所缺员工而采取寻找和发现合乎工作要求的申请者的办法。

③职务设计与职务分析：通过对工作任务的分解，根据不同的工作内容，设计不同的职务，规定每个职务应承担的职责和工作条件、工作职能等，编写职务说明书，这样可使企业吸引和留住合格的员工。

④绩效评价：通过考核员工工作绩效，及时做出信息反馈，奖优罚劣，进一步提高和改善员工的工作绩效。

⑤培训和开发：通过培训提高和改善员工个人、群体和整个企业的知识水平、能力、工作态度和工作绩效，进一步开发员工的智力潜能。

⑥物质激励：公司要想提高员工的工作积极性，最为有效的方法就是通过物质激励来实现。对于榆阳区的员工来说，实现绿色供应链管理，在建立激励机制的时候，将重点放在环保岗位责任激励制度上，即"奖励节约，惩罚浪费"的制度，并向重要岗位倾斜，鼓励员工创新、发明绿色管理的新方法，将员工的绿色工作业绩与收入紧密地联系起来，强化考核，从而全面提高激励的有效性。

根据以上内容，设计出榆阳区人力资源管理模块功能模型，如图 9-10 所示。

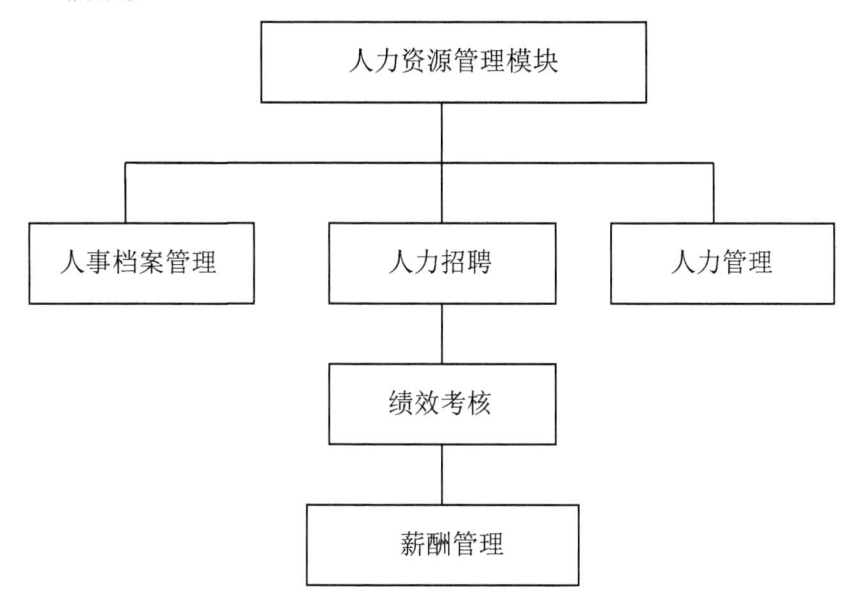

图 9-10 榆阳区人力资源管理模块功能模型

9.2.3.5 榆阳区支柱企业供应链管理现状、存在问题与原因分析

1）榆阳区神华集团基本概况

神华集团有限责任公司（以下简称神华集团）是于 1995 年 10 月经国务院批准设立的国有独资公司，是中央直管的 53 家国有重要骨干企业之一，是以煤为基础，集电力、铁路、港口、航运、煤制油与煤化工为一体，产运销一条龙经营的特大型能源企业，是我国规模最大、现代化程度最高的煤炭企业和世界上最大的煤炭经销商，是世界 500 强企业。由神华集团独家发起成立的中国神华能源股份公司分别在香港、上海上市。

神华集团现有58个生产煤矿，煤炭产能超过4亿吨/年，在建和投运的电厂总装机容量达4500万千瓦，拥有1500公里的铁路、1亿吨吞吐能力的黄骅港和4000万吨吞吐能力的天津煤码头，总资产达5400亿元，员工20万。截至2015年，自产商品煤量4.01亿吨、煤炭销量4.85亿吨、发电量3171亿度、自营铁路运量3.64亿吨、主要油品化工品807万吨、港口吞吐量1.76亿吨、货运装船量6787万吨，实现营业收入2364亿元、利润总额318亿元。国有资本保值增值率处于行业优秀水平，企业经济贡献率连续多年居全国煤炭行业第一，年利润总额在中央直管企业中名列前茅，安全生产多年来保持世界先进水平。

面向未来，神华集团提出"科学发展，再造神华，五年实现经济总量翻番"的发展战略，积极推进本质安全型、质量效益型、科技创新型、资源节约型、和谐发展型"五型企业"建设，努力把神华集团打造成具有国际竞争力的世界一流煤炭综合能源企业。

2）榆阳区神华集团供应链管理现状

陕西神华集团是陕西省委、省政府为了充分发挥陕西煤炭资源优势，整合全省煤炭资源，调整煤炭产业结构，发展以煤炭开采、煤炭转化为主的能源化工支柱产业；为了更好地顺应煤炭行业市场经济的发展潮流，改革陕西煤炭行业传统体制；建立的具有集中竞争力的大型集团化企业。

（1）榆阳区神华集团公司物流现状

神华集团的全资子公司——陕西省煤炭运销集团公司（以下简称运销集团），作为神华集团的专业化煤炭销售公司，负责"统一市场开发、统一销售订货、统一计划管理、统一组织调运、统一货款结算、统一商务管理"的职能。从职能划分上看，神华集团物流系统的运作主体应当是运销集团。但是由于历史及现实原因造成集团公司内部条块分割、职责错乱，各个生产企业以及运销集团仍然是各自为政。神华集团在整个煤炭物流运作过程中扮演的是一个管理中心的职能，具体的煤炭物流过程则分别由运销集团和生产企业相互配合完成。所以神华集团物流实际运作过程中形成了两个主体：一个是生产企业，另一个是运销集团。

由于神华集团所辖的各个生产企业在合并之前隶属于原煤炭工业部统一管理，尽管在部委合并之后特别是煤化集团公司整合后，这些煤矿生产企业只是作为煤化集团公司的子公司进行煤炭的生产。但由于之前各个煤炭生产企业都具有各自的运销职能部门，煤化集团公司在整合资源后考虑到现有运销体系仍然能够发挥积极作用，保留了重点国有煤矿的这部分职能。这就造成生产企业除正常的生产职能外，还负责各自管辖范围内的地方铁路管理、专用线使用、地方销售以及资金结算等业务，在一定范围内形成了自己的物流体系。

运销集团作为神华集团的全资子公司，在合并之初带有一定的政府行政管理职能。这有助于运销集团运用市场和行政的手段实现国有重点煤矿的统一、协调、均衡销售。但由于市场环境的显著变化，运销集团政府行政管理职能逐渐弱化，成为煤化集团公司的专业化煤炭运销公司，并与各生产企业形成代销的交易模式。运销集团虽然目前掌握着煤炭重点合同和省内电煤（占总销售量的80%）的国铁计划，但是由于没有实际的物流资源，就面临着随时被游离出产业中间环节的危险。从神华集团现有的物流运作模式可以看出，运作的一个主体——煤炭生产企业的这种运作模式没有突出企业核心业务——煤炭的生产，没有达到提高煤炭产品价值的目的。而另一个运作的主体——运销集团并没有真正的取得神华集团所赋予的运销"六统一"职能，仅仅扮演了一个"管理控制协调中心"的角色。由于没有掌握足够的物流资源，使其也难以成为物流运作的主体。正是由于煤炭的销售渠道和网络以及运输资源依然分散在运销集团和各矿务局，导致了神华集团物流运作缺乏主体，物流成本居高不下，市场竞争力较弱。

（2）神华集团公司物流运营组织

物流运营组织是为运作模式服务的。目前，运销集团为专业化销售公司，物资供销公司负责物资采购，投资公司负责集团资本运作。神华集团组织机构职能分工存在明显的交叉重叠现象，除投资公司外，各企业均具有一定的物流功能，这样不利于集团内部整体物流效率的提高及物流运作成本的降低，最终使产业价值链增值受到影响。神华集团外部物流组织主要是与国家铁路部门合作，以保证重点合同的运输和国铁运力的增加。2016年，除了神华集团参与西延、西平等铁路的建设获得一定的经济利益外，物流组织的方式多是借助行政手段，由省政府或省工交办出面进行协调。

（3）神华集团运输系统现状

神华集团的运输系统目前主要以铁路为主，关中和陕北地区的煤矿也

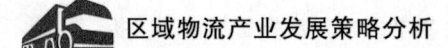

有一部分使用公路运输，但运量相对较小。因此，神华集团的物流通道主要是由陕西省的铁路出省干线和铁水联运方式组成。神华集团所属各矿区均位于陇海铁路以北。宝中铁路从彬长矿区西部边缘、永陇矿区中部通过；西平铁路、侯西铁路途经澄合矿区东南部区域，并从韩城矿区东南边缘通过。咸铜线和铜川—白水—蒲城铁路环线途经铜川、蒲白矿区；梅七线向北延至包西线交口河镇，途经铜川矿区中部、黄陵矿区东南边缘；包西线为纵贯陕西省中北部唯一干线铁路，穿过蒲白、榆恒、榆神和神府等矿区，并从澄合矿区西部边缘通过；神朔铁路从神府和府谷矿区通过。神华集团所有的矿区铁路专用线与国家铁路线连接成网。神华集团2016年省外煤炭销售运输中各条干线铁路（陇海线、西康线、西合线、包神线、西侯线等）近几年的年运量都维持在两亿吨以上。神朔铁路是我国"八五"计划重点工程建设项目，其中神朔—朔黄铁路在大柳塔与包神铁路接轨，直通河北黄骅港，是我国西煤东运第二条通道。神华—朔黄铁路2016年运量2.72亿吨，创历史新高。

随着重工业用电的增加，全国各地煤炭消耗继续攀升，各大电厂存煤频频告急。近几年，主要煤运通道都在超负荷运转，包括：秦皇岛港、曹妃甸煤一期起步码头、国投京唐港、黄骅港等主力发煤港口以及大秦铁路、朔黄铁路全部都在超负荷运转，虽不断扩能改造，提高运输能力，但仍难以满足日益增长的用煤需求。可见，全国铁路煤运形势不容乐观。

神华集团还没有真正意义上的物流节点，现有的储煤场、选煤厂等虽具有物流中心的一些功能，但是从选址、运作、管理上都不符合物流中心的要求。目前，正在三原建设一个物流中心作为全省的煤炭物流枢纽，负责北路煤炭的汇集与疏散。

3）榆阳区神华集团供应链管理存在的问题

通过对神华集团物流现状的分析，可以发现在其物流体系运作过程中有以下四个方面问题亟待解决。首先，物流运作主体不明确；其次，物流运作模式单一；再次，管理体制不顺畅；最后，运输通道受制较多。

因此，需要根据"依托煤化集团大主体，面向国际国内大市场，明晰整体效益大思路，基于多式联运大通道，采用多种成分大联盟，构建煤炭物流大网络"的指导思想，优化神华集团物流资源，实现集成物流管理的大物流网络体系。

9.2.3.6 榆阳区企业供应链管理实施对策

通过对榆阳区绿色供应链管理实施过程的分析，找出企业绿色供应链管理中需要改进的方面，并提出以下四个方面的具体实施对策。

（1）落实节能减排

推行清洁生产，开展循环经济，促进节能减排，建立生态型的工业企业，是现代工业新的生产方式。针对榆阳区目前存在的环境污染、能耗浪费等问题，企业应加大清洁生产力度，从产品设计、原料选择、工艺改革、技术进步和生产管理等环节着手，最大限度地将原材料和能源转化为产品，减少资源的浪费，并使生产过程中排放的污染物及其环境影响最小化，在生产过程中控制大部分污染，从根本上解决资源浪费、环境污染与生态破坏的问题，带来更好的经济效益。

（2）进行技术创新

榆阳区企业在实施绿色供应链管理的过程中，应积极进行技术创新，加快企业全面实现绿色化的进程。榆阳区近期需要创新发展的技术方向建议：首先，进行绿色仓储成套技术的研发和开发，力求使仓储对环境没有污染，对物料品质没有破坏，也没有任何残留；其次，探索绿色养殖方式。在养殖上，根据北方的特点，推行网架高密度养殖新技术，使畜禽既不接触地面，更不接触粪便，大大减少疾病感染的概率；最后，进行新绿色农牧产品的研发。满足不同种类、不同消费层次的消费者对绿色农牧产品的需求。

（3）加快业务重组

一方面，榆阳区企业与上游供应商紧密合作，实施绿色采购战略。由于我国当前大多数农牧企业的供应商还不能很好地满足企业对其环保的要求，因而在实施绿色供应链管理时，应考虑我国国情，不能盲目地将那些未满足环保要求的供应商排斥在外，而较为明智的方法是与供应商合作，相互学习，共同努力，通过一段时间的改进，使其逐渐满足要求；另一方面，积极与下游客户进行沟通，建立有效的逆向物流体系。将业务重组与绿色供应链管理有机结合，从本质上重新思考、设计和改变在旧的环境下形成的按职能部门进行运作和考核的机制，有效地建立跨越职能部门的业务流程，从而提高企业的整体运行效率和核心竞争力，降低由于业务流程控制失误而导致的供应链中断或延误的风险，减少企业损失，完善绿色供应链管理。

(4) 构建绿色企业文化

榆阳区企业不能因为眼前的利益而放弃未来的发展优势和竞争机会，企业应以可持续发展思想为指导，牢固树立环境优先意识，通过广泛的宣传、培训，制定严格的规章制度和环境标准，塑造企业的绿色形象，建设绿色企业文化。管理者要用战略性的眼光来确立企业的发展方向，并使企业从高层到普通的员工都提高认识，为实现"绿色"目标而努力。同时，企业应加强员工队伍素质建设，定期进行岗位培训、清洁生产学习和业务知识考核等，只有提高全体员工思想认识和素质，建立完善的供应链管理制度，才能使企业达到效益最优化。

总之，榆阳区企业实施绿色供应链管理是一个复杂的系统工程，不可能一蹴而就。企业在考虑实施绿色供应链管理时，应仔细分析自身及行业的特点，对本行业或相关行业的领先企业进行学习调研，也可聘请有经验的咨询机构或管理专家组成规划小组，结合企业实际，制定科学合理的实施规划和目标，分步实施，以减少风险，确保成功。由"单点"到"小链"，由"小链"到"长链"，逐步展开，循序渐进地实现绿色供应链管理的全面铺开。

第10章 供应链突发事件及风险应对分析

10.1 银桥乳业供应链突发事件管理分析

10.1.1 突发事件的含义

广义上，突发事件可被理解为突然发生的事情：第一层的含义是事件发生、发展的速度很快，出乎意料；第二层的含义是事件难以应对，必须采取非常规方法来处理。

狭义上，突发事件就是意外发生的重大或敏感事件，简而言之，就是天灾人祸。前者即自然灾害，后者如恐怖事件、社会冲突、丑闻（包括大量谣言）等，专家也称其为"危机"。

所谓供应链突发事件是指由供应链内外偶发因素直接或间接引起，在短时间内形成并爆发，直接影响、中断供应链运行并可能带来灾难性后果的意外事件。所谓灾难性后果的意外事件包括影响、破坏供应链安全运行，造成供应链断裂、失效和成本剧增，导致供应链网络价值链体系紊乱、失败、崩溃，甚至整个供应链体系解体，等等。近年来的供应链突发事件已经有很多起，例如，2011年12月24日蒙牛纯牛奶检出强致癌物黄曲霉素、2014年麦当劳中国供应商福喜曝出原料中掺杂过多变质肉及鸡皮和使用掉落在地的原料、2016年三星手机供应商电池问题造成手机爆炸事件。

根据我国2007年11月1日起施行的《中华人民共和国突发事件应对法》的规定：突发事件，是指突然发生，造成或者可能造成严重社会危害，需要采取应急处置措施予以应对的自然灾害、事故灾难、公共卫生事件和社会安全事件。

本章对"供应链突发事件"的定义为：突然爆发的，对企业现有供应

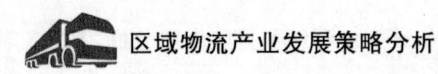

链中的各个参与者具有很强的破坏性,需要企业立即采取应对措施加以处理的事件。特别注意的是,这里的突发事件是指给供应链上的成员造成的潜在损失超过其所带来收益的事件。

10.1.2 突发事件构成及特征

突发事件的构成,主要包括以下五个要素:难以预料、突然爆发、必然原因、导致严重后果、需要紧急处理,缺少其一都不能称之为突发事件,如图 10-1 所示。

图 10-1 突发事件的构成要素

突发事件的特征主要有以下四点。

①爆发的突然性。供应链突发事件往往具有极大的随机性和偶然性,我们很难去预测,也很难把握其蔓延的速度、方向以及影响的范围。这样的话,就很容易失去挽救损失的最佳时机。

②危害的严重性。供应链突发事件不常发生,从一方面来说,如果一旦爆发,则会严重影响供应链正常运行,可能使供应链断裂,甚至崩溃,也有可能引发影响社会安定的突发事件,对整个国家造成不良的影响。从另一方面说,若能及时有效的应对供应链突发事件,对企业的发展来说可能是一个良好的机遇。

③链状的蔓延性。一个完整的供应链是由许多环节构成,每个环节又可能涉及许多协作的企业,这样就构成一个网状或链状结构。供应链突发事件可能会沿着这个结构进行蔓延,最终会影响到整个链条上的企业,甚至是整个行业。例如,2008 年三鹿奶粉"三聚氰胺"事件,这一突发事件

不仅使三鹿企业破产,甚至给整个乳制品行业都造成了很严重的影响,把乳品行业推向了风口浪尖。

④应对的迷惘性。供应链突发事件是偶然的,在其爆发后,不是常规性的供应链管理程序或方法可以解决的,尤其是在信息存在不对称性或者缺失性的情况下,导致企业暂时无法面对,往往出现迷惘状态。

10.1.3 突发事件的类型

根据突发事件发生的原因、机理、过程、性质和危害对象以及突发事件的应对方法将突发事件分为以下四类。

①自然灾害。由自然因素直接导致,主要包括水旱灾害、气象灾害、地震灾害、地质灾害、海洋灾害、生物灾害和森林草原火灾等。

②事故灾难。由人们无视规则的行为所致,主要包括工矿商贸等企业的各类安全事故、公共设施和设备事故、核与辐射事故、环境污染和生态破坏事件等。

③公共卫生事件。由自然因素和人为因素共同所致,主要包括传染病疫情、群体性不明原因疾病、食品安全和职业危害、动物疫情以及其他严重影响公众健康和生命安全的事件。

④社会安全事件。由一定的社会问题诱发,主要包括恐怖袭击事件、民族宗教事件、经济安全事故、涉外突发事件和群体性事件等。

以上四类突发事件可能引起供应链突发事件,也可能由供应商突然中断、物流配送环节、市场需求波动、人为失误等一种或多种因素联合导致。由此可见,供应链突发事件爆发的因素不但多样,而且表现形式及影响更是迥异。

10.1.4 银桥乳业现状概述

西安银桥乳业集团是中国西北地区产销量最大的乳制品专业生产企业,始建于1978年年底。经过39年的顽强拼搏和不懈努力,该集团已发展成为农业产业化国家重点龙头企业、中国学生饮用奶定点生产企业,并跨入了中国乳品行业前六强。近年来,企业始终坚持"公司+基地+农户"的农业产业化经营模式,充分发挥龙头企业的辐射带动作用,通过实

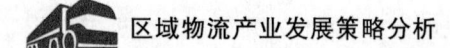

施奶畜产业化工程，带领群众脱贫致富，得到了较快的发展。集团旗下主导产品"秦俑牌"系列奶粉和"银桥牌"系列液态奶，以专业的品质、过硬的质量、优质的服务和良好的信誉享誉海内外，连续多年在国家质检总局抽检中合格，深受广大消费者的喜爱和信赖。

2002年，"秦俑"奶粉荣获"中国名牌产品"，实现了陕西乃至西北地区中国名牌产品零的突破；2003年，集团在新加坡上市，成为国内第一个在境外成功上市的乳品企业；2004年，"秦俑"商标被国家工商总局认定为"中国驰名商标"，成为我国西北乳制品行业第一个中国驰名商标；2005年9月，"秦俑"奶粉和"银桥"牛奶双双获得"中国名牌产品"称号，成为西北乳业唯一荣获双名牌的企业，再次肯定了银桥乳业在西北的领导地位和在全国乳业的重大影响；2008年、2009年、2010年银桥乳业连续三年被国家七部委授予"食品安全示范单位"称号；2011年，"银桥"商标被国家工商总局认定为"中国驰名商标"。目前，企业形成了以西北市场为中心网点，辐射到全国各大中城市的销售网络，并出口到菲律宾、新加坡、伊拉克等国家和东欧、中国香港等地区。

2012年银桥通过"诚信管理体系认证"，成为陕西省首批通过认证的食品企业。2013年银桥牛奶被认定为"欧亚经济论坛唯一指定乳品"。2014年银桥荣获"陕西省企业文化建设优秀成果奖"。银桥乳业荣获"2015年度产品质量优秀奖"。2016年银桥乳业作为中国西北地区最大的乳品企业积极响应"一带一路"的倡议，持续不断地利用国际资源，寻求国际合作，提升研发、加工和产品创新水平等综合实力，以国际化的视野谋求更高发展，向着"百年银桥，打造世界品牌"的目标持续奋进。

百尺竿头，更进一步。银桥集团将以十八大精神为指引，全面贯彻落实科学发展观，继续秉承"以强壮国人健康为己任，以富裕千万百姓为目标，以构建和谐社会为理想"的理念，抢抓一切发展机遇，做大做强银桥乳业和奶畜产业，以崭新的姿态、高昂的热情与时俱进，不断拼搏创新，开拓进取，为实现"创百亿企业，做百年银桥，打造世界品牌"的发展蓝图和全面建设小康社会的宏伟目标，龙头企业必须做出的更大的贡献。

10.1.5 企业现有供应链结构概述

银桥乳业集团始终坚持"公司+基地+农户"的农业产业化经营模

式，从图 10-2 中可以看出，银桥乳业的供应链由奶源基地（鲜奶供应商）、包装材料供应商、生产设备制造商、生产者（最终产品制造商）、分销商、物流配送企业、消费者以及其他相关机构构成，而在整个供应链上，生产者也可称为制造商，制造商无疑处于核心企业的地位。

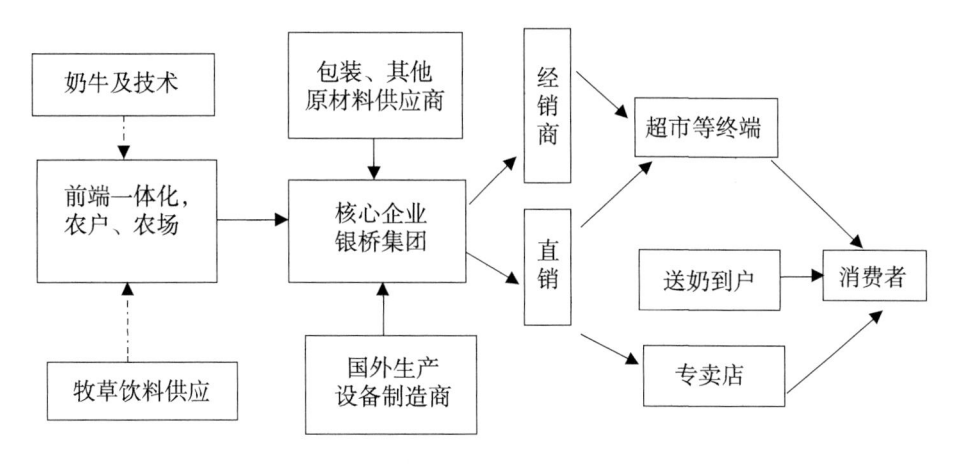

图 10-2　银桥乳业现有供应链结构模型

按照银桥乳业现有供应链结构模型可以把乳制品供应分为以下四个环节。

（1）原料奶采购环节

银桥收购的原料奶均来自机械化自动挤奶站的管道奶，每个挤奶站都派驻了计量员和质量监督员，严防掺杂使假。银桥还成立了奶源稽查队，每月不定期对所有奶站进行检查，对检查结果进行奖罚，对存在问题及时整改。

在鲜奶质量控制上，银桥乳业集团设置了"四查承包制"的"铁规"：一是由收购员和化验员在奶站对鲜奶进行第一次检验；二是由公司冷藏鲜奶运输车跟车监督员进行二次检验；三是由集团收购部门进行第三次检验；四是集团公司检测中心对收购的鲜奶进行最终检测。检验人员层层把关，凡不符合标准要求的鲜奶，一滴不收，从而杜绝了劣质奶输入生产线。

（2）供应链加工环节

银桥乳业集团生产加工的乳制品主要有固态乳制品和液态奶两类，其

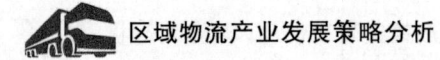

中固态乳制品主要是奶粉，例如阳光宝宝奶粉系列和秦俑奶粉系列。液态奶主要包括鲜奶、系列酸奶和其他花色奶、乳酸菌饮料等。

银桥乳业集团在临潼经济开发区投资1.2亿元建成了以液态奶为主的现代化综合乳品生产基地，引进美国、德国、法国、瑞典和丹麦等国具有国际先进水平的液态奶生产和检测设备，并采用国际先进的乳品生产工艺，生产出了"银桥"系列酸奶、鲜奶、超高温灭菌奶、巴氏消毒奶、乳酸菌饮料等系列液态奶和具有高科技含量、高附加值的系列配方奶粉等，并已向生物工程领域进军。2016年，银桥乳业集团利用国家计委1.8亿元国债扶持资金兴建的液态奶二期扩建工程已进入设备安装阶段，即将竣工投产。该工程引进20余条具有世界先进水平的液态奶生产线，实行全自动控制，流程与国际接轨。届时，集团日处理鲜奶新增500吨，年产液态奶达20万吨，年产值达到15亿~20亿元。因此，从加工环节看，乳制品的安全生产是有保障的。

（3）物流配送环节

物流配送是指按照客户的要求，经过分货、拣选等货物配备工作，把最终产品从生产线的末端送到消费者手中的移动和存储过程。

物流配送通常有配送中心配送、生产企业配送、仓库配送、商店配送四种类型。而银桥乳业集团通常采用的是生产企业配送这一类型。

在西安市，我们经常可以看到银桥乳业的配送车辆。或者在大型超市的仓库门口，也经常可以看到集团的产品配送车。

（4）销售环节

在银桥集团分销结构中，消费者既能从集团直接配送的大型超市购买到产品，也能通过代理商购买产品。

银桥乳业集团从原料奶的收购到进厂的各个环节，严格执行"5S"管理、ISO9001和HACCP标准体系，在奶源、制造、检测、研发、配送等每个环节、每道关键工序均设立了CCP点，实行严格的监管和控制，形成了质量控制、质量保证和质量管理"三位一体"的食品安全管理体系，确保为消费者奉献安全、优质、放心的银桥乳品。

10.1.6　银桥乳业的SWOT分析

银桥乳业经过30多年的发展，现在已经成为国内知名的品牌，但是，和我国的乳品行业巨头伊利、蒙牛相比，还是有一定的差距。所以，从行业发展入手，借助 SWOT 战略分析方法，不仅分析企业现有供应链，而且对影响银桥乳业整个发展规划的优势、劣势、机会和威胁等内部环境和外部因素进行分析，如表 10-1 所示。

(1) 集团现有优势

乳品行业供应链上的奶源把控，是乳产品质量保证的最基础也是最重要的环节。2016 年，银桥乳业集团已建成了西北地区最大的优质绿色奶源基地，在关中"一线两带"上拥有 100 多个奶牛养殖场、120 个奶牛养殖小区和 430 个机械化集中挤奶站，彻底结束了农户"分散饲养，分散挤奶"的传统饲养模式。

银桥乳业集团已经形成自己特有的生产经营模式：公司＋基地＋农户，基本形成了市场牵龙头、龙头带基地、基地连农户，产供销一条龙、农工贸一体化的产业化格局。

银桥乳业对奶源基地实行了"集中饲养、集中挤奶、统一防疫、统一管理"和"分散饲养、集中挤奶、优质优价、全面服务"的现代化管理模式，按照国家标准及对原料奶的卫生要求，给每个鲜奶收购站配备了专职收购员和化验员。

与竞争对手相比，银桥集团的技术和研发实力均已处于先进水平。集团引进了美国、德国、法国、瑞典和丹麦等国具有国际先进水平的液态奶生产和检测设备，并采用国际先进的乳品生产工艺。在质量和环境管理体系认证方面，也一直行走在行业的前端。企业已通过 ISO9001、GMP、HACCP 和 ISO14001 认证。

2008 年三聚氰胺事件爆发后，国家质检部门对全国乳制品企业进行了数百次质量抽检，银桥乳业所有产品全部合格，银桥奶源的安全性、工艺的科学性获得了国家权威部门的高度认可。2011 年 9 月 3 日，由中国质量协会、全国用户委员会组织的 2011 年液态奶消费者满意度测评结果揭晓，银桥乳业位列第八位，比上年有了大幅提升，体现了消费者对银桥乳业的信赖和支持。2011 年在西安举办的世界园艺博览会也将银桥的品牌价值加速释放。2015 年，银桥乳业在"2015 年度乳制品质量工作会议"中荣获"产品质量优秀奖"，2017 年，集团在中国乳品工业协会第二十三次年会上荣获多项大奖，这为银桥未来发展提供了品牌优势。

(2) 集团竞争劣势

奶源基地多，服务跨度大，管理难度较大。随着银桥集团的不断发展，奶源基地越来越多，即使是再有效的管理，也会出现管理的死角，这就容易产生原料奶的质量安全问题。

物流管理水平相对落后。物流是我国许多企业发展的瓶颈，银桥乳业集团也不例外。虽然企业严格控制从源奶区到生产各个环节的质量，但是，乳制品的储存和配送属于冷链物流，要求极高的保鲜度，特别是鲜牛奶，它的保质期短、温度控制要求严格、配送时间要求短、即产即配等，因此对物流体系的即时处理能力要求很高。银桥乳业在这个方面还有一定的差距，这就要求企业建立完善的物流管理体系，以应对突发状况，提高企业的应变能力。

产品结构单一。据调查，在各大超市的奶制品中，伊利、蒙牛的产品最丰富，产品分为中低高档，价格也有所不同。而银桥乳业相对于伊利、蒙牛来说，产品结构较单一，比如冰淇淋系列，银桥乳业就没有自己的品牌。这就需要供应链中核心企业——银桥集团加强产品开发能力，满足消费者的需求。

(3) 集团潜在机会

乳业"十三五"规划提出：鼓励发展特色高品质乳制品。加快乳制品工业结构调整，积极引导企业通过跨地区兼并、重组，淘汰落后生产能力，培育技术先进、具有国际竞争力的大型企业集团，改变乳制品工业企业布局不合理、重复建设严重的局面，推动乳制品工业结构升级。

合理控制加工项目建设。主要发展便于贮藏和运输的乳粉、干酪、奶油、干酪素等乳制品，适度发展超高温灭菌乳、酸乳、巴氏杀菌乳等产品，鼓励发展具有地方特色的乳制品。

人民生活水平不断提高，对于乳制品的需求不断增加。

从图10-3、图10-4可以看出，不论是城镇居民还是农村居民，近年来，对于乳制品的需求呈逐年增长的态势，这对于乳品行业来说，是一个很好的发展契机。

2011年在西安举办的第三十届世界园艺博览会，也为银桥乳业集团提供了一个展示自己的国际化平台，加速了企业品牌价值的释放。

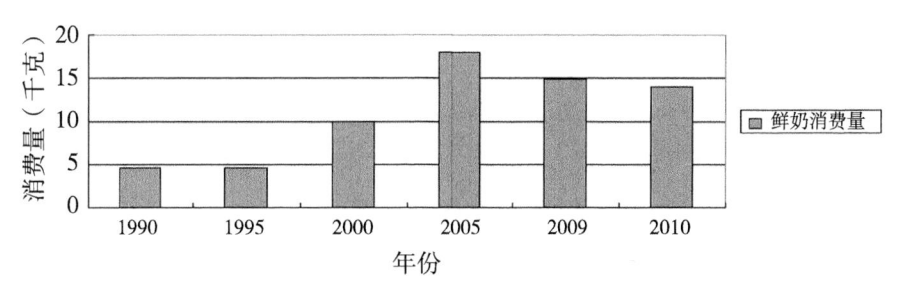

图 10-3　城镇居民平均每人全年的鲜奶消费量

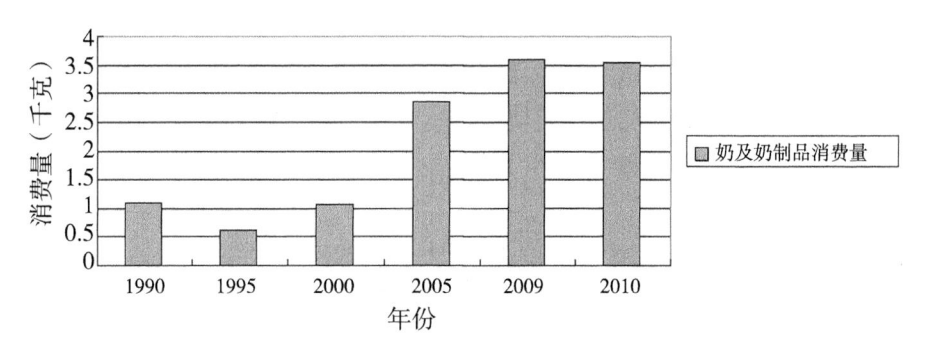

图 10-4　农村居民家庭平均每人奶制品消费量

一个乳品企业如果想把乳业这块蛋糕做大就不能忽视了其他奶类市场，尤其不能忽视市场前景十分广阔的羊奶市场。近年来，随着广大消费者对羊奶营养价值的认同，以及羊奶脱膻技术的应用，羊奶的消费量逐年增加。现代医学证明，由于羊奶中免疫球蛋白质含量较高，一些营养成分含量远远高于母乳。如果银桥乳业集团忽视羊奶的这一需求市场，那么必将丧失一个巨大的发展机遇。近十年来我国羊的养殖规模，如图 10-5 所示。

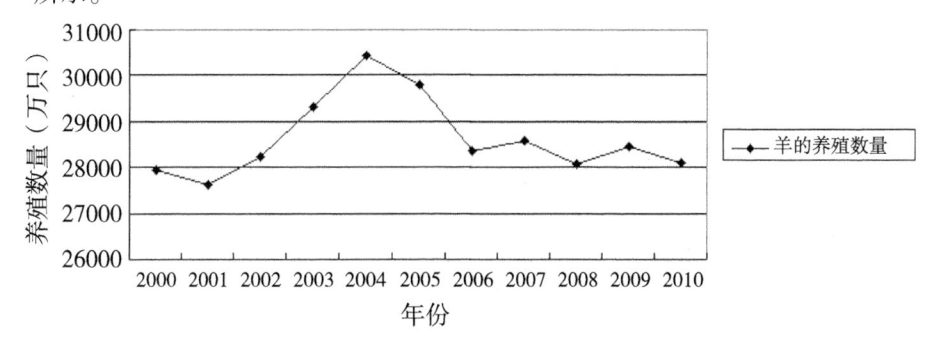

图 10-5　我国近十年羊的养殖规模

数据来源：《国家统计年鉴 2011》。

(4) 集团的威胁

众所周知,在国内,乳品行业的领跑者当属伊利和蒙牛。两大乳业巨头的供应链已经很成熟,但是就是在这样一个已经比较成熟的供应链体系下,都会出现一些大的问题。所以,这也给银桥集团一个警示,不管企业规模多大,供应链有多成熟,都要对供应链上各个环节进行严格的监管,防止突发事件发生,给企业带来不必要的损失。

国内乳品行业的多元化竞争,国外品牌趁机抢占市场,市场需求不断变化,进一步加剧了市场竞争的激烈程度。这些因素都不得不让企业思考,如何采取有效措施,为优化供应链、有效地降低运营成本、提高企业利润率开辟一条成功之路。

表 10-1 银桥集团现有供应链 SWOT 分析矩阵

	优势（S）	劣势（W）
优势与劣势	①奶源优势 ②技术优势 ③品牌优势 ④产业化经营优势	①奶源基地点多面广,服务跨度大,管理难度大 ②物流水平相对落后 ③产品结构相对单一
机会（O）	SO 战略（增长型战略）	WO 战略（转向型战略）
①国家政策、地方政府的支持 ②日益强大的购买力 ③世园会的品牌推进 ④羊奶的消费需求	①保持现有的优势并继续扩大,满足日益增大的市场需求 ②努力挖掘有待开发的潜力市场 ③在国内优势的基础上,大力开发国际市场	①建立完善的管理体制,严格把控源奶的质量 ②提高物流管理水平 ③使产品结构多元化,研发新的技术降低产品成本抢占市场 ④把握当下机会,寻找新的机遇
威胁（T）	ST 战略（多样化战略）	WT 战略（防御型战略）
①供应链各个环节的管理 ②市场风险	①保证自身优势,成为同行业的领军企业 ②适当与竞争对手合作,共同获取利润	努力使自身劣势消除,并避开风险

10.1.7 应对供应链突发事件的风险

通过对银桥乳业集团现有供应链和集团现状的具体分析，可以看出，供应链看起来似乎是完美的，对重要环节的管理还是比较到位的。这样看似完善的供应链，在应对供应链突发事件时，也存在着许多问题和潜在风险。主要表现在以下五个方面。

(1) 供应链源头问题

从前面的分析中可以看出，银桥集团采取种种措施去把控源奶的质量。但是随着集团的不断发展壮大，奶源基地的数量不断增多，集团还采用这种措施，势必会增加企业的运营成本。另外，成立的奶源稽查队，每月是不定期对所有奶站进行检查。在其他时间，源奶的质量就有可能出现问题，这一潜在风险，集团不得不认真考虑。

(2) 物流配送管理问题

目前，我国的物流发展普遍落后，特别是乳品行业。乳制品的储存和配送都属于冷链物流，要求保鲜度高、配送时间短、即产即配等。另外，对于现有配送车辆的管理不够完善，没有形成一个特有的体系，能够随时定位配送车辆的具体位置以及配送的情况等。若配送过程中出现突发事件，企业是否可以快速响应，及时处理，把损失降到最小。

(3) 供应链分销商管理问题

从银桥现有的分销结构中可以看出，集团目前的分销渠道结构过长，经销商密度过大，这就容易引发渠道窜货现象。渠道窜货会造成产品价格混乱，渠道成员关系紧张，从而影响其他销售区域内经销商的正常销售，最终，集团的利益将受到损失，甚至会导致集团现有的分销网络崩溃。

(4) 原料等供应商管理问题

在现有供应链中，并没有提到包装或其他原材料供应商的管理。银桥乳业集团的核心业务是乳制品的研发和生产，但是有关包装、生产设备等供应商对于企业的作用还是非常重要的。如果包装出现问题，或者包装材料短缺，这将会影响企业的销售，甚至有可能造成企业的生产中断。

(5) 库存管理问题

在现有供应链中，库存管理也是一个被忽视的问题。库存过多会导致企业的成本增加，库存过少，又满足不了市场需求，有可能导致供应中

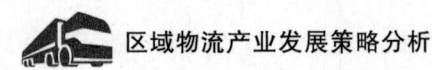

断、市场缺货。所以,库存的管理也是企业应该着重考虑的一个问题。

10.1.8 构建应对突发事件的供应链策略体系

在本章中,我们已对银桥乳业集团的现有供应链结构进行了简要的概述并分析,以及对银桥乳业的现状进行了 SWOT 分析,指出了现有供应链在应对突发事件时存在的问题及潜在的危险,大致可分为五大问题。现就这些问题,具体问题具体分析,以供应链突发事件管理体系为框架,提出一些应对的策略,构建一个应对突发事件的供应链策略体系。

供应链突发事件管理体系可分为供应链风险管理、供应链危机管理、供应链应急管理三大板块,如图 10-6 所示。供应链风险管理是在于突发

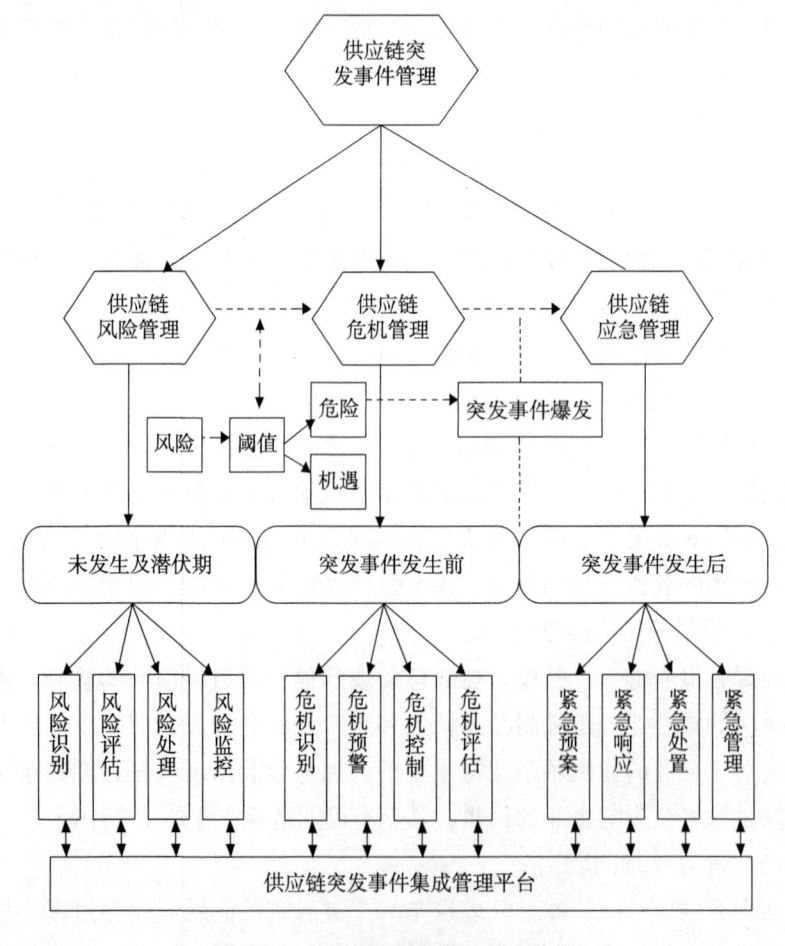

图 10-6 供应链突发事件管理体系

事件未发生及其潜伏期，我们可以对这些风险进行识别、评估、处理以及监控，降低突发事件发生的概率，保证供应链的正常运行。供应链危机管理是突发事件发生前，对供应链上所潜在的危机因素进行识别，然后建立危机预警、控制，最后进行评估的一种管理方法。供应链应急管理是在突发事件发生之后，根据具体情况采取一些应急措施，对突发事件进行应急响应，最终把突发事件可能造成的损失减到最小。

10.1.8.1 供应链风险管理策略

实施供应链风险管理策略之前，首先要识别供应链所存在的风险。经过分析，银桥乳业集团应对突发事件的供应链所潜在的突发事件风险就是奶源的质量安全。

在乳品行业有一句俗话："得奶源者得天下"。从这句话中我们可以看出，奶源基地对于乳品企业的重要性。所以，奶源的管理对于银桥乳业集团来说是至关重要的。

供应链源头——与奶农建立经济合作的利益共同体。

银桥集团奶业产业化的基本经营模式主要是"公司＋基地＋奶户"的模式。银桥集团应发展各种中介组织，正确处理生产、加工、销售的各方利益关系，集团和奶源供应商之间形成相互依托的利益共同体，真正建立起利益共享、风险共担的利益分配机制。只有奶农们真正获得了利益，他们才会积极主动地控制原料奶质量，保障其安全。

另外，集团可以建立一个信用机制，该机制是用来管理不断增加的源奶供应商。企业可以通过这个信用机制，对供应商进行综合评分，如果合格，则集团可以继续与其合作；若出现问题，集团有权选择其他的奶源供应商。

处于供应链核心地位的生产企业与源奶供应商形成更加紧密的关系，供应链间不同环节的协作性不断加强，那么整个供应链的运作将会更加持久和稳固。

10.1.8.2 供应链的危机管理策略

供应链危机管理是保障供应链正常运行，提高供应链可靠性的重要措施之一。供应链危机管理策略是指供应链在面临突发事件时，能够提高企业应对突发事件的能力并且可以把损失降到最低的一种对策。

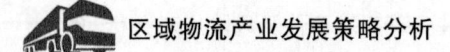

经过前面的综合分析，银桥乳业集团的应对供应链突发事件的潜在风险主要有物流配送和分销商的管理，针对这两个问题，笔者提出了一些解决方案。

(1) 物流配送——自营配送和第三方物流相结合的配送策略

众所周知，物流水平的落后是我国大部分企业发展的一个瓶颈。很多企业习惯采用自己的物流，但是这一物流缺乏专业性，当突发事件发生时，集团由于自身条件的限制，抵御危机的能力非常有限，往往会显得手足无措。所以为了更好地应对突发事件，银桥乳业集团应依靠第三方物流，发展应急物流。近年来，第三方物流的发展已经趋于成熟，他们拥有非常广泛的物流网络，如果某一条线路出现了突发状况，他们可以立刻选择一条应急线路，保证物流配送的正常运作。另外，集团采用第三方物流的配送方式，可以有效地降低集团的物流成本，可以把更多的精力集中在自己的核心业务上，以提高集团的综合竞争力。

随着集团业务的不断扩展，集团需要采用自营配送的方式。如果集团采取这一种配送方式，建议企业开发车辆管理系统，利用先进的信息技术，例如GPS技术，该技术可以24小时准确定位配送车辆的位置，并且在车辆发生意外状况时，监控中心能够接收并显示车台发回的消息，同时对车辆发送控制消息。这样，就能够在突发事件发生的第一时间，快速响应，减少损失。

另外，为了企业长远的发展，银桥集团应在供应链中发展不中断的冷链配送，这样能够进一步保证乳制品的质量，提高消费者的满意度。

(2) 分销商的管理——优化渠道结构，建立窜货预防和管理体系

银桥集团处于市场开拓初期，可以借助代理人的渠道网络进入市场，经过一段时间的发展，各方面条件成熟后，可以将区域代理人变成配送商，这样可以降低集团的物流配送成本。同时，强化二级经销商，提高对终端的掌控。银桥集团可以对一个区域的二级供应商进行一次筛选，选择能够覆盖整个市场的相应数量的有效率的二级经销商。这样的话，对于二级经销商的要求就很严格。

另外，为了有效地遏制经销商之间窜货，必须建立一个完善的窜货预防与管理体系。建议银桥集团可以采取以下措施：

第一，制定合理的销售计划；第二，完善分销商制度，合理划分区

域；第三，加强沟通和培训，提高渠道成员的素质；第四，在选择经销商时，一定要经过严格的筛选；第五，制定并且实施严明的奖惩制度。

总之，供应链危机管理策略并不能百分百地避免突发事件的发生，但是，可以在供应链突发事件发生时或者发生后，及时地应对，并且把突发事件可能造成的损失降到最低。

10.1.9 供应链的应急管理策略

供应链应急管理策略是指突发事件发生后，企业能够采取哪种措施，把突发事件造成的损失降到最低的一种策略。

经过分析，对于供应商的管理和库存管理出现的突发状况，我们可以采取以下两方面的措施。

（1）包装等供应商管理——备用供应商策略

备用供应商对于降低突发事件造成的供应短缺具有显著的作用。现代供应链管理更多强调减少供应商的数量，这样做可以降低供应链运营的成本，但是，这样的"供应链减肥技术"只能让供应链变得更加脆弱，导致企业应对突发事件的能力有所降低。现在越来越多的企业都将自己的精力集中在自己的核心业务上，由此，企业对于供应商的依赖程度越来越高。所以，为了应对突发事件造成的供应短缺，集团应该有备用供应商，这样，在突发事件发生时，企业就不会太迷茫，从而抓住最佳的补救机会。

（2）库存管理——建立战略应急库存

企业为了保证正常运营，通常采用安全库存。安全库存能够保障生产和销售的稳定进行，可是这会增加企业的运营成本。在JIT技术被引用到企业后，要求企业大幅度地降低库存，这虽然可以有效地降低企业的库存成本，但不能有效地应对突发事件。所以，为了防止突发事件，集团应建立战略应急库存。战略应急库存是在供应链的某一个或某几个地点对一些关键的原料或者成品进行储备。

无论是采用备用供应商策略还是建立战略应急库存策略，都能够使集团在供应链突发事件发生的第一时间，及时有效地响应，在很短的时间内，让供应链恢复常态。

10.2 戴尔公司供应链风险应对分析

10.2.1 戴尔公司简介

戴尔公司于1984年由迈克尔·戴尔创立，是全球领先的PC产品供应商。戴尔公司是全球IT界发展最快的公司之一，1996年开始通过网站，采用直销手段销售戴尔的计算机产品，2004年5月，戴尔公司在全球计算机市场的占有率排名第一，成为世界领先的电脑系统厂商，2005年戴尔被"财富杂志"评为"美国最受赞赏企业"，2009年戴尔公司推出第11代共14款创新产品、服务和解决方案，2010年"与众不同，唯有戴尔"（YC-TID）全新营销策略在全球全面展开，2011年在厦门设立戴尔服务中心。在过去的20多年的时间里，戴尔公司从一个电脑零配件组装店发展成为世界500强的大公司，可以说是PC界的一个神话，而戴尔创造这个神话得益于其高效的供应链管理[131]。

10.2.2 戴尔公司供应链管理现状

（1）虚拟整合，让供应链更敏捷

直销模式是"戴尔的灵魂"，也是戴尔供应链的亮点。而戴尔另外一个重要的经营思想是：将自己不擅长的交给别人去做，自己专注于最擅长的领域，然后将最具竞争力的零部件采购回来，这相当于戴尔把业务外包给了供应商。供应商相当于戴尔的一个车间，给戴尔提供最具竞争力的零部件。供应商提供的每一个零部件都是最具性价比的，那么最后戴尔整合好的产品就是最有竞争力的。

戴尔完全是按订单生产，只有当客户下了订单之后，戴尔才会按照客户要求进行生产。直销方式使戴尔对供应商的物料需求可以根据顾客实际需求的变动不断地调整，不管是需求数量还是产品配置，并通过信息系统和供应商共享这些信息，最后供应商根据戴尔的需求订单提供产品零部件。戴尔的数据中心每一个半小时会列出客户的需求清单，这张清单直接就会传到供应商的仓库，这个供应商的公共仓库是由戴尔的全球伙伴第三方物流公司——伯灵顿公司管理。伯灵顿公司接到戴尔的清单后，在一个小时之内就能够迅速把货配好，在 20 分钟内就可以把货送达，这使戴尔的供应变更快速、更敏捷。戴尔会不断通过预测来调整自己的生产计划，并且要使供应商的生产计划配合自己的生产计划，通过这样不断地调整，最终使预测贴近市场的实际需求。供应商—戴尔的虚拟整合，使得戴尔的供应链应变更加敏捷，面对市场需求变化，可以快速做出反应。

(2) 良性循环，与供应商共赢

戴尔的全球采购资源主要有两类：一类是生产资料采购，另一类是通用型资料采购。生产资料直接用于生产，例如电脑零部件；通用型资料并非直接用于生产，而是日常经营中需要消耗的物品，例如办公用的记事簿、软件、电话等。在生产资料供应商管理这一方面，戴尔的全球采购中心有三个战略性的任务。一是保证供应商能持续供应，也就是供应商能够按照戴尔的资料需求及时将零部件送到戴尔的中转仓库；二是保证供应商在生产成本方面具有一定的竞争性。这样戴尔组装后的产品才具有市场竞争力的价格，同时也将更多的利益让给客户；三是要保证供应商的产品品质必须具有优越性。

为了保证以上目标的实现，戴尔在选择供应商的条件上十分严格。戴尔会从以下几个方面挑选：

成本领先——戴尔会将生产同种类型零部件的供应商放在一起比较，看其在成本上是否具有优势，然后将成本作为一个评价因素。

技术产业化的速度——供应商能否把新的技术运用到生产中并且迅速形成规模化的产量，然后将生产技术作为一个评价因素。

持续供应能力——戴尔会从供应商的财务状况、合作厂家生产情况、供货情况、库存管理水平等方面来考察供应商是否具备很好的持续供应能力，然后将供货能力作为供应商评价的一个因素。

品质——这是最核心的供应商选择因素。戴尔会将供应商的产品放在不同的环境里进行测评，既会放在供应商的工厂，也会放在戴尔的工厂，还会在客户的使用环境里进行评测，从而保证产品品质的稳定性。

综合分析评价上面四个因素，最终选择最具优势的合作伙伴。

用一个循环的圆圈来阐述戴尔和供应商之间的关系：如果供应商提供给戴尔性价比高的零部件，那么最后戴尔组装成的电脑就会具有竞争力，戴尔的销售额增多，在市场上的份额就会增大，供应商生产的量也会增大，规模效益进一步显现，提供的零部件就更加富有竞争力。这是一个"良性循环"。如图 10-7 所示：

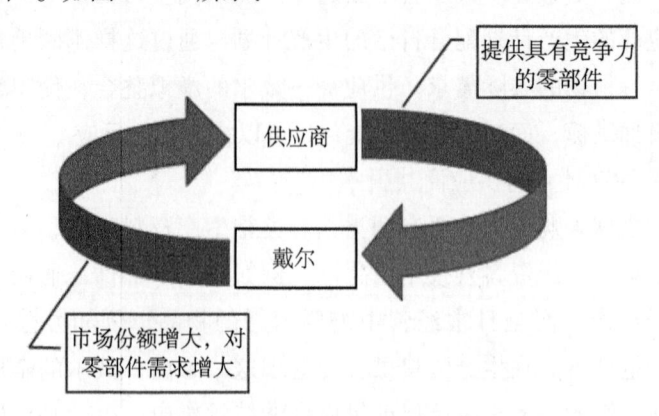

图 10-7 戴尔与供应商的良性循环

因此，戴尔会帮助供应商改善他们的生产流程和产品质量，把计划流程和品质管理等工具分享给供应商，提高供应商自身的采购管理水平。而且戴尔会每个月对供应商进行考核，主要从成本、技术、供应能力、质量这几个方面进行，最后再考虑给各个供应商下多大的订单。

（3）持续改进，使供应链"进步"

戴尔通过对其供应链进行不断改进和完善来保持供应链的活力。最能够体现戴尔对供应链持续改进的是 BPI（业务流程改善，Business Process Improvement），这个由迈克尔·戴尔打造的不断自检并修复的机制对供应链的完善起到了很大的作用。戴尔也会给它的供应商提供 BPI 的培训，鼓励他们采用 BPI 的方法来降低成本、提升质量。

10.2.3 戴尔公司供应链的特点

与传统的供应链相比，戴尔供应链的特点主要有以下三点。

其一是戴尔的供应链上没有中间商，戴尔直接把产品卖给客户，这就使得戴尔能够一次性快速准确地获取订单信息。另外，由于没有中间环节，也降低了成本。

其二是在戴尔的供应链蓝图上，多出了"代理服务商"这一环节。这些代理服务商并不向顾客提供产品，而是仅提供服务和支持，这意味着戴尔把服务也外包了，这又降低了一部分的运营成本。这样，供应商、戴尔、服务商和客户就形成了一个完整的供应链链条。

其三是供应链电子化，戴尔的电子商务平台已经延伸到整条供应链，客户通过电子商务平台向戴尔提出定制要求，戴尔对订单进行采集和整理，通过电子商务平台向供应商采购零部件，并且通过这个平台和供应商共享信息。"电子化"贯穿了戴尔的整条供应链，从供应商管理、物料采购一直到生产、销售乃至客户关系管理，成为戴尔供应链管理的实施基础。

10.2.4 戴尔公司供应链存在的风险

由于政治经济环境不稳定因素的增加，使企业面临的供应链环境越来越复杂，供应链风险因素不断增多，导致风险事件频繁发生。主要有：运营事故，例如 2013 年全球最大的内存条工厂——"海力士半导体"工厂因生产事故发生火灾，造成全球多地内存条断货；自然灾害，例如 2013 年，受飓风影响，美国通用公司被迫关闭工厂，对汽车行业造成冲击；流行病的爆发，例如 SARS 和甲流；恐怖事件，最典型的就是"9·11"事件，当时由于道路封锁，造成物流中断。

戴尔的零库存生产方式，在降低供应链成本的同时，也降低了供应链柔性，使得戴尔供应链的中断风险系数增大，企业应对中断风险的能力降低，例如 2007 年戴尔由于液晶显示器缺货导致供应链中断，交货时间延迟。由于自然灾害发生频率增大、供应商行为的不确定性和企业运营环境的不稳定性，都会引起戴尔供应链风险事故发生。我们不能要求戴尔改变这种精益生产方式，因为它确实给企业带来了很大的收益，因此必须要加强供应链中断风险管理。戴尔作为制造商，在供应链中处于核心地位，如图 10-8 所示。

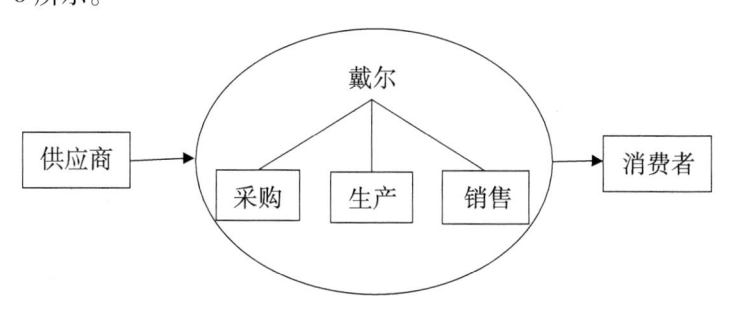

图 10-8 戴尔在供应链中的位置

区域物流产业发展策略分析

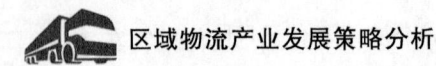

由图 10-8 可知,戴尔上游连接供应商,下游连接消费者。戴尔的风险主要来自上游供应商和下游消费者,以及供应商—戴尔、戴尔—消费者链条上的物流风险。本章仅研究戴尔面临的主要风险,即中断风险,它包括来自供应商处的供应中断风险、来自消费者处的需求中断风险和内部中断风险。

戴尔的中断风险可能来源于很多原因,例如,当供应商出现运营事故或自然灾害等造成供应商生产中断,就会造成供应中断风险;当社会政策变化或舆论对产品有不良影响时,就有发生需求中断的风险;当戴尔自身发生运营事故或政府政策变化时,会发生自身供应中断,如图 10-9 所示。

戴尔面临的中断风险
- 供应中断风险
  - 某种原因造成生产中断
  - 供应商破产
  - 自然灾害
  - 政治因素
  - ……
- 需求中断风险
  - 流行病爆发
  - 关于产品的报道和舆论
  - 政府政策变化
  - ……
- 内部中断风险
  - 机器故障
  - 财务问题引发的破产
  - 自然灾害
  - 政府政策影响
  - ……

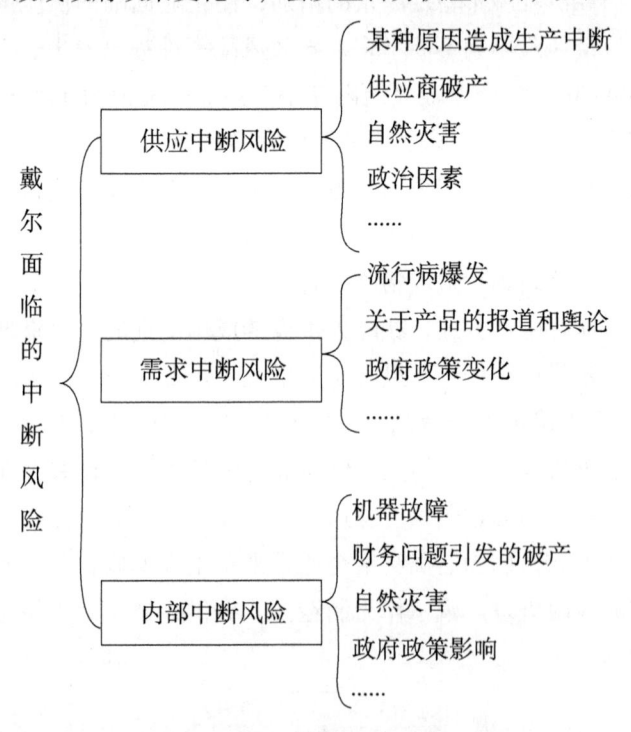

图 10-9 戴尔面临的中断风险因素

风险因素分析:

运营事故。例如机器故障、工人罢工、停电、火灾等。

自然灾害。例如海啸、地震、台风等。如 1999 年台湾大地震引发全球电脑器件供应短缺。

恐怖事件。例如 2001 年 "9·11" 事件发生后,美国金融中心对戴尔电脑需求增加。

流行病爆发。例如甲流、SARS,期间由于人员隔离造成了物流中断。

社会舆论。对产品的不实报道或产品质量出现问题后曝光。

从以上分析可知,大多数的供应链中断风险都具有突发性和不可预测性以及破坏性,一旦供应链上的一个节点企业发生中断风险,就会对整条供应链产生深远的影响。因此,当供应链一个节点发生中断风险时,戴尔必须采取应急对策,及时对风险做出处理。

10.2.5 戴尔公司供应链中断风险的应急对策分析

供应链中断风险的应急对策属于供应链中断风险的应急管理内容,当中断风险发生后,对供应链采取一系列的协调管理。戴尔作为制造商,需要协调的供应链成员包括上游供应商和下游消费者,在这里仅分析当供应链出现需求中断时,戴尔和供应商以及消费者间的协调问题,解决方法主要是通过补贴方案激励供应商,通过价格和公关策略安抚消费者;当出现供应中断时,通过罚金合同约束供应商,促使供应商积极采取风险预防和应急措施,通过实物期权和战略库存相结合的方法快速恢复供应链运行。

(1) 通过与供应商的协调应对需求中断风险

当戴尔的订单突然减少时,其对原材料的需求也随之变化。假设某种情况下戴尔的订单确定,其对原材料的需求也随之确定。但是出于供应商利润最大化的角度考虑,供应商的最优供应量和戴尔的需求量并不一定相等,此时需要寻找合理的方案协调戴尔和供应商之间的利润,也就是补贴方案[132]。

首先介绍以下变量:

P:供应商制定的原材料供应价格;

C_s:供应商生产原材料单位成本;

Q:戴尔的产量,即订单量;

t:单位产品对原材料的需求系数,即一单位产品需要 t 单位原材料。

为了简化模型,这里假设只有一个供应商,并且提供一种原材料,供应商根据需求量制定原材料价格,也就是原材料供应价格是关于需求量的线性函数:$P = P_0 - K_S Q$。其中 P_0、K_S 是常数,P_0 表示基准价格,K_S 表示价格对需求量的敏感系数,供应商的利润为 f_s,

$$f_S = Q(P - tC_S) = Q(P_0 - K_SQ - tC_S) = P_0Q - K_sQ^2 - tC_SQ$$
公式（10 - 1）

对公式（10 - 1）求一阶导，令其等于 0，可得：$f_S' = P_0 - 2K_SQ - tC_S = 0$

进而可得 $\bar{Q} = \dfrac{P_0 - tC_S}{2K_S}$ 公式（10 - 2）

$$\bar{P} = P_0 - K_S\bar{Q} = \dfrac{P_0 + tC_S}{2}$$ 公式（10 - 3）

$$\bar{f}_S = \bar{Q}(\bar{P} - tC_S) = \dfrac{P_0 - tC_S}{2K_s}\left(\dfrac{P_0 + tC_s}{2} - tC_s\right) = \dfrac{(P_0 - tC_S)^2}{4K_s}$$
公式（10 - 4）

$\bar{Q}$ 表示供应商利润最大化时，其提供的原材料可供生产 $\bar{Q}$ 产品的数量；$\bar{P}$ 表示供应商利润最大化时制定的原材料供应价格；$\bar{f}_S$ 表示供应商最大利润。

若 $\bar{Q} \neq Q$，则供应商为了利润最大化而不愿意生产 Q 单位产品所需的原材料，此时戴尔就要和供应商协调利润，即为了使供应商生产 Q 单位产品的原材料，通过补贴方案激励供应商生产。在这里，最重要的就是计算出补贴 S 的数量是多少。

当供应商生产 Q 单位产品的原材料时，其利润可以表示为：

$$f_S(Q) = P_0Q - K_SQ^2 - tC_SQ$$ 公式（10 - 5）

则补贴应该为：$S = \bar{f}_S - f_S(Q) = \dfrac{(P_0 - tC_S)^2}{4K_S} - P_0Q - K_SQ^2 - tC_SQ$

公式（10 - 6）

下面给出戴尔的具体算例进行实证分析。假如在某次事件后，市场上对戴尔的需求量为 1000，一单位产品需要 2 单位的零部件 A，供应商对零部件 A 的基础价格为 400，价格敏感度为 0.02，供应商生产一个 A 的成本为 150。

则供应商制定的供应价格为：$P = 400 - 0.02 \times 2000 = 360$

供应商的最大利润为：$\bar{f}_S = \dfrac{(400 - 2 \times 150)^2}{4 \times 0.02} = 125000$

供应商生产 1000 单位产品所需的零部件 A 时，即生产 2000 个零部件 A，利润为：

$$f_S(1000) = 400 \times 1000 - 0.02 \times 1000^2 - 2 \times 150 \times 1000$$
$$= 80000$$

所以补贴为：$S = \bar{f_S} - f_S(1000) = 125000 - 80000 = 45000$

在上述补贴方案下，当戴尔支付补贴 45000 时，供应商愿意生产 2000 单位的零部件 A。

（2）通过与消费者的协调应对需求中断风险

需求中断来源于市场，有时候和供应商协调并不能从根本上解决问题。因此需要从最终消费者着手，制定完善的需求中断恢复计划，这是策略分析，首先要识别需求中断的原因，然后对症下药，找出解决方案。

戴尔作为制造商，其独特之处在于直接面向消费者，而没有中间环节。因此，造成其需求中断的原因在于消费者购买倾向改变，主要原因有产品质量问题曝光、市场环境改变和消费者对戴尔的印象恶化。

针对以上原因，给出以下几条策略：

响应定价策略。就是企业利用价格策略作为一种调节机制，戴尔可以通过折扣契约，提高顾客的满意度，留住即将流失的客户群或吸引更多的消费者。这种策略可以暂时地提高销售业绩，但长此以往，反而会给消费者带来逆反心理，所以企业必须站在消费者的角度考虑。

公关媒体策略。在信息爆炸时代，网络传输速度如此之快，一旦发生供应链风险，企业就要面对巨大的舆论压力。针对此，笔者提出在公关方面的具体操作流程，如图 10-10 所示。

快速反应 → 公众第一 → 主动通报 → 真诚沟通 → 高效处理

图 10-10 公关处理流程

快速反应指供应链中断风险一旦发生，戴尔应该高度警觉，快速做出应急管理，遏制风险事件进一步扩大，避免造成对企业品牌的影响和消费者的灰心。

公众第一指戴尔作为事主应该把公众利益放在第一位，勇于承担责任，主动积极地采取措施处理中断风险事件，化解风险，获得消费者的认可和信任。

主动通报指戴尔要配合媒体的采访，发布信息向消费者道歉，让消费

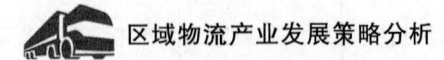

者及时了解风险处理进展,以免人们夸大事实或随意猜测,同时避免竞争者的恶意流言中伤。

真诚沟通指戴尔要采取诚恳的态度和消费者进行协调。对于中断风险事件,人们往往更加希望企业能够以真诚的态度解决问题,而不是推脱责任将事情一拖再拖。因此戴尔必须和消费者真诚沟通,获得消费者的谅解。

高效处理指中断风险发生的情况紧急,戴尔必须尽快找出风险发生的主要原因,集中力量解决主要矛盾,缩短交货延迟期。

没有什么比维持企业形象和消费者对戴尔产品的信任更重要的了,因此不管什么原因造成需求中断,戴尔都需要及时利用传媒的作用,快速及时地回应消费者,积极地和消费者沟通。因此,建立由戴尔高管、司法人员、媒体组成的危机管理小组是十分必要的,这样可以塔建起企业和消费者的桥梁,有效帮助企业和消费者进行沟通。

(3)通过与供应商的协调应对供应中断风险

为了应对中断风险,如果供应商采取适当的防范措施和应急措施,可以有效减少风险带来的损失。但是采取防范措施和应急措施需要花费一定的成本,供应商出于自身利益最大化考虑,其采取的措施并不一定可以使戴尔满意。此时,戴尔应该如何和供应商协调呢?盛方正(2009)研究认为制造商和零售商之间出现供应中断时,制造商向零售商支付一定数额的罚金可以起到协调供应链的效果。本章借鉴盛方正的研究,将罚金方案引入戴尔和供应商之间的协调中,使戴尔和供应商的整体利益最大化。

首先介绍以下变量:

F:供应中断时供应商应支付的罚金;

P:供应中断风险发生的概率;

T:风险发生后,供应商恢复供应花费的时间;

T_0:风险发生以前供应商采取的防范措施;

$C(T_0)$:供应商采取 T_0 措施的产生的成本;

$C(T_0, T)$:风险发生后,供应商恢复供应花费的成本;

C_b:戴尔的订单拖欠成本;

Case1:集中决策情景下整体利益最大化。

首先分析最优的应急措施,即求解最优 T_0。此时需要分析风险发生后

的成本，令其为 C_{sm1}，

$$C_{sm1} = C(T_0, T) + C_b T \quad \text{公式（10-7）}$$

对公式（10-7）求 T 的偏导数，令其等于 0，得

$$\frac{\partial C_{sm1}}{\partial T} = \frac{\partial C(T_0, T)}{\partial T} + C_b = 0 \rightarrow \frac{\partial C(T_0, T)}{\partial T} = -C_b \quad \text{公式（10-8）}$$

最优 T 值要满足公式（10-8）的要求。

接着分析最优的防范措施，即求解最优 T 值。引入防范风险及风险发生后的期望成本 C_{sm2}，

$$C_{sm2} = C(T_0) + P[C(T_0, T) + C_b T] \quad \text{公式（10-9）}$$

对上式求 T_0 的偏导数，令其等于 0，

$$\frac{\partial C_{sm2}}{\partial T} = \frac{\partial C(T_0)}{\partial T} + P\left[\frac{\partial C(T_0, T)}{\partial T} + \frac{\partial C(T_0, T)}{\partial T}\frac{\partial T}{\partial T_0} + \frac{\partial C_b T}{\partial T}\right]$$

$$= \frac{\partial C(T_0)}{\partial T} + P\frac{\partial C(T_0, T)}{\partial T} = 0 \quad \text{公式（10-10）}$$

即最优的 T_0 应该满足公式（10-10）的要求。

Case2：供应风险下与供应商的协调

当面临风险时，供应商出于自身利益最大化考虑，其所做的决策，也就是 T 和 T_0 不一定会满足公式（10-8）和公式（10-10）的要求。此时为了让供应商的 T 和 T_0 满足公式（10-8）和公式（10-10）的要求，戴尔需要向供应商收取罚金约束供应商的行为。在这里，最重要的就是计算出罚金 F 的值。

首先分析供应中断时供应商的成本，设为 C_{m1}，

$$C_{m1} = C(T_0, T) + F \quad \text{公式（10-11）}$$

对上式求 T 的偏导数，令偏导等于 0，得

$$\frac{\partial C_{m1}}{\partial T} = \frac{\partial C(T_0, T)}{\partial T} + \frac{\partial F}{\partial T} = 0$$

得 $\frac{\partial C(T_0, T)}{\partial T} = -\frac{\partial F}{\partial T} \quad \text{公式（10-12）}$

当供应商为了使自身成本最小化，其最优 T 值应该满足公式（10-12）的要求。但是为了实现供应商自身成本最小化与供应商和戴尔整体成本最小化，T 值应该同时满足公式（10-8）和公式（10-12）两个条件：

$$\begin{cases} \dfrac{\partial C(T_0, T)}{\partial T} = -C_b \\ \dfrac{\partial C(T_0, T)}{\partial T} = -\dfrac{\partial F}{\partial T} \end{cases}$$

由上可得：$C_b = \dfrac{\partial F}{\partial T}$ 公式（10-13）

接着分析风险前供应商为了预防风险和风险一旦发生后的应急措施的期望成本，设其为 C_{m2}，

$C_{m2} = C(T_0) + P[C(T_0, T) + F]$ 公式（10-14）

对公式（10-14）求 T_0 的偏导，并且令偏导等于0，得

$\dfrac{\partial C_{m2}}{\partial T_0} = \dfrac{\partial C(T_0)}{\partial T_0} + P\left[\dfrac{\partial C(T_0, T)}{\partial T_0} + \dfrac{\partial F}{\partial T_0}\right] = 0$ 公式（10-15）

如果供应商出于自身考虑，其为了成本最小化，最优 T_0 值满足公式（10-10）的条件。为了协调供应链，使整体的利益最大化，T_0 应该同时满足公式（10-10）和公式（10-15）的要求，即：

$$\begin{cases} \dfrac{\partial C(T_0)}{\partial T} + P\dfrac{\partial C(T_0, T)}{\partial T} = 0 \\ \dfrac{\partial C(T_0)}{\partial T_0} + P\left[\dfrac{\partial C(T_0, T)}{\partial T_0} + \dfrac{\partial F}{\partial T_0}\right] = 0 \end{cases}$$

由此可得：$\dfrac{\partial F}{\partial T_0} = 0$

由 $\begin{cases} C_b = \dfrac{\partial F}{\partial T} \\ \dfrac{\partial F}{\partial T_0} = 0 \end{cases}$

可得 $F = C_b T$ 公式（10-16）

由以上公式可以算出，当供应商不能及时给戴尔供应原材料时，戴尔可以向供应商收取罚金，罚金数额是戴尔拖欠订单的成本和供应商恢复供应耗费时间的乘积。

当出现供应中断时，戴尔的目的并不是为了向供应商收取罚金，罚金方案只是为了协调供应链，激励供应商对中断风险采取适当的预防措施和应急措施。当出现供应中断时，戴尔最想要的是尽快恢复供应链，满足下游消费者的需求。虽然供应商和戴尔处于同一条供应链上，但是供应商和

制造商毕竟是委托代理关系，存在委托代理问题。例如"显示器缺货"事件，由于供应商追逐自己利益，转产利润较大的大屏幕面板和小尺寸液晶面板，使得对戴尔的供应减少，造成戴尔供不应求，延时交货。此时，可以采用实物期权和战略库存结合策略[133]。

所谓实物期权策略，就是戴尔通过向供应商支付一定的成本，获得供应商的冗余能力，为戴尔预留一定的生产能力或当风险发生时优先给戴尔供货。当风险发生，供应链有可能中断时，戴尔就使用期权，使供应商启动冗余能力为戴尔供应零部件，减小供应链断裂的概率。但是，实物期权存在一个效率问题，就是从供应商开始生产到供货给戴尔需要花费一定的时间，这段时间会增加供应链风险系数。因此，在实施实物期权策略时，应该结合使用战略库存策略，给供应商一定的缓冲时间。戴尔可以让供应商在中转仓库留置一部分战略库存，当风险发生时，首先启用战略库存满足供应需求。战略库存只有在风险发生时才发挥作用，而当企业正常运营时，并不使用战略库存。但是同时还存在一个问题，就是供应中断风险发生的概率很小，而原材料长时间存放可能会影响性能。所以可以采用"卖一存一"的方法，使战略库存流动起来。结合使用这两种策略，可以用期权策略减少应急库存的持有量，降低库存成本。用应急库存来满足急需的零部件供应，给供应商一定的缓冲时间，同时减少顾客的等待时间。这两种策略可以相辅相成，加快供应链的反应速度，提高戴尔供应链的敏捷性，实现成本和风险的均衡。

第 11 章　结论与展望

11.1　主要结论

通过上述的研究工作，本书获得的主要结论如下：

①运用物流系统动力学和系统仿真学相关理论和方法进行研究，对物流基础设施建设与经济之间的内在关系和必然联系进行分析，表明物流基础设施建设与经济之间的相互作用和影响是客观存在的。在未来的发展中，现有的物流基础设施存量必将发挥作用，因此仍可以通过继续加强物流基础设施的建设来促进经济带地区的经济增长。

②对物流行业集聚发展研究现状及轨迹进行了梳理，阐述了目前物流业区域内产业集聚的特征。为更好地观察陕西省物流产业集聚对区域创新能力的带动效应，本书使用区位熵对陕西省物流业集聚现状进行计算。综合理论和实证分析结果得出：陕西省物流业的集聚式发展，对地区的创新力会产生积极影响，其中对工艺创新的影响更为显著，对技术发明的影响相对较小。物流产业集聚水平、企业规模与研发资金投入与区域上游创新效应呈正相关关系，外资投入水平与区域上游创新效应不相关。物流产业集聚水平与传统产业价值增值的关系密切，对高技术产业价值增值的拉动力相对较小。物流产业集聚水平、企业规模、外资投入水平、研发资金投入与区域下游创新效应呈正相关关系。陕西省物流产业集聚对区域创新有显著的正向影响，且上游创新效应比下游创新效应的影响更为明显。

③通过对有关物流效率文献的学习，结合当前常用的影响物流效率的指标，根据陕西省的实际情况，选用数据包络分析法，建立物流效率评价指标。通过 DEAP2.1 软件构建模型，对收集到的陕西省 2008—2015 年物流指标数据进行处理，得出陕西省 2008—2015 年的物流效率达到了最优年

份，并分析了 DEA 效率无效的年份，针对 2011 年、2014 年导致 DEA 效率无效的原因，提出了相关措施。最后，从合理配置物流资源，提高物流资源利用率，引进先进的现代物流技术与设施设备，加大物流人才培养力度，培养多层次物流人才三个角度对提高陕西省物流效率提出建议。

④通过生态因子测度明确了陕西省物流产业成长的现状及状态，说明了应用生态理论系统对陕西省物流产业成长研究的科学性和合理性，发现了其中的问题，并提出了相关建议。应用层次分析法对陕西省物流产业进行研究分析，得出陕西省物流产业正处于形成期的后期，即将进入高速发展的阶段。此外，陕西省物流产业不断成长、快速发展，且在第三产业中逐步占据着越来越重要的地位，在推动全省乃至全国的产业结构调整中发挥着重要作用。要想实现陕西省物流产业健康快速发展，必须在产业发展过程中减少资源的浪费和对环境的破坏。把产业发展同节约资源、保护环境结合起来，做到可持续发展。

⑤通过西安现代物流产业与地区经济的系统动力模型的建立与研究，得出提高现代物流供给能力是降低物流成本、促进现代物流业发展，进而推动社会经济快速发展的有效途径。要想将西安现代物流产业发展到新高度，需要物流企业不断地自我完善，树立现代物流理念，学习国内外先进的物流运作模式，并且根据西安的具体情况进行创新；同时依靠政府支持，积极发挥政府的作用，破除西安现代物流发展的制度障碍。这样，西安的现代物流产业将会得到迅速发展并有望达到国际先进水平。

⑥供应链是社会化大生产的产物，是重要的流通组织形式和市场营销方式，供应链管理可以改变现代社会竞争方式，使上下游企业形成战略联盟，将企业的竞争转为供应链之间的竞争。供应链管理作为具有科学色彩的经济活动，应该将煤炭企业资源优化和环境保护纳入其体系，同时也应加强对供应商的选择。借鉴科学发展形态的理论，企业可以根据自身和所处供应链的发展程度，选择合适层面作为切入点，推广和实行供应链管理，这可以提高企业核心竞争力，最终实现经济、社会和环境的"三赢"。

⑦我国企业实施供应链管理的技术还不是很完善，而且我国企业很少关注供应链风险管理，以至于我国供应链风险事件频繁发生，因此需要将新的血液注入企业中去，将供应链风险管理纳入企业管理体系中，从而形成一套比较完善的供应链体系。所以，我们要加快构建应对突发事件的供

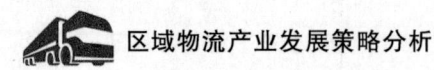

应链体系的步伐，提高预防风险和应对突发事件的能力，向世界优秀企业学习，引进先进的管理技术，争取实现企业的快速发展。

11.2 展望

区域物流产业发展是一个漫长艰辛的路程，需要政府部门的支持和引导，也需要物流产业主体的决心。在保证物流产业快速发展的同时，要注重环境的保护和资源的节约，做到可持续发展。随着世界经济的高速发展和产业结构的不断升级，区域物流产业作为国民经济中一个新兴的服务性产业在全球范围内迅速发展。发展区域现代物流业，是顺应服务业经济发展要求和促进经济增长方式转变与产业结构升级的重要途径，对全面、正确、客观地制定物流业发展政策有重大参考价值，对发展现代物流、促进经济增长有重要意义。

参考文献

[1] The Midlands Logistics Cluster Ma：ppmg And Dovelopment [J]. TRENDS BUSINESS RESEARCH and PAWA, 2002（9）：5-18.

[2] Doug Leduc. Logistics Cluster Holds Great Promise for Fort Wayne [J]. Area Economy. Knight Ridder Tribune Business News, 2004（12）：52-55.

[3] Olli Pekkarinen. Northwest Russian Transport Logistics Cluster. Finnish Perspective Lappeenranta University of Technology [J]. Northern Dimension Research Centre, 2005（7）：132-136.

[4] Cooke P, Hans Joachim Brazyk H J, Heidenreich M. Regional Innovation Systerms：The Role of Governance in the Globalized Word [M]. London：UCL Press, 1996.

[5] Wiig, H. & Wood, M. What comprises a regional innovation system? An empirical study. Regional Association Conference. "Regional Futures：past and present, east and west", Gothenburg, Sweden, 1995（5）：6-9.

[6] 比尔·波特. 丝绸之路 [M]. 四川：四川文艺出版社，2013.

[7] 尤里·塔夫罗夫斯基. 丝绸之路经济带惠邻泽远 [N]. 人民日报，2015-09-14.

[8] Abudureyimu A, Han Q. Clean Energy Development of Silk Road Economic Belt in Xinjiang [J]. Applied Mechanics and Materials, 2014, 21（5）：846-849.

[9] Xincai G, Xuhui D, Xinyu G. An Evaluation Research on Logistics Capability of Five Northwestern Provinces and Autonomous Regions by Fussy Matter-Elemen [J]. Social Sciences inXinjiang, 2014（1）：6-10.

[10] 唐丽敏,李彩凤,王玲丽,陈影. 物流产业集聚测度方法改进及实证分析 [J]. 大连海事大学学报,2014,13 (2):17-20.

[11] 张春琴. 物流产业集群形成和发展机理研究 [D]. 天津:天津大学,2012.

[12] 谢守红,蔡海亚. 中国物流产业的空间集聚及成因分析 [J]. 工业技术经济,2015,34 (4):51-58.

[13] 王婷婷,李凯. 物流产业集聚与区域经济发展的相关性研究 [J]. 蚌埠学院学报,2015,4 (3):88-92.

[14] 赵大丽,高伟,李艳丽. 知识转移方式对区域创新能力的影响研究——基于2001—2008年省际数据的分析 [J]. 科技进步与对策,2011,28 (16):32-37.

[15] 王锐淇,张宗益. 区域创新能力影响因素的空间面板数据分析 [J]. 科研管理,2010,31 (3):17-26,60.

[16] 党文娟,张宗益,康继军. 创新环境对促进我国区域创新能力的影响 [J]. 中国软科学,2008 (3):52-57.

[17] 侯润秀,官建成. 外商直接投资对我国区域创新能力的影响 [J]. 中国软科学,2006 (5):104-111.

[18] 贾秀东. 人民日报特约评论员. 中国国际问题研究院特聘研究员. "一带一路"最大特点是包容 [N]. 人民日报海外版,2015-03-30 (001).

[19] 马莉莉,张亚斌,王瑞. 丝绸之路经济带:一个文献综述 [J]. 西安财经学院学报,2014,27 (4):63-69.

[20] 王保忠,何炼成,李忠民,王铁山. 金融支持"丝绸之路经济带"建设的重点方向及对策研究 [J]. 经济纵横,2015 (5):61-65.

[21] 刘育红,王新安. "新丝绸之路"交通基础设施与全要素生产率增长 [J]. 西安交通大学学报(社会科学版),2012,32 (3):54-59.

[22] 李忠民,刘育红,张强. "新丝绸之路"交通经济带经济增长的实证研究——基于人力资本等6个因素的面板数据模型 [J]. 经济问题,2011 (1):77-80.

[23] 李全喜,金凤花,孙磐石. 区域物流能力与区域经济发展的典型相关分析——基于全国面板数据 [J]. 软科学,2010,24 (12):

75－79.

[24] Drucker, P. F. The Economy DarkContinent［J］. Fortune, 1962, 65 (4)：265－270.

[25] 西泽修. 流通费用——不为人知的第三利润源泉［M］. 北京：中国物质出版社, 1970.

[26] 严维红. 我国物流发展现状研究——基于第四方物流视角［J］. 现代经济信息, 2014（6）：379.

[27] 刘勇, 何明睿, 李红红. 基于第三次工业革命的物流变革研究［J］. 湖北经济学院学报（人文社会科学版）, 2015, 12（3）：81－82.

[28] 黄炎波, 张汉江. 物流成本控制的系统方式［J］. 系统工程, 2004 (1)：52－54.

[29] 刘洁花. 第三方物流企业仓单质押风险评价研究［J/OL］. 特区经济, 2015（12）：138－139.

[30] Tsan－Ming Choi, Chun－Hung Chiu, Hing－Kai Chan. Risk Management of Logistics Systems［J］. Transportation Research Part E, 2016, 90（7）：1－6.

[31] 王志强, 蔡振标. 刍议第三方物流［J］. 交通企业管理, 2003（8）：21－22.

[32] Chang－Hsing Chang. A study of global logistics management strategies：based on the bicycle manufacturing［J］. Journal of Statistics and Management Systems, 2009, 12（3）：4－5.

[33] Alan Win. The value a 4PL provider can contribute to an organization ［J］. International Journal of Physical Distribution & Logistics Management, 2008, 9（38）：674－684.

[34] 张静芳. 中国现代物流产业发展的宏观环境分析与研究［D］. 西安：长安大学, 2005.

[35] 桂丽, 熊婵, 张颖江等. 国内外物流发展概况及趋势研究［J］. 现代商贸工业, 2009, 21（16）：101－102.

[36] 李全喜, 刘岩, 刘佳琳. 基于 Logistic 回归分析的我国物流产业成长研究［J］. 软科学, 2012, 26（9）：7－9, 14.

[37] 万云虹, 刘燕, 王耀球等. 物流产业辨析 [J]. 物流技术, 2005 (8): 4-7.

[38] 王佐. 物流到底是不是产业——兼论物流企业的界定 [J]. 中国物流与采购, 2003 (3): 16-21.

[39] 徐瑞娥. 促进我国物流业发展的观点综述 [J]. 经济研究参考, 2009 (70): 39-44.

[40] 刘岩. 基于生态理论的我国物流产业成长研究 [D]. 长春: 吉林大学, 2014.

[41] 任珊珊. 我国社会物流发展与国外经验对比分析及建议 [D]. 上海: 同济大学, 2008.

[42] Guoyi Xiu, Xiaohua Chen. Research on Green Logistics Development at Home and Abroad [J]. Journal of Computers, 2012, 7 (11): 7-8.

[43] 陆江. 坚持科学发展观 走中国特色物流发展道路——中国物流业发展30年回顾与展望 [J]. 中国流通经济, 2009, 23 (1): 4-7.

[44] 逄锦荣. 基于服务模式创新的物流业与制造业协同联动体系研究 [D]. 北京: 北京邮电大学, 2012.

[45] 邱映贵, 吴燕辉, 程国平. 中国物流产业发展格局异动模式研究 [J]. 工业技术经济, 2008, 27 (12): 42-47.

[46] 张翼. 国外物流企业对本国物流业的启示 [J]. 中国商贸, 2010 (25): 153-154.

[47] Mark Andrew Mitchell, Stephen A. LeMay, Danny R. Arnold, Gregory B. Turner, "Symbiotic Logistics" [J]. The International Journal of Logistics Management, 2014 (3): 19-30.

[48] Gregory N. Stock. Enterprise Logistics and Supply Chain Structure: The Role Of Fit [J]. Journal of Operations Management. 2000 (18): 531-547.

[49] Gunasekaran A, Patel C, Tirtiroglu E. Performance measures and metrics in a supply chain environment [J]. International journal of operations & production Management, 2001, 21 (1/2): 71-87.

[50] Toni, Tonchia. Performance measurement systems – models, characteristics and measures [J]. International Journal of Operations & Production Management, 2001, 21 (1/2): 46-71.

［51］爱德华·佛莱哲利. 物流战略咨询［M］. 北京：中国财政出版社，2003.

［52］鲍尔索克斯. 供应链物流管理［M］. 北京：机械工业出版社，2004.

［53］GB/T18354—2006. 物流术语［S］. 北京：中国国家标准化管理委员会. 2006.

［54］王子龙. 区域物流网络结构及其功能研究［D］. 南京：南京航空航天大学，2004.

［55］赵文竹. 我国煤炭运输格局分析［J］. 综合运输，2005（4）：73－76.

［56］赵媛，于鹏. 我国煤炭资源空间流动的基本格局与流输通道［J］. 经济地理，2007，27（2）：196－200.

［57］郑勇. 煤炭运输对铁路运输改革的期望［J］. 中国煤炭，2005，31（5）：19－20.

［58］荣朝和. 煤炭物流对我国铁路运输的影响与挑战［J］. 中国铁路，2007（12）：31－35.

［59］武云亮，黄少鹏. 我国煤炭物流网络体系优化及其政策建议［J］. 中国煤炭，2008（10）：27－29，33.

［60］赵国智，王喜富，张仲义. 煤炭物流网络的复杂性分析及优化方法研究［J］. 物流技术，2008，27（8）：117－119.

［61］丁立言，张铎. 物流基础［M］. 北京：清华大学出版社，2000.

［62］孙宏岭，戚世钧. 现代物流活动绩效分析［M］. 北京：中国物资出版社，2001.

［63］李诚丁. 国外绿色物流对我国的启示［J］. 农村经济，2009（2）：12－13.

［64］Paul R. Murphy, Richard F Poist, Peter M Lynagh, William F Grazer. An analysis of select web site practices among supply chain participants［J］. Industrial Marketing Management，2003（4）：243－250.

［65］李晓霞. 发达国家发展绿色物流的制度分析及借鉴［J］. 产业观察，2009，（7）：128－130.

［66］张铎. 实现电子商务环境下的网络化物流［J］. 中外管理导报，2002（5）：40－43.

［67］王凌峰. 未来物流信息化的下一站——"智能物流"［J］. 信息与电脑，2011（3）：50－51.

［68］柳青，董宝田. 基于 EC 环境下的智能物流配送［J］. 物流技术，2006（3）：206－208，213.

［69］姚尧. 大数据时代的智能物流［J］. 中国经济信息，2013（7）：70－71.

［70］王磊. 加快农村物流体系建设的思考［J］. 中小企业管理与科技，2010，5（10）：150.

［71］王之泰. 应把物流规划放在物流体系建设的优先位置［J］. 中国经济快讯，2002（10）：9.

［72］陶经辉. 区域中心城市物流配送体系建设研究［J］. 物流技术，2006（3）：24－27.

［73］刘文俊. 西部少数民族地区农村物流体系建设的研究［J］. 当代经济，2010（16）：90－91.

［74］牛慧恩，陈璟. 国外物流中心建设的一些经验和做法［J］. 城市规划汇刊，2000（2）：65－67，59－80.

［75］杨帆. 中国现代物流业对区域经济的影响分析［D］. 长春：吉林大学，2011.

［76］王争鸣. "丝绸之路经济带"铁路通道发展战略研究［J］. 铁道工程学报. 2014（1）：24－31.

［77］张海涛，陆铭俊. 新丝绸之路经济带交通基础设施与城市化——基于高铁和高速公路的研究［J］. 工业技术经济，2017，36（4）：33－39.

［78］刘育红. "新丝绸之路"经济带交通基础设施、空间溢出与经济增长［D］. 西安：陕西师范大学. 2012.

［79］孙烨，吴昊洋. 丝绸之路经济带的基础设施资金需求与投融资经济决策［J］. 经济问题探索，2017（3）：92－97.

［80］邹元婷. 区域物流能力与区域经济发展的相关分析［J/OL］. 中国商论，2016（3）：145－147.

［81］于庆岩. 新丝绸之路经济带物流对经济增长的影响分析［D］. 西安：陕西师范大学，2012.

[82] 关高峰, 董千里. 物流发展水平视角下区域物流网络构建研究——基于湖北省16个地市、州2012年截面数据的实证分析 [J]. 学术论坛, 2013, 36 (9): 99-105.

[83] 曹云, 王东. 大数据物流在丝绸之路经济带中的应用研究 [J]. 新疆教育学院学报, 2014 (5): 22-25.

[84] 张广和. 新丝绸之路经济带建设背景下陕西省发展的机遇 [J]. 现代经济信息, 2014 (7): 363.

[85] 郝渊晓, 常亮, 闫玉娟, 康俊慧, 郝思洁. 丝绸之路经济带区域物流一体化协调机制构建 [J]. 陕西行政学院学报, 2014, 28 (4): 87-89.

[86] Amer Hamdan. Evaluating the efficiency of 3PL logistics operations [J]. luterua tioual Journal of Production Ecouomics, 2008 (5): 235-244.

[87] Reza Farzipoor Saen. A new mathematical approach for suppliers selection: Accounting for non-homogeneity is important [J]. Applied Mathematics and Computation, 2007 (1): 84-95.

[88] Banker RD, Chmaes A, Cooper WW. Models for the estimation of Technical and scale inefficies in data envelopment analysis [M]. Mauagemeut Seieuce, 1984.

[89] 钟永光, 贾晓菁, 李旭. 系统动力学 (第二版) [M]. 北京: 科学出版社, 2012.

[90] 陈文玲. 对发展我国物流产业的调查与思考 [J]. 商业经济文荟, 2002 (4): 4-8.

[91] 中国物流与采购联合会. 现代物流产业是我国经济新的增长点 [J]. 中国物流与采购, 2002 (8): 8-11.

[92] 国务院发展研究中心物流产业政策赴欧考察团. 政府与行业协会在物流产业发展中的作用 [J]. 中国物资流通, 2001 (10): 7-11.

[93] 贾晓航, 张建国. 打造中国现代物流产业的建议 [J]. 经济学家, 2004 (2): 123-124.

[94] 王之泰. 丝绸之路经济带的物流畅想 [J]. 中国储运, 2014 (11): 39.

[95] 波弗尔. 物流管理 (第7版) [M]. 北京: 北京出版社, 2009.

[96] Daugherty. Logistics Paradigms: The Impact of Information Technology [J] Journal of Business Logistics, 1995, 16 (1).

[97] 迈克尔·波特. 国家竞争优势 [M]. 李明轩, 邱如美. 译. 北京: 华夏出版社. 2002.

[98] 沈润. 中国物流产业集群模式研究 [J]. 物流技术, 2011, 30 (13): 30-32.

[99] 赵江利. 区域物流与产业集群的关联性研究 [J]. 商业时代, 2012 (28): 136-137.

[100] 崔功豪. 区域分析与区域规划（第二版）[M]. 北京: 高等教育出版社, 2006.

[101] Hutchison GE, Concluding remarks. Cold Spring Harbor Symposia on Quantitative Biol-ogy [J]. Biochimie, 1957 (22): 415-427.

[102] 王刚, 赵松岭, 张鹏云, 陈庆诚. 关于生态位定义的探讨及生态位重叠计测公式改进的研究 [J]. 生态学报, 1984, 4 (2): 119-127.

[103] 管小俊. 煤炭物流运输网络风险评价及均衡保持关键问题研究 [D]. 北京: 北京交通大学, 2010.

[104] Maltz. The Relative Importance of Cost and Quality in the Outsourcing of Warehous-ing [J]. Journal of Business Logistics, 1994, 15 (2): 796-804.

[105] Lieb, Randall. CEO Perspectives on the Current and Future Projects of the Third Party Logistics Industry in the United States [J]. Transportation Journal, 1997, 38 (3): 765-787.

[106] 王长琼. 绿色物流的内涵、特征及其战略价值研究 [J]. 现代物流, 2004 (3): 13-15.

[107] 李宁. "丝绸之路经济带" 的物流业基础与建设 [D]. 西安: 陕西师范大学, 2014 (5): 134-137.

[108] 高新才, 丁绪辉, 高新雨. 基于模糊物元方法的西北五省区物流能力评价研究 [J]. 新疆社会科学, 2014 (1): 31-37, 159.

[109] Ehap H Sabri, Benita M Beamon. A multi-objective approach to simultaneous strate-gic and operational planning in supply chain design [J]. The international Journal of Management Science, 2000, 28 (5):

581-594.

[110] 李琰, 陈元. 榆阳区发展绿色物流的SWOT分析及战略选择[J]. 科技管理研究, 2012, 32(6): 41-44.

[111] Fan Wang, Xiao-fan Lai. A multi-objective optimization for green supply chain netwo-rk design[J]. Decision Support Systems, 2011, 50(2): 262-269.

[112] 宋彧, 李巍巍, 金飞. 煤炭供应链协同管理的策略研究[J]. 煤炭技术, 2011, 30(10): 273-274.

[113] Hong-jun PENG, Mei-hua ZHOU. A dynamic optimization model of an integrated coalsupplychain system and its application[J]. Mining Science and Technology, 2009, 19(6): 842-846.

[114] 李琰, 史恭龙. 中小型煤矿安全库存模糊综合评价模型[J]. 西安科技大学学报, 2011, 31(4): 489-492.

[115] 榆林市. 百度百科[EB/OL]. http://baike.baidu.com/view/974127.htm.

[116] 榆林市统计局. 榆林市统计局2010年国民经济和社会发展统计公报[R]. 2010.

[117] 陕西青年管理干部学院课题组. 关于加快陕西物流信息化建设的调研报告[R]. 2006(6).

[118] 孙秀梅, 辛广茜. 绿色物流的发展瓶颈与对策研究[J]. 中国流通经济, 2007(10): 22-25.

[119] 谢泗薪, 王文峰. 绿色物流路径: 物流绿色化改造的战略选择[J]. 中国流通经济, 2010, 24(5): 15-18.

[120] 刘娜. 我国发展绿色物流的SWOT分析及战略选择[J]. 商业研究, 2009(2): 175-178.

[121] 王学剑. 大力发展绿色物流[J]. 经济导刊, 2008(4): 66-67.

[122] 陈畴镛, 蔡小哩. 区域经济与第三方物流互动发展的系统动力学模型[J]. 数量经济技术经济研究, 2005(7): 44-52.

[123] 陈畴镛. 第三方物流与产业集群协同发展研究[M]. 科学出版社, 2009: 80-112.

[124] 西安信息统计网. 2010年西安经济运行情况新闻发布稿[EB/

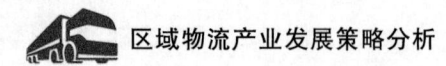

OL]. www. xatj. gov. cn.

[125] 侯卫东. 西安物流产业发展研究 [D]. 西安：西北大学，2008.

[126] 汤雪琴. 零售企业全球供应链核心竞争力的研究——基于文化的思考 [D]. 厦门：厦门大学，2007.

[127] İpek Koçoğlu, Salih Zeki İmamoğlu, Hüseyin İnce, Halit Keskin. The effect of supply chain integration on information sharing: Enhancing the supply chain performance [J]. Procedia – Social and Behavioral Sciences, 2011 (24): 1630 – 1649.

[128] 燕继涛. A 公司服装供应商选择及评价研究 [D]. 南京：南京理工大学，2008.

[129] 吴金玉. 基于模糊积分的供应商评价和选择研究 [D]. 哈尔滨：哈尔滨理工大学，2008.

[130] 王显标. SAA 公司供应商的选择与关系管理研究 [M]. 上海：华东理工大学，2011.

[131] 陈广. 戴尔直销攻略 [M]. 南方日报出版社，2005.

[132] 盛方正，季建华. 基于援助合同的供应链应急管理 [J]. 西南交通大学学报，2007 (6): 775 – 780.

[133] 朱彩虹. 基于突发事件的供应链应急管理研究 [D]. 厦门：厦门大学，2008.